초등 고학년을 위한

스토리 한국사 ①

(고대~조선 전기)

KB185941
9788954747141

BOOK ❶ 스토리 북

구성과 특징

· 스토리 북

이 단원에서 공부하게 될 주제를 4컷 만화로 재미있게 풀어냈습니다. 만화를 통해 흥미로운 한국사 공부를 시작해 보세요.

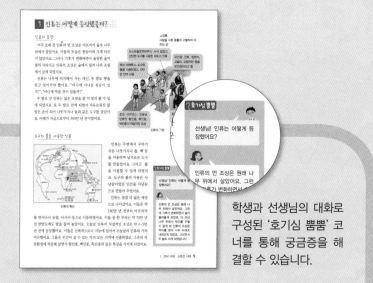

한국사의 중요한 주제를 이야기 형식으로 서술하였습니다. 다양한 삽화와 함께 단순 암기 공부에서 벗어나 한국사의 흐름을 이해해 보세요.

학생과 선생님의 대화로 구성된 '호기심 뿜뿜' 코너를 통해 궁금증을 해결할 수 있습니다.

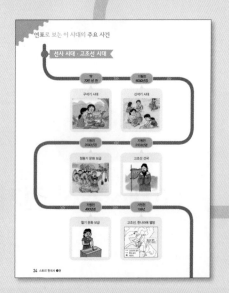

연표로 보는 이 시대의 주요 사건
해당 시대의 주요 사건을 연표로 정리하였습니다. 사건을 시간 순서대로 기억하는데 도움이 될 것입니다.

이 시대의 인물 이야기
해당 시대의 주요 인물의 이야기를 담았습니다. 인물의 에피소드와 시대상을 연결지어 학습한다면 인물이 더욱 친근하게 느껴질 것입니다.

대단원 컬러링

시대의 특징을 한 장의 그림에 담았습니다. 직접 색칠하면서 채워간다면 시대상을 더욱 생생하게 느낄 수 있습니다.

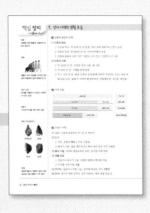

핵심 정리

한국사의 핵심적인 내용만을 간략하게 정리한 페이지입니다. 어려운 용어나 보충이 필요한 내용은 보조단을 통해 확인할 수 있습니다.

학습 활동

지금까지 공부한 내용을 간단한 퀴즈를 통해 확인할 수 있도록 구성하였습니다. 다양한 유형의 문제를 통해 자연스럽게 한국사를 학습할 수 있습니다.

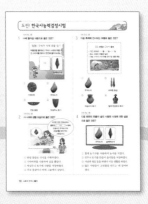

도전! 한국사능력검정시험

한국사능력검정시험 기출문제 중 자주 출제되는 내용만을 엄선하여 구성하였습니다. 기출 문제를 통해 공부한 것을 점검하고 시험 적응력을 기를 수 있습니다.

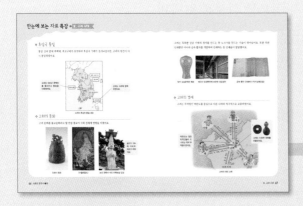

한눈에 보는 자료 특강

시대의 특징을 이해하는데 도움이 되는 다양한 역사 자료를 하나로 모아 구성하였습니다. 한국사의 핵심을 종합적으로 이해하는데 도움이 될 것입니다.

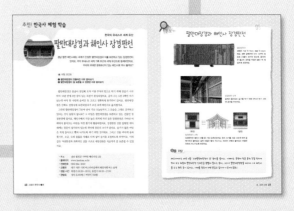

추천! 한국사 체험 학습

시대와 관련된 역사 체험 장소를 소개하였습니다. 주말이나 방학을 이용한 체험 학습을 통해 역사적 지식과 상상력을 키워 보세요. 체험 장소에서 느낀 점까지 정리한다면 체험 보고서로 활용하기에도 좋습니다.

스토리 한국사 활용법

1단계 스토리 북으로 한국사의 흐름 익히기

외우기만 하는 한국사 공부는 이제 그만!
선생님이 들려주는 이야기처럼
친절한 스토리텔링을 따라 한국사의 흐름을 익혀 보세요.
만화와 삽화는 한국사를 더욱 쉽게
이해할 수 있게 할 것입니다.

2단계 강의로 생생한 한국사 공부하기

더욱 입체적인 한국사 학습을 하고 싶다면
'스토리 한국사' 강의를 활용해 보세요.
스토리 한국사는 EBS 초등 사이트에 강의로
탑재되어 있습니다.
선생님과 함께하는 생생한 강의를 통해
한국사를 더욱 쉽고 재미있게 공부할 수 있습니다.
EBS 초등 사이트 : http://primary.ebs.co.kr

3단계 활동 북으로 한국사 자신감 키우기

다양한 **학습 활동이 담긴 활동 북**으로 한국사 공부를 완성해 보세요.
한 장의 그림으로 압축된 시대상을 직접 색칠한다면
그 시대를 떠올리고 상상력을 키울 수 있을 것입니다.
한국사의 핵심까지 익혔다면 **간단한 퀴즈부터**
한국사능력검정시험 문제까지 풀면서 한국사의
자신감을 키워 보세요.
더불어 시대를 체험할 수 있는 역사 체험 학습도
수록했으니 주말이나 방학을 이용해 역사 탐방의
시간을 가져 보세요.

스토리 북
차례

Ⅰ

선사 시대 · 고조선 시대

1 선사 시대의 생활 모습

인류는 지구상에 가장 늦게 등장한 동물이에요.

인류는 날카로운 이빨과 발톱도 없고, 빠르지도 못해 동물의 사냥감에 불과했지요.

그러나 지혜가 발달하여 도구를 제작하고 불을 사용하게 되었어요.

지금부터 약 1만 년 전에는 오늘날과 비슷한 환경이 만들어졌어요.

인류는 새로운 환경에 적응하며 농사를 짓고, 가축을 기르면서 정착 생활을 하였어요.

인류는 어떻게 이 땅에 우뚝 서게 되었을까요? EBS

1 인류는 어떻게 등장했을까?

인류의 등장

아주 오래 전 인류의 먼 조상은 아프리카 숲속 나무 위에서 살았어요. 이들의 모습은 원숭이와 크게 다르지 않았어요. 그러나 기후가 변화하면서 울창한 숲이 점차 사라지고 인류의 조상은 숲에서 밀려 나와 초원에서 살게 되었지요.

인류는 나무에 의지해서 사는 대신, 두 발로 땅을 딛고 일어서야 했어요. "어디에 사나운 짐승이 있지?", "어디에 먹을 것이 있을까?"

두 발로 선 인류는 넓은 초원을 좀 더 멀리 볼 수 있게 되었지요. 또 두 발로 걷게 되면서 자유로워진 앞발은 손이 되어 나뭇가지나 돌과 같은 도구를 잡았어요. 이때가 지금으로부터 390만 년 전이었어요.

◀ 인류
사람을 다른 동물과 구별하여 이르는 말

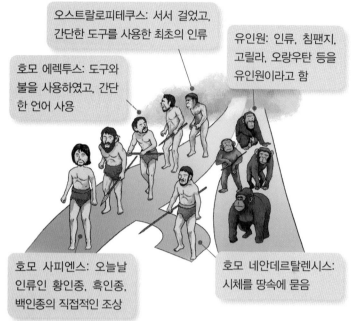

오스트랄로피테쿠스: 서서 걸었고, 간단한 도구를 사용한 최초의 인류

유인원: 인류, 침팬지, 고릴라, 오랑우탄 등을 유인원이라고 함

호모 에렉투스: 도구와 불을 사용하였고, 간단한 언어 사용

호모 사피엔스: 오늘날 인류인 황인종, 흑인종, 백인종의 직접적인 조상

호모 네안데르탈렌시스: 시체를 땅속에 묻음

인류의 기원

도구와 불을 사용한 인류

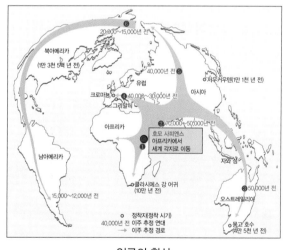

인류의 확산

인류는 주변에서 구하기 쉬운 나뭇가지나 돌, 뼈 등을 이용하여 날카로운 도구를 만들었어요. 그리고 불을 이용할 수 있게 되었어요. 도구와 불의 사용은 사냥감이었던 인간을 사냥꾼으로 만들어 주었어요.

인류는 점점 더 넓은 세상으로 나아갔어요. 이들은 약 180만 년 전부터 아프리카를 벗어나서 유럽, 아시아 등으로 이동하였어요. 이들 중 한 무리는 약 70만 년 전 한반도에도 발을 들여 놓았어요. 오늘날 인류의 직접적인 조상은 약 4~5만 년 전에 등장했어요. 이들은 신체적으로나 지능에 있어서 오늘날의 인류와 거의 비슷했어요. 그들은 인간이 살 수 있는 거의 모든 지역에 진출하였고, 그곳의 자연환경에 적응해 살면서 황인종, 백인종, 흑인종과 같은 특징을 가지게 되었어요.

호기심 뿜뿜

선생님! 인류는 어떻게 등장했어요?

인류의 먼 조상은 원래 나무 위에서 살았어요. 그런데 기후가 변화하면서 숲이 줄어들게 되었죠. 더 이상 나무 위에서 먹이를 구할 수 없게 된 인류의 조상은 먹이를 찾아 나무 아래로 내려오게 되었죠. 그러면서 두 발로 서게 되었답니다.

2 구석기 시대 사람들은 어떻게 살았을까?

뗀석기를 사용한 구석기 시대

사람들이 처음 사용한 도구는 자연에서 쉽게 구할 수 있는 나무, 뼈, 돌 등이었어요. 그중에서 뾰족한 돌은 가장 좋은 도구였지요. 사람들은 뾰족한 돌을 찾아 이곳저곳을 돌아다녔어요. 돌을 깨뜨리면 뾰족해진다는 것을 알게 된 것은 오랜 시간이 지나서였어요.

사람들은 돌과 돌을 서로 맞부딪쳐 날카로운 도구를 만들어 썼는데, 이것을 뗀석기라고 한답니다. 이처럼 뗀석기를 사용하던 시기를 구석기 시대라고 해요. 시간이 지나면서 뗀석기를 만드는 방법은 점점 발전하였고, 쓰임에 따라 주먹도끼, 긁개 등을 만들어 사용했어요.

인류의 삶을 변화시킨 불

구석기 시대 사람들의 삶에 큰 변화를 가져온 사건은 불을 이용하게 된 것이었어요. 어떻게 하다가 불을 이용하게 된 것일까요? 어느 날 숲에 원인 모를 큰 불이 났고 며칠이 지나서야 불기운이 가라앉았어요. 사람들은 불타 버린 숲에 가까이 다가갈수록 몸이 따뜻해지는 것을 느꼈고, 불에 탄 짐승의 고기에서 좋은 냄새가 난다는 것을 깨달았지요.

불을 이용하기 시작하면서 사람들의 삶은 크게 달라졌어요. 불을 이용해 추위를 막고, 사나운 짐승으로부터 자신들을 보호할 수 있었지요. 또한 불에 구워 부드러워진 고기를 맛있게 먹게 되었어요.

▶ 주먹도끼
손에 쥐고 사용하는 돌도끼로, 찍는 날과 자르는 날이 모두 있는 만능 도구

▶ 긁개
나무껍질을 벗기는 데 사용함

채집: 나무 열매나 풀, 뿌리 등을 자연에서 얻음

어로: 강이나 바다에서 물고기를 잡거나 조개를 잡음

동물 가죽: 사냥에서 얻은 동물의 가죽을 옷으로 만들어 입음

수렵: 여럿이 힘을 합쳐 동물을 사냥함

동굴: 사람들은 동굴이나 바위 그늘, 막집 등에서 임시로 생활함

동굴 벽화: 사냥과 풍요를 기원하는 마음으로 벽화를 남김

불의 사용: 불을 이용하여 추위와 맹수의 습격을 막을 수 있었음

 뗀석기 제작: 돌을 때려서 날카로운 석기를 만듦

구석기 시대 사람들의 삶

구석기 시대 사람들은 아침에 해가 뜨자마자 그날의 먹을거리를 찾아 주변 지역을 돌아다녔어요. 나무 막대기, 돌을 깨뜨려 만든 뗀석기를 이용하여 나무 열매, 풀뿌리 등 먹을 수 있는 것이라면 무엇이든지 따거나 캐내었지요. 때로는 여럿이 힘을 합쳐 작은 짐승을 사냥하기도 하였어요.

해가 지면 채집과 사냥에 나섰던 사람들이 동굴로 모여들었어요. 동굴은 사람들이 휴식을 취하는 아늑하고 편안한 보금자리였어요. 동굴에 모인 사람들은 불 주위에 둘러앉아 추위를 녹일 수 있었어요. 그리고 사냥한 고기도 구워먹으면서 하루를 마무리하였어요. 한쪽에서는 벗겨 낸 가죽으로 옷을 만들고, 뗀석기나 단단한 뼈로 또 다른 사냥 무기도 만들었지요.

그런데 사람들은 한 동굴에서 오래 살 수 없었어요. 동굴 근처의 먹을거리가 떨어지면 다른 곳으로 먹을거리를 찾아 이리저리 옮겨 다녀야 했어요. 이때 경험이 많아 무리를 안전하게 이끌 수 있는 사람이 지도자가 되었지요.

구석기 시대 사람들의 삶의 흔적은 우리나라 곳곳에 남아 있는데 대표적인 유적으로는 경기도 연천 전곡리, 충남 공주 석장리 등이 있어요.

?호기심 뿜뿜

구석기 시대의 사람들은 어떻게 살았어요?

사냥감을 쫓아다니는 이동 생활을 했었답니다. 사냥감이 없으면 사냥감이 있는 곳으로 떠나가야 했었죠. 자주 이동하다 보니 이동에 불편한 무거운 도구들은 만들지 않았답니다. 도구들도 필요할 때마다 돌과 돌을 부딪쳐 만든 뗀석기를 사용했죠. 물론 집도 지을 필요가 없었죠. 비바람을 피하는 데 가장 좋은 곳은 동굴이었답니다.

3 신석기 시대에 나타난 새로운 변화는?

? 호기심 뿜뿜

신석기 시대에 이전 시대와 다른 새로운 변화가 있었나요?

물론이죠! 사슴이나 멧돼지처럼 작고 날쌘 동물을 사냥하는 데 적합한 활과 화살 등을 만들었고 돌과 돌을 갈아서 간석기를 만들었는데, 구석기 시대의 뗀석기보다 훨씬 정교하고 날카로웠답니다. 또 농사짓는 방법을 터득한 것도 이 시기입니다. 농사를 지으면서 열매를 수확할 때까지 머무르게 되면서 정착 생활이 시작되었답니다.

돌을 갈아 날카로운 날을 세운 간석기

지금부터 1만 년 전쯤 지구의 자연 환경에 큰 변화가 일어났어요. 추운 빙하기가 끝나고 날씨가 따뜻해졌어요. 매머드처럼 거대한 동물이 사라지고 사슴이나 멧돼지 같은 작고 날쌘 동물이 많이 늘어났어요. 이런 동물을 사냥하기 위해서는 예전 도구로는 어림없었어요.

간석기

사람들은 지혜를 모아 좀 더 날카롭고 정교한 도구를 만들기 위해 노력하였어요. 사람들은 돌을 깨서 대강의 형태를 만들고, 날이 서는 부분을 갈아서 간석기를 만들었어요. 이처럼 간석기를 만들어 사용하던 시기를 신석기 시대라고 해요.

간석기를 만드는 것은 힘든 일이었어요. 하지만 간석기는 뗀석기보다 훨씬 날카로웠을 뿐만 아니라 무디어진 날을 갈아 다시 사용할 수 있었어요. 돌도끼, 돌창, 돌화살촉 등이 대표적인 간석기예요.

가락바퀴: 실을 뽑는 도구. 실을 뽑아 뼈바늘로 옷, 그물 등을 만듦

어로: 낚시, 작살, 그물 등을 이용하여 물고기를 잡음

갈돌과 갈판: 거두어들인 곡식을 갈판에 올려놓고 갈돌로 밀어서 껍질을 벗기거나 가루로 만듦

토기: 흙으로 모양을 빚어 불에 구워 만듦. 음식을 보관하거나 조리하는 데 쓰임

움집: 땅을 파고 기둥을 세운 다음 나뭇가지, 갈대 등으로 덮어 집을 만듦

돌괭이

돌보습

농경: 돌괭이, 돌보습으로 땅을 일구어 조, 피 등의 씨앗을 뿌리고 곡식을 재배함. 곡식이 무르익으면 돌낫, 뼈낫 등을 사용하여 이삭을 수확하였음

인류의 삶을 바꾼 농사

신석기 시대 사람들의 생활 모습 중 가장 큰 변화는 바로 농사를 짓기 시작했다는 것이에요. 농사를 시작했다는 것은 사람들이 예전처럼 식량을 구하기 위해 떠돌지 않고 정착 생활을 시작했다는 사실을 알려 주는 것이에요. 사람들은 강가나 해안가에 움집을 짓고 작은 마을을 이루며 살기 시작하였어요. 이들의 삶의 흔적은 전국에 퍼져 있는데, 제주도 고산리, 서울 암사 유적 등이 대표적이에요.

신석기 시대 사람들은 돌괭이, 돌보습 등으로 힘겹게 땅을 일구었어요. 곡물로는 조, 피 등을 재배하였어요. 곡식이 익으면 사람들은 돌낫, 뼈낫 등을 이용하여 거두어들였어요. 곡식은 갈판에 올려놓고 갈돌로 밀어서 껍질을 벗기고 가루를 내어 토기에 담아 찌거나 물과 함께 끓여서 죽을 만들어 먹었어요.

◀ 정착
일정한 곳에 자리를 잡고 머물러 사는 것

◀ 돌괭이
땅을 파거나 잡초를 뽑는 데 쓰는 농사 도구

◀ 돌보습
땅을 파거나 가는 데 쓰는 농사 도구

4 신석기 시대 사람들은 어떤 삶을 살았을까?

신석기 시대 사람들의 안식처, 움집

신석기 시대 사람들은 대부분 움집에서 살았어요. 우리나라에서 발견되는 움집 유적을 보면 집터가 둥근 모양이나 네모 모양이고 60~70센티미터 정도의 깊이로 땅을 파서 고르게 다졌어요. 땅을 파면 겨울에 따뜻하고, 여름에 시원하게 보낼 수 있기 때문이지요.

움집의 구조

그리고 기둥을 세운 다음 갈대나 짚풀, 동물의 가죽 등으로 덮었고, 움집 안에는 가운데에 불을 피울 수 있는 화덕을 만들어 추위를 피할 수 있었어요. 사람들은 불을 피워서 움집 안을 밝고 따뜻하게 하였고, 불에 음식을 익혀 먹었어요.

움집에는 보통 4~5명이 살았을 것으로 생각하고 있어요. 이런 움집 15~20채 정도가 한곳에 몰려 있는 것으로 보아 집단 생활을 하였음을 알 수 있어요.

목축
소, 말, 돼지 등의 가축을 기르는 일

호기심 뿜뿜

> 신석기 시대 사람들의 삶은 어떠했어요?

> 한곳에 머물러 살면서 집도 튼튼하게 지었겠죠? 이때 지어진 집이 움집이랍니다. 그릇도 만들어 사용했어요. 빗살무늬 토기가 바로 이때 사용된 것이죠.
> 농사가 시작되었다고 해서 사냥을 안 한 것은 아니예요. 하지만 예전보다 사냥을 나가는 횟수는 많이 줄어들었어요. 그래서 사냥을 나갔을 때 멧돼지나 늑대의 새끼들을 잡아 와 키우기 시작했어요. 이 동물들이 가축이 되었습니다.

목축의 시작

신석기 시대 사람들은 정착하여 농사를 지었지만 그것만으로는 식량이 부족했어요. 부족한 식량은 사냥을 통해 보충했어요.

어느 날 사냥에 나섰던 마을 사람들이 힘겹게 멧돼지를 잡는 데 성공했어요. 기쁜 마음으로 사람들은 멧돼지를 둘러메고 마을로 돌아오고 있었죠.

그런데 뒤돌아보니 어미를 잃은 새끼 멧돼지들이 따라 오고 있었어요. 사람들은 횡재라고 생각하여 새끼들도 마을로 끌고 왔지요. 하지만 새끼 돼지들은 마을 사람들과 나누어 먹기에는 너무 작았어요. 사람들은 멧돼지를 좀 더 키워서 먹기로 하고 돼지를 가두어 놓을 우리를 만들었어요. 이렇게 하여 가축을 기르는 일인 목축이 시작된 것이지요.

사람들이 가장 먼저 키우기 시작한 가축은 개, 돼지, 소 등이었어요. 사람들은 목축을 하면서 고기는 먹고, 가죽은 옷으로 만들어 입었어요. 또 뼈로는 여러 가지 도구를 만들어 사용했지요.

목축

빗살무늬 토기

토기란 흙을 구워 만든 그릇이에요. 사람들은 흙을 불에 구우면 더 단단해진다는 것을 알게 되었지요.

사람들은 토기에 곡식, 물고기, 조개 등 거칠고 단단한 음식 재료를 넣어 삶거나 쪄서 먹었고, 남은 음식은 토기에 담아 보관하였지요.

우리나라의 신석기 시대를 대표하는 토기는 빗살무늬 토기예요. 그릇 표면에 빗금을 친 듯한 무늬가 있어 붙여진 이름이에요.

그런데 이 토기의 독특한 점은 그릇 밑바닥이 뾰족하게 생긴 것이에요. 밑이 뾰족하여 세워 놓을 수도 없는 이 그릇에 어떻게 음식을 담았던 것일까요?

그 답은 빗살무늬 토기를 사용한 사람들이 살던 장소에 숨어 있어요. 빗살무늬 토기를 사용한 사람들은 주로 강가나 바닷가에 살았어요. 강이나 바다 주변에는 진흙과 모래가 많아 토기를 꽂아 두고 사용하면 더 편리했어요.

빗살무늬 토기 제작 과정

신석기 시대의 신앙

신석기 시대 사람들은 농사를 짓게 되면서 날씨와 계절의 변화 등 자연 현상에 대해 더 많이 생각하게 되었지요. 그리고 인간의 삶에 영향을 끼치는 해와 달, 강, 산, 번개, 큰 나무 등에 신비한 힘이 있다고 믿어 숭배하였어요.

그리고 사람이 죽어도 영혼은 없어지지 않는다고 생각하여, 영혼과 죽은 조상을 숭배하였어요. 또한, 호랑이, 사슴, 곰 등의 신성하다고 생각하는 동물을 자기 부족의 시조나 수호신으로 생각하고 다른 집단과 구분하려고 하였어요.

사람들은 제사장이 인간을 영혼이나 하늘과 연결시켜 준다고 생각했어요. 제사장은 하늘과 자신들이 숭배하는 신에게 제사를 올리며 공동체를 이끌어 갔어요.

◀ 신앙
믿고 받드는 일

◀ 숭배
우러러 공경함

◀ 제사장
제사나 의식 등을 맡아보는 사람

2 처음 세운 나라, 고조선

'단군왕검'이라는 호칭은 고조선에서 나라를 다스리는 사람에게 붙이는 말이에요.

제사장을 뜻하는 '단군'과 정치 지배자인 '왕검'이 합쳐진 말이에요.

단군왕검이 세운 고조선은 우리 역사상 최초의 국가예요. 청동기 문화를 바탕으로 세워진 나라였지요.

고조선 사람들이 남긴 유물과 유적 그리고 남아 있는 기록들은 고조선이 어떤 사회였는지,

고조선 사람들은 어떻게 살았는지 알려 줍니다.

우리 역사상 최초의 국가인 고조선은 과연 어떤 나라였을까요? EBS

1 청동기가 가져온 변화는 무엇일까?

청동기의 등장

농업의 발달은 사람들에게 풍요로움을 가져다주었어요. 그러나 가진 자와 못 가진 자 간에 재산 차이가 생겼고 그로 인해 뺏고 빼앗기는 전쟁이 자주 발생하였어요.

전쟁에서 이기기 위해서 필요한 것은 무엇일까요? 그렇죠. 바로 좋은 무기였어요. 이때 등장한 청동 무기는 돌로 만든 것보다 훨씬 날카로워 상대방에게 더 강한 충격을 줄 수 있는 좋은 무기였지요. 그러나 청동의 원료인 구리는 아주 귀했어요. 따라서 청동기로는 지배자의 권위와 힘을 상징하는 청동 검, 청동 거울, 청동 방울 같은 것을 주로 만들었어요.

오른쪽 사진 속에 청동기를 살펴볼까요? 빛깔을 보면 검은 빛이 도는 부분과 푸른빛이 도는 부분이 보이지요. 이것은 구리에 주석을 섞어 만든 황금빛 동검에 녹이 슬어 생긴 빛깔이에요. 학자들은 녹이 슨 동검의 빛깔을 보고 푸를 청(靑) 자를 붙여 청동기라 했어요. 이처럼 청동기를 사용한 이 시대를 청동기 시대라고 한답니다.

청동 검

청동 방울

청동 방울   청동 거울

청동기 시대의 지배자, 군장

우리나라에서 청동기를 사용하기 시작한 것은 지금으로부터 4000~3500년 전부터였어요. 그러면 부족을 이끄는 지배자인 군장은 청동기를 어떻게 사용했을까요? 먼저 아래 그림에서 군장이 허리에 찬 청동 검을 살펴보세요. 청동 검은 무기로도 쓰였지만 그 자체만으로도 지배자의 힘을 상징했어요. 허리에 단 방울은 군장이 움직일 때마다 신비한 소리를 냈고, 사람들은 그런 소리를 내는 군장을 신성한 존재로 생각했어요.

게다가 목에 매단 청동 거울은 햇빛을 그대로 반사하여 군장이 움직일 때마다 눈부신 광채가 났어요. 즉, 청동 거울은 군장이 태양과 같은 존재임을 과시하는 상징물이었어요. 청동기 시대는 군장을 중심으로 움직이는 사회였어요. 잦은 전쟁은 비극이었지만, 전쟁은 국가를 탄생시킨 또 다른 힘이었어요.

 호기심 뿜뿜

청동기 사용이 가져온 변화는 뭐예요?

청동으로 가장 먼저 만든 것이 무기였답니다. 전쟁을 위한 용도였죠. 청동 무기를 사용하면서 이전보다 전쟁이 더 많이 일어나게 되었고 승리한 사람은 지배자, 패배한 사람들은 노예가 되는 사회가 만들어졌어요. 좀 더 우수한 경제력과 군사력을 가진 세력이 전쟁을 통해 넓은 지역을 차지하면서 나라가 만들어지기도 했어요.

고인돌

청동기 시대 지배자인 군장이 죽으면 그의 권위를 상징하는 무덤인 고인돌을 만들었어요. 그리고 청동으로 만든 검이나 거울 등을 함께 묻었지요. 고인돌은 '덮개돌을 받침돌로 괴었다.'고 해서 붙여진 이름이에요. 고인돌은 대개 땅에 받침돌을 세우고 그 위에 커다란 덮개돌을 얹은 형태로 만들어졌어요. 고인돌 중에는 덮개돌의 무게가 80톤에 달하는 것도 있는데, 이것을 옮기려면 적어도 500명 이상의 사람들이 필요했다고 해요. 그러므로 고인돌은 당시에 많은 사람들을 동원할 수 있는 지배자가 있었다는 증거라고 할 수 있어요.

만주와 한반도에는 세계에서 가장 많은 고인돌이 분포되어 있어요. 한반도에는 북한 지역을 포함해서 4만 기에 달하는 고인돌이 있어요. 그래서 우리나라를 '고인돌의 나라'라고도 해요. 특히 전북 고창과 전남 화순에는 수백 기의 고인돌이 한 지역에 모여 있어요. 이 두 지역과 강화도의 고인돌 유적은 유네스코 세계 유산으로 등록되었어요.

고인돌은 모양에 따라 탁자식, 바둑판식, 개석식으로 나눌 수 있어요. 탁자식 고인돌은 주로 한강 이북 지역에서 많이 볼 수 있어요. 받침돌 네 개를 세우고 그 위에 큰 덮개돌을 얹은 형태지요. 이 사각형 안에 시신을 눕히고 흙으로 덮었어요.

바둑판식과 개석식은 한강 이남 지역에서 많이 볼 수 있어요. 바둑판식 고인돌은 땅속에 돌널을 만들고 시신을 묻은 다음 뚜껑돌로 덮었어요. 그리고 돌널 둘레에 작은 받침돌을 놓고 그 위에 덮개돌을 얹었어요. 개석식 고인돌의 특징은 돌널 위에 바로 덮개돌을 얹었다는 점이에요. 개석식은 우리나라에서 가장 많이 볼 수 있는 고인돌이에요.

◀ 동원
어떤 목적을 이루고자 사람 등을 모음

◀ 기
무덤, 비석, 탑 등을 세는 단위

탁자식 고인돌

바둑판식 고인돌

개석식 고인돌

고인돌은 어떻게 만들어졌을까?

받침돌을 구덩이에 세우고, 받침돌 위에 흙을 경사지게 쌓음

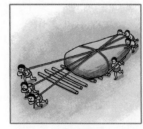
커다란 덮개돌을 나름

밧줄과 지렛대를 이용하여 덮개돌을 끌어올려 받침돌 위에 놓음

덮개돌 아래에 쌓인 흙을 파내고, 시신을 넣은 후 막음돌로 막음

반구대 바위: 울산시의 식수를 확보하기 위해 만든 댐으로 인해 해마다 8개월 동안 물속에 잠겨 있다. 오랜 시간 물에 잠겨 있다보니 이끼가 발생하고, 각종 침식 작용으로 크게 훼손되고 있다.

울산 태화강 상류 대곡리에는 '엎드린 거북이처럼 생겼다.'라는 뜻의 반구대라는 바위 절벽이 있어요. 높이 70미터, 너비 20미터의 바위에는 거북, 사슴, 호랑이 등의 동물과 여러 종류의 고래 등 모두 220여 점의 그림이 그려져 있지요.

사람들이 바위에 그림을 그린 것은 사냥감과 고기잡이의 성공을 바라는 마음을 표현한 것이에요. 그리고 후손들에게 교육시킬 목적도 있었던 것으로 보여요.

이 그림들은 신석기 시대를 거쳐 청동기 시대를 살았던 사람들이 그린 것으로 보고 있어요. 현재 반구대는 물에 잠겨 있을 때가 많아 보존 대책을 마련하자는 주장이 나오고 있어요.

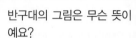

 반구대의 그림은 무슨 뜻이예요?

반구대에는 작살이 꽂혀 있는 고래라든지, 멧돼지를 사냥하는 모습 등이 그려져 있어요. 고래를 잡고 멧돼지를 사냥해서 넉넉한 식량을 갖고 싶었던 마음이 표현되었다고 볼 수 있지요.

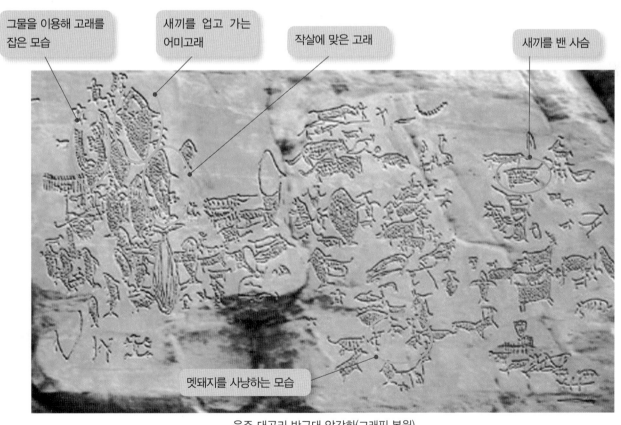

그물을 이용해 고래를 잡은 모습

새끼를 업고 가는 어미고래

작살에 맞은 고래

새끼를 밴 사슴

멧돼지를 사냥하는 모습

울주 대곡리 반구대 암각화(그래픽 복원)

단군 신화

고조선은 청동기 시대의 농경 문화를 바탕으로 세워진 우리나라 최초의 국가예요. 단군의 고조선 건국에 관한 이야기를 '단군 신화'라고 하지요. 단군 신화를 기록한 가장 오래된 역사책은 고려 시대 일연 스님이 쓴 《삼국유사》예요. 단군 신화의 내용을 요약하면 다음과 같아요.

하늘의 신인 환인의 아들 환웅이 인간 세상을 내려다보고, 널리 인간 세상을 이롭게 하고자 바람, 비, 구름을 다스리는 신하를 거느리고 태백산으로 내려가 세상을 다스렸어요. 이때 곰과 호랑이가 환웅에게 사람이 되기를 청하여 환웅은 마늘과 쑥을 100일 동안 먹으며 햇빛을 보지 말라고 했어요. 호랑이는 이를 지키지 못하여 사람이 되지 못했으나 곰은 여인이 되어 환웅과 결혼하여 아들을 낳았는데, 그가 바로 단군왕검이에요. 단군왕검은 훗날 우리 민족 최초의 나라인 고조선을 건국했어요.

– 《삼국유사》 –

 호기심 뿜뿜

우리나라 최초의 국가인 고조선은 어떤 나라였어요?

구체적 기록은 없지만, 단군 신화 속에서 몇 가지 역사적 사실을 찾아낼 수 있어요. 하늘에서 내려온 환웅 부족이 곰과 호랑이로 상징되는 주변 부족을 통합했다는 점, 단군왕검이란 칭호에서 제정일치의 사회였다는 점, 비·구름·바람을 다스리는 부하들을 데려왔다는 점에서 농업이 중시된 사회였다는 점 등을 짐작할 수 있어요.

신화 속에서 많은 역사적 사실을 찾아낼 수 있군요.

신화는 그대로 믿을 수 있는 것일까?

단군 신화를 읽다보면 믿을 수 없는 내용이 많이 있어요. 예컨대 하늘 신의 아들 환웅이 바람, 비, 구름을 다스리는 신하를 거느리고 내려와 인간 세상을 다스렸다거나, 곰이 사람이 되었다는 점 등이 그렇지요.

그 신화의 내용이 모두 사실은 아니지만 그렇다고 모두 거짓인 것도 아니에요. 우리가 신화를 대할 때 중요한 점은 그 속에서 어떤 역사적 사실이 담겨 있는지 알아내는 것이지요.

일반적으로 신화는 지배자들의 권력이 하늘로부터 받은 신성한 것임을 강조하고 있어요. 그러한 내용이 국가가 발전해 가면서 건국 신화로 전해져 내려오게 된 것이죠.

결국 신화는 국가가 등장할 무렵의 역사적 사실을 간접적으로 반영하고 있다는 것이에요. 이런 점은 세계 여러 나라에서 전해지는 신화가 비슷해요.

단군 영정

단군 신화로 본 고조선의 건국

환웅은 아버지(환인)에게 인간 세계에 살고 싶다고 말했어요.

환웅은 인간 세계로 내려왔어요.

어느 날 곰과 호랑이가 사람이 되고 싶다며 찾아와서 100일 동안 쑥과 마늘을 먹으라고 했어요.

곰은 환웅의 말을 따랐지만 호랑이는 중간에 뛰쳐 나갔어요.

곰은 여자가 되어 환웅과 결혼해 단군왕검을 낳았어요.

단군왕검은 훗날 자라서 우리 민족 최초의 나라를 세웠어요.

자, 그러면 단군 신화가 알려 주는 고조선의 건국 당시 상황을 살펴보도록 하지요. 먼저 고조선을 건국한 세력인 환웅 부족은 하늘의 자손임을 내세워 주변 부족을 통합해 나갔다는 사실을 추측해 볼 수 있어요. 곰이 사람이 되어 환웅과 결혼을 했다는 것은 환웅 부족이 이주해 와서 곰을 숭배하는 토착 세력과 연합하여 고조선을 세웠다는 것을 알려 주고 있어요.

'단군왕검'이라는 말은 제사장을 뜻하는 '단군'과 정치적 지배자인 '왕검'이 합쳐진 말이므로, 고조선 초기에는 정치 지도자가 제사도 담당하는 제정일치의 사회였음을 알 수 있어요.

우리는 단군 신화를 통해 강력한 지배자(군장)가 주변의 여러 부족을 통합하여 국가를 세워 가는 과정을 살펴볼 수 있어요. 이렇게 등장한 우리 역사상 최초의 국가가 바로 고조선이지요.

◀ **제정일치**
고대 국가의 권력 형태로 제사와 정치를 같은 인물이 담당한다는 뜻

고조선의 발전과 멸망

고조선은 철기 문화를 받아들이면서 세력을 더 확대할 수 있었어요. 한편 한나라가 중국을 다시 통일하는 과정에서 중국의 상황이 혼란스러워졌어요. 이를 피해 위만이 1천여 명의 무리를 이끌고 고조선으로 왔어요. 고조선의 준왕은 그에게 서쪽 변경을 수비하게 하였어요. 그러나 위만은 세력을 키워 준왕을 몰아내고 왕위에 올랐어요.

◀ **중계 무역**
두 나라 사이의 무역을 중간에서 이어 주는 것

위만의 고조선은 철기 문화를 통해 세력을 크게 키우고, 한반도 남부 지방의 여러 나라들과 중국을 연결하는 중계 무역을 하면서 부강해졌어요. 고조선이 강해지자 불안을 느낀 중국 한나라는 고조선을 침략해 왔어요. 고조선은 수도 왕검성이 포위된 상황에서 약 1년 동안 저항 운동을 계속 이어 나갔어요. 그러나 지배층이 분열되고 왕이 살해되면서 결국 멸망하고 말았어요(기원전 108년).

고조선의 멸망

고조선 사람들은 어떻게 살았을까?

독창적인 청동기 문화의 발달

고조선 땅에서 사용된 청동기는 중국의 청동기와 뚜렷하게 구별되는 특징이 있어요. 이를 가장 잘 보여 주는 것이 청동 검이에요.

고조선의 대표적인 청동 검은 칼날이 비파라는 악기를 닮아 비파형 동검이라고 해요. 비파형 동검은 칼날과 손잡이를 따로 만들어서 조립하여 사용하는 형태였어요. 반면 중국식 청동 검은 칼날과 손잡이를 하나의 몸체로 만들어 분리되지 않는 형태였어요.

비파형   세형   거푸집   중국
동검   동검   동검

◀ 거푸집
청동기나 철 등을 녹여 원하는 모양으로 만드는 틀

비파형 동검은 중국 요령 지방과 한반도 서북부 지역에서 출토되고 있는데, 이를 통해 이 지역이 고조선의 문화권이었음을 알 수 있어요. 이후 칼날이 길고 가는 세련된 모양의 동검이 만들어졌어요. 이를 세형 동검이라고 해요. 세형 동검은 철기 시대의 유물로, 주로 한반도 전역에서 발견되고 있어요.

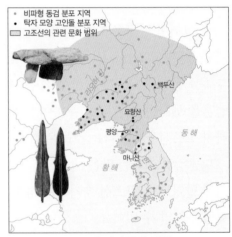

고조선 관련 문화 범위

호기심 뿜뿜

고조선 사람들은 어떻게 살았어요?

고조선의 8조법 중 3가지만 전하는데, 사람을 죽이지 말라는 내용에서 생명을 존중했고 노동력을 중시했다는 점, 도둑질하면 노비로 삼고 돈으로 배상하라는 내용에서 노비가 있었던 계급 사회였고, 화폐를 사용한 사회였다는 점 등을 짐작할 수 있어요.

오늘날 사회에서 지켜야 할 것을 고조선에서도 강조했군요.

고조선의 8조법

고조선에는 사회 질서를 유지하기 위한 '8조법'이 있었어요. 8조법 중 지금까지 전해지는 것은 3가지로, 중국의 《한서》라는 역사책에 남아 있어요.

> (고조선에서는) 백성들에게 금하는 법 8조가 있었다. 그것은 대개 사람을 죽인 자는 즉시 죽인다. 남에게 상처를 입힌 자는 곡식으로 갚는다. 도둑질을 한 자는 노비로 삼는데, 용서 받고자 하는 자는 50만 전을 내야 한다. 그러나 비록 용서를 받아 보통 백성이 되어도 여전히 부끄럽게 여겨 혼인을 하고자 하여도 짝을 구할 수 없다. 이리하여 백성은 도둑질을 하지 않아 대문을 닫고 사는 일이 없었다.
> – 《한서》 –

우리는 이 법을 통해 고조선 사람들이 생명을 소중하게 생각했으며, 노동력을 중요시했음을 짐작할 수 있어요. 사람을 다치게 했을 때 곡식으로 배상하게 하는 것도 농사를 못 짓는 것에 대한 대가라고 볼 수 있지요. 그리고 '노비'라는 단어를 통해 계급과 신분의 차이가 있었음과 '용서를 받기 위해 50만 전을 내야 한다'는 내용에서 화폐가 사용되었음을 추측할 수 있어요.

철기의 사용

기원전 5세기경 중국에서 전해진 철기는 청동기와 함께 사용되었다가 기원전 1세기경부터 널리 쓰였어요. 청동은 그 재료를 구하기가 어려워 주로 지배자들이 사용하는 무기나 제사용 도구를 만드는 데 이용되었지만, 철은 쉽게 구할 수 있어서 농기구를 만드는 데까지 널리 이용되었어요.

철로 만든 농기구의 사용으로 단단한 땅을 파고, 좀 더 깊게 갈 수 있었으며 개간도 쉽게 할 수 있어 많은 양의 곡식을 키울 수 있었어요. 따라서 농업 생산량이 크게 늘어나고 인구도 증가하였지요. 또한, 철로 만든 무기는 잘 부러지지 않아 전쟁에 유리했어요.

◢ 풀무질
풀무(화덕에 공기를 불어넣는 기구)를 이용해 바람을 일으켜 화력을 높이는 일

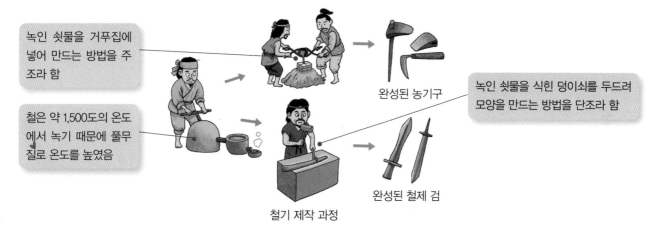

녹인 쇳물을 거푸집에 넣어 만드는 방법을 주조라 함

철은 약 1,500도의 온도에서 녹기 때문에 풀무질로 온도를 높였음

완성된 농기구

녹인 쇳물을 식힌 덩이쇠를 두드려 모양을 만드는 방법을 단조라 함

완성된 철제 검

철기 제작 과정

여러 나라의 등장

철을 잘 이용한 부족은 전쟁을 통해 주변 부족을 정복하면서 새로운 나라를 만들기 시작하였어요. 특히 고조선이 멸망하면서 그 유민들이 각 지역으로 흩어지게 되었고 그들에 의해 철기가 널리 전파되었어요.

그 결과 만주와 한반도에는 철기 문화를 바탕으로 하는 여러 나라들이 나타나기 시작하였어요. 만주에서는 부여와 고구려가 세워지고, 한반도의 북부 동해안 지역에서는 옥저와 동예가 자리를 잡았어요. 한반도 남부 지방에서는 여러 작은 나라들로 이루어진 마한, 진한, 변한이 자리를 잡았는데, 이를 삼한이라고 해요.

◢ 유민
망해서 없어진 나라의 백성

여러 나라의 등장

연표로 보는 이 시대의 주요 사건

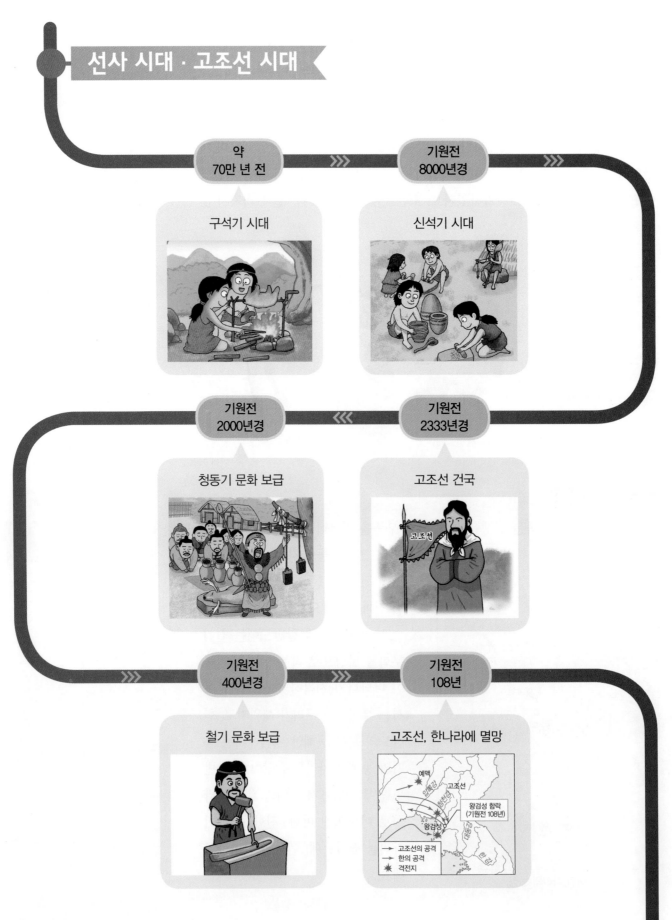

선사 시대 · 고조선 시대

약 70만 년 전

구석기 시대

기원전 8000년경

신석기 시대

기원전 2000년경

청동기 문화 보급

기원전 2333년경

고조선 건국

고조선

기원전 400년경

철기 문화 보급

기원전 108년

고조선, 한나라에 멸망

예맥

압록강

고조선

청천강

왕검성 함락
(기원전 108년)

왕검성

→ 고조선의 공격
→ 한의 공격
✹ 격전지

단군왕검

우리 역사상 첫 국가인 고조선을 세운 인물이에요. 하늘 신의 아들 환웅과 곰이 사람으로 변한 웅녀 사이에서 태어났다고 전해요. 단군왕검은 하늘에 제사 지내는 일을 맡았던 제사장을 뜻하는 '단군'이라는 이름과 나라를 다스리는 정치 지도자를 뜻하는 '왕검'이라는 말이 합해진 칭호예요.

위만

한나라가 중국을 통일하는 과정에서 사회가 혼란스러웠어요. 전쟁을 피해 많은 사람들이 고조선 땅으로 넘어왔지요. 이때 위만은 1천여 명의 사람들을 이끌고 고조선으로 왔어요.

당시 고조선의 왕이었던 준왕의 허락을 받아 국경을 지키는 일을 맡았어요. 이후 그는 세력을 키워서 준왕을 몰아내고 왕이 되었어요.

II

삼국 시대 · 남북국 시대

1

삼국의 건국과 발전

2

삼국 통일과 발해의 건국

1 삼국의 건국과 발전

삼국은 주변 지역을 차츰 정복하여 왕 중심의 강력한 국가로 성장하였어요.

삼국은 각국의 이익에 따라 협력하거나 때로는 경쟁하면서 발전해 나갔어요.

4세기에는 한강 유역에서 건국된 백제가 전성기를 이루었으나 5세기에는 고구려,

6세기에는 신라가 각각 한강 유역을 차지하면서 크게 발전하였어요.

그러나 가야 연맹은 백제와 신라에 밀리면서 결국 멸망하였어요.

삼국과 가야는 어떻게 성장하고 발전했을까요? EBS

1 삼국은 어떻게 세워졌을까?

백제를 세운 온조

백제를 건국한 온조는 고구려 주몽의 아들이에요. 어느 날 부여에서 주몽의 아들 유리가 고구려에 내려왔어요. 주몽이 유리를 태자로 삼자, 비류와 온조 형제는 고구려를 떠나 남쪽으로 내려왔지요. 비류는 지금의 인천 지역인 미추홀에 가 자리를 잡았고, 온조는 한강 이남의 위례성에 터

서울 송파구: 풍납 토성과 몽촌 토성 일대를 위례성으로 추측하고 있다.

를 잡았어요. 그러나 미추홀은 살기가 힘들어 비류가 죽자 그를 따르던 백성은 온조가 세운 위례성으로 옮겨 왔어요.

위의 이야기는 백제가 고구려 계통의 사람들이 남쪽으로 내려와 한강 유역의 사람들과 힘을 합쳐 세운 나라라는 것을 알려 주고 있어요.

백제가 자리 잡은 한강 유역은 일찍부터 농업과 철기 문화가 발달한 곳이었어요. 또한 한강과 바다를 통하여 중국과 교류하기 편한 곳이지요. 백제는 점차 주변의 소국을 정복하며 세력을 키워 나갔어요.

신라를 세운 박혁거세

신라는 경주 일대에 여섯 마을이 모여 만들어진 사로국에서 출발했어요. 어느 날, 한 족장이 우물 곁에 흰말이 엎드려 울고 있는 것을 보았어요. 이상히 여겨 가보니 말은 긴 울음소리를 내며 하늘로 올라가고, 그곳에는 큰 알이 있었어요.

그 알에서 사내아이가 태어났어요. 이 소식을 들은 여섯 마을의 족장은 아이가 박처럼 생긴 알에서 태어났다고 하여 성을 박씨라 하고, 세상을 환하게 밝힐 인물이라 하여 '혁거세'라고 이름을 짓고 그를 임금으로 세웠어요.

신라의 제4대 왕인 석탈해 역시 알에서 태어났어요. 그리고 석탈해가 숲에서 발견한 금빛 상자에서 데려다가 기른 아이가 바로 김알지예요. 김알지는 김씨의 시조로 신라의 왕이 되었어요. 이후 박씨와 석씨, 김씨가 번갈아 왕의 자리에 올랐어요. 이를 통해 신라의 왕권이 초기에는 강하지 않아 부족장들이 돌아가며 나라를 다스렸다는 사실을 알 수 있지요.

박혁거세 신화

◀ 시조
한 겨레나 가문의 맨 처음이 되는 조상

호기심 뿜뿜

삼국은 어떻게 세워졌어요?

삼국이 세워진 과정은 각 나라의 건국 신화를 보면 짐작할 수 있어요. 고구려는 주몽이 부여에서 나와 세운 국가임을 알 수 있지요. 백제는 비류와 온조가 주몽의 아들이라는 점으로 볼 때 고구려 계통의 사람들이 한강 유역에 자리를 잡아 건국한 나라임을 알 수 있어요. 신라는 경주 일대에 여섯 마을이 모인 사로국에서 출발했지요. 어느 나라 할 것 없이 나라를 세운 사람이 보통 사람이 아니라 하늘에서 내려오거나 알에서 태어나 신성한 존재라고 강조하였어요.

2 삼국은 어떻게 발전했을까?

백제의 전성기 - 근초고왕

호기심 뿜뿜

삼국은 어떻게 서로 경쟁하면서 발전했어요?

삼국 중 백제가 가장 먼저 발전했지요. 4세기에 근초고왕이 정치를 안정시키고 고구려를 공격하고 마한 지역을 정복하는 등 활발한 활동으로 제일 먼저 전성기를 맞았어요. 뒤이어 5세기에는 고구려에서 광개토 대왕과 장수왕 등 뛰어난 왕이 연이어 등장하면서 요동에서 충청도에 이르는 넓은 지역을 차지했어요. 6세기에 신라 진흥왕은 화랑도를 크게 고쳐 인재를 키우고 이를 바탕으로 고구려와 백제를 밀어내고 한강 유역을 차지했어요.

삼국 중 가장 먼저 발전한 나라는 한강 유역에 자리 잡은 백제였어요. 백제는 4세기 후반 근초고왕 때 전성기를 이루었어요.

근초고왕은 안으로는 정치를 안정시키고 밖으로는 활발한 정복 활동을 펼쳤어요. 남쪽으로 마한의 남은 세력을 정복하여 남해

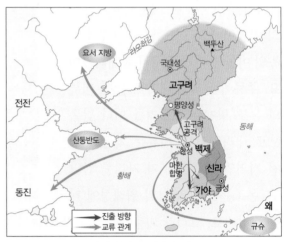
4세기 백제의 전성기 지도

안까지 진출하고, 낙동강 유역의 가야 여러 나라를 영향력 아래에 두었어요. 그리고 고구려의 평양성을 공격하기도 했어요. 이때 고구려의 고국원왕이 전사했어요.

또한 중국의 혼란한 상황을 이용해 요서와 산동반도까지 영향력을 미쳤고, 왜의 규슈 지방과도 교류하였어요.

고구려의 전성기 - 광개토 대왕과 장수왕

광개토 대왕은 고구려의 전성기를 연 왕으로, 이름은 담덕이고 살아 있을 때 영락 대왕이라고 불렸어요. 하지만 넓은 영토를 개척했다는 의미를 가진 광개토 대왕으로 더 알려져 있지요. 광개토 대왕은 활발한 정복 활동을 벌였어요. 북쪽으로는 요동 지방을 포함한 만주 대부분의 땅을 차지하였고, 남쪽으로는 백제를 공격하여 한강 이북의 땅을 점령하였어요. 또 군사 5만을 보내 당시 신라에 침입한 가야, 왜군을 낙동강 유역에서 물리쳤지요. 이러한 그의 업적은 아들 장수왕이 세운 광개토 대왕릉비에 기록되어 있어요.

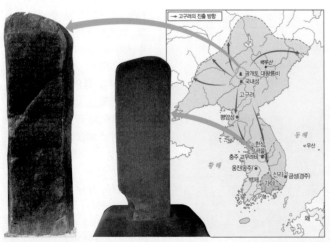
5세기 고구려 전성기 지도와 이를 뒷받침하는 광개토 대왕릉비(왼쪽)와 충주 고구려비(오른쪽)

장수왕은 평양으로 수도를 옮기고 적극적으로 남진 정책을 추진하였어요. 이후 백제를 공격하여 한강 유역을 차지하였어요. 고구려는 한반도 중부에서 요동을 포함한 만주 지역까지 아우르는 대제국을 건설하였어요. 그리고 스스로를 천하의 중심이라고 자부하며 중국과 어깨를 나란히 하였지요.

신라의 전성기 - 진흥왕

삼국 중 가장 늦게 발전한 나라는 신라예요. 신라는 6세기 중반 진흥왕 때에 비약적으로 발전했어요. 진흥왕은 백제와 함께 고구려가 차지하고 있던 한강 유역을 공격하여 한강 상류 지역을 차지했어요. 그리고 이어 백제를 공격하여 한강 유역을 모두 차지하였어요. 이로써 신라는 중국과 직접 교류하며 선진 문화를 받아들이게 되었어요.

이어 진흥왕은 대가야를 정복하고, 동해안을 따라 함흥평야까지 진출하였어요. 진흥왕은 새로 개척한 땅을 직접 돌아보며 4개의 순수비와 단양 신라 적성비를 세워 영토 확장을 기념했지요.

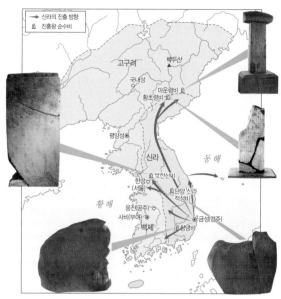

6세기 신라의 전성기 지도와 이를 뒷받침하는 비석

불교의 발전

◀ 순수
임금이 나라 안을 두루 살피며 돌아다니던 일

삼국 시대에는 하늘과 땅 등 자연신을 모시는 신앙이 널리 퍼져 있었어요. 불교가 중국에서 전래되자 삼국의 왕실은 앞장서서 불교를 받아들였는데, 이를 통해 왕권을 강화하고 백성들의 마음을 하나로 묶기 위해서였어요.

삼국의 왕들은 자신의 권위를 높이고 국가의 평화와 발전을 바라는 뜻에서 미륵사, 황룡사와 같은 큰 절을 세웠어요. 신라의 승려 원광은 세속 5계를 지어 화랑들을 가르치기도 하였어요.

불상도 많이 제작되었어요. 절벽에 새긴 백제 서산 용현리 마애여래 삼존상은 신비한 미소로 유명해요. 그리고 고구려의 불상으로는 '연가 7년'이라는 글자가 새겨진 금동 연가 7년명 여래 입상이 대표적이에요.

원광법사의 세속 5계

서산 용현리 마애여래 삼존상

금동 연가 7년명 여래 입상

3 삼국 시대 사람들은 어떻게 살았을까?

귀족들의 삶

◀ 신분
귀족, 평민, 천민과 같이 혈통에
따라 정해져 있는 그 사람의 사
회적 위치를 말함

◀ 혈통
같은 핏줄

작은 나라에서 출발한 삼국은 정복 전쟁으로 여러 부족을 통합해 가면서 좀 더 큰 나라로 발전해 갔어요. 이 과정에서 왕과 귀족이 생기고, 귀족 사이에도 서열이 나타났어요. 그리고 정복을 당한 지역의 백성들은 노비가 되면서 점차 신분 제도가 확립되었어요.

삼국 시대 사람들의 신분은 귀족, 평민, 천민으로 나뉘었어요. 신분은 개인의 능력이 아니라 타고난 혈통에 따라 결정되었어요. 귀족은 노비와 자신의 땅에 사는 농민에게 농사를 짓게 하고 수확한 곡식 대부분을 가져갔어요. 가난한 농민들에게 높은 이자로 곡식을 빌려주고 갚지 못하면 땅을 빼앗거나, 노비로 만들어 재산을 불려 나가기도 했지요.

아빠, 저는 왜 노비예요?

아빠, 엄마가 노비니까 그렇지.

신분은 세습되었기 때문에 부모의 신분이 곧 자식의 신분이 되었음

우리 신라에서는 신분이 상승하려면 어떻게 해야 하죠?

글쎄다. 죽었다가 다시 태어나는 게 빠르겠지?

신라의 골품 제도는 엄격한 신분 제도로, 신분 상승이 매우 어려웠음

평민과 노비의 삶

 호기심 뿜뿜

삼국 시대 귀족, 평민, 천민은 어떻게 달랐어요?

삼국은 전쟁을 통해 큰 나라로 발전하는 과정에서 신분 제도가 만들어졌어요. 귀족과 평민, 그리고 천민으로 나뉜 신분제 사회에서는 개인의 타고난 능력보다는 혈통이 사람의 인생을 좌우했답니다. 귀족은 경제적으로 많은 땅을 갖고 재산을 늘렸으며, 평민들은 많은 세금을 내기도 하고, 전쟁에 참여하기도 했죠. 천민들은 대부분 노비였답니다. 신분에 따라 입는 옷, 사는 집 등이 차이나기도 했죠.

평민의 대부분을 차지한 농민은 국가에 대한 의무를 져야 했어요. 농민은 국가에 곡물이나 삼베(옷감), 그리고 특산물 등을 세금으로 바쳐야 했어요. 또 궁궐을 짓거나 성을 쌓는 일에 동원되었고, 전쟁이 일어나면 군인으로 전투에 참여해야 했어요. 땅을 갖지 못한 농민은 남의 땅을 빌려 농사를 지었는데 땅 주인에게 많은 대가를 바쳐야 했어요.

최하층은 천민으로 대부분은 노비였어요. 노비는 주인의 지배를 받으며 자유롭지 못한 삶을 살았어요. 노비는 재물과 같이 취급되어 사고팔렸으며, 노비의 자식은 부모의 신분을 따라 노비가 되었어요. 노비는 왕실이나 관청에 속하거나 귀족의 소유가 되어 각종 일을 도맡아 해야 했어요. 가난한 농민 중에는 귀족에게 진 빚을 갚지 못하여 노비가 되는 경우가 많았어요. 또 죄를 짓거나 전쟁에서 포로가 되어 노비가 되는 경우도 있었지요.

제대로 다 갖췄군.

부럽다.

진짜~ 부럽다.

돈 명예 권력

조세 공납

노역

삼국 시대 사람들의 옷과 집

삼국의 백성은 대개 삼베나, 칡의 섬유로 짠 갈포로 만든 옷을 입었어요. 삼베나 갈포는 옷감이 거칠고, 겨울에 매우 추웠어요. 하지만 귀족은 곱고 촘촘하게 짠 비단이나 풀솜을 넣어 만든 옷을 입었어요.

신라에서는 관리의 등급에 따라 자주색, 붉은색, 파란색, 누런색의 옷을 입었어요. 백성은 이런 색깔의 옷을 입을 수 없었어요. 이런 상황은 대체로 삼국이 비슷했어요.

신분에 따라 집도 달라 농민은 주로 나무와 흙을 이용한 초가집에서 살았어요. 집에 기와를 얹을 수 없었고, 담장도 높이 쌓아 올리지 못했어요. 하지만 귀족은 부엌, 우물, 수레 창고, 방앗간, 마굿간을 갖춘 큰 기와집에서 살았어요.

손님을 대접하는 귀족

귀족의 집

고구려 고분 벽화에 그려진 귀족의 삶

죽은 자의 집, 고분

고구려 초기에는 죽은 사람을 묻고 그 위에 돌을 쌓는 돌무지무덤을 만들었어요. 그 뒤, 점차 돌로 방을 만들고 그 위를 흙으로 덮은 굴식 돌방무덤을 만들었어요. 이때 돌방의 벽과 천장에는 사냥하는 모습, 춤추는 모습 등을 그려 넣었어요. 이 벽화들은 당시 고구려의 사회를 이해하는 중요한 자료이기도 해요.

백제는 초기에 고구려의 돌무지무덤과 비슷한 형태의 무덤을 만들었어요. 웅진 시대에는 굴식 돌방무덤이나 벽돌무덤으로 바뀌었어요. 벽돌무덤으로는 무령왕릉이 대표적인데, 많은 유물이 나와 백제의 발달된 기술을 보여 주고 있어요.

신라에서는 거대한 돌무지덧널무덤을 만들었어요. 먼저 나무로 방을 만들고 그 위에 돌과 흙을 덮었는데, 도굴이 어려워 금관을 비롯하여 금으로 만든 장신구 등 껴묻거리가 많이 출토되었어요.

◢ **껴묻거리**
시체를 묻을 때 함께 묻는 물건

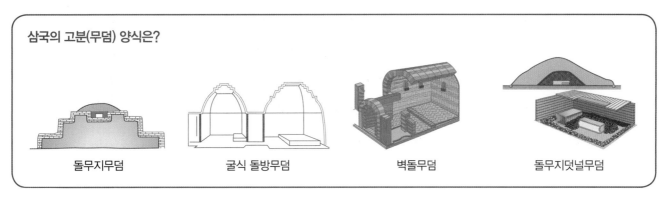

삼국의 고분(무덤) 양식은?

| 돌무지무덤 | 굴식 돌방무덤 | 벽돌무덤 | 돌무지덧널무덤 |

4 가야는 어떤 나라였을까?

김(金)씨의 시조 김수로

가야에는 왕이 없어 아홉 명의 족장들이 다스렸어요. 어느 날 김해 구지봉에서 신의 소리가 들려오자 족장들은 사람들을 모아 신이 하라는 대로 춤을 추며 노래를 불렀어요.

"거북아, 거북아 머리를 내놓아라. 만약에 내놓지 않으면 구워서 먹으리."

그러자 하늘에서 금으로 만들어진 상자가 내려왔어요. 상자에는 붉은 보자기로 싼 여섯 개의 황금알이 들어 있었지요. 여섯 개의 알에서 어린아이가 나왔는데, 그중 가장 먼저 나온 아이가 김수로였어요. 김수로는 금관가야의 왕이 되었고 나머지 아이도 각각 다른 다섯 나라의 왕이 되었지요.

위의 건국 신화는 가야 연맹이 어떻게 등장했는지를 말해 주고 있어요. 낙동강 유역에서는 철기 문화가 발달하면서 가야 연맹이 성립하였어요. 가야 연맹을 처음 이끌었던 나라는 김해에 있던 금관가야였어요.

가야 연맹

 가야 연맹
여러 소국이 모여 이루어진 국가로 왕권이 약함

? 호기심 뿜뿜

삼국 시대에 분명히 가야도 있었는데, 가야는 어떤 나라인가요?

가야도 삼국 시대에 분명히 있었던 나라지만 고구려, 백제, 신라는 강력한 왕이 지배하는 국가로 발전한 반면, 가야는 망할 때까지 통합된 큰 나라를 이루지 못한 채 6개의 작은 나라로 나뉘어 있었어요. 백제와 신라 사이에 위치했던 가야는 그 지리적 위치 때문에 신라와 백제의 압박을 받으면서 강한 나라로 발전하는 데 어려움이 있었어요. 하지만 가야는 발전된 철기 문화를 바탕으로 신라와 일본의 문화 발전에 영향을 주기도 했답니다.

가야 연맹을 이끈 금관가야

금관가야가 자리 잡은 김해 지역은 땅이 기름지고 물이 풍부해서 농사가 잘되었지요. 특히 낙동강의 물길을 통해 내륙 곳곳과 연결되었고 바닷길을 통해 중국이나 일본과 교류하기에도 좋은 위치였어요.

또 김해 지역에서는 철광석이 많이 났어요. 금관가야 사람들은 좋은 철로 갖가지 농기구와 무기를 만드는 데 뛰어난 솜씨를 발휘하였어요.

5세기에 접어들면서 고구려에 밀린 백제는 가야와 왜를 끌어들였어요. 금관가야는 백제와 동맹을 맺었어요. 그리고 왜와 함께 먼저 신라로 쳐들어갔어요. 그러나 고구려 광개토 대왕은 신라에 5만의 병력을 보내 이를 막았어요. 그리고 금관가야까지 쳐들어왔어요. 금관가야는 엄청난 타격을 받고 쇠약해지고 말았어요.

발달된 철기 문화: 가야는 철이 풍부하였을 뿐만 아니라 철기 제작 기술도 매우 높은 수준이었다.

신라와 백제 사이에 선 가야

5세기 후반 대가야를 중심으로 다시 가야 연맹이 성장하였어요. 대가야는 오늘날 경상북도 고령 지방을 중심으로 발전했어요.

그러나 6세기에 이르러 신라가 크게 성장하면서 가야는 백제와 신라 양쪽에서 압박을 받게 되었어요. 게다가 가야의 여러 소국들 사이에서 의견이 갈라져 어려움을 겪었어요. 결국 진흥왕 때 대가야가 멸망하면서 가야는 역사 속으로 사라지고 말았어요. 가야 사람들 중 일부는 왜로 건너가 그곳의 고대 문화 발전에 도움을 주었어요. 또 우륵은 가야금과 가야 음악을 신라에 선하였어요. 이처럼 가야 문화는 신라와 왜의 문화에 많은 영향을 끼쳤지요.

삼국과 가야 문화의 일본 전파

삼국은 중국과 교류하면서 새로운 사상과 문물을 받아들였고, 일본과도 외교 관계를 맺었어요. 이 과정에서 중국과 삼국의 선진 문물이 일본으로 전해져 일본의 국가 성립에 많은 영향을 주었어요.

초기에는 가야의 발달된 철기 문화가 일본에 전해졌어요. 3세기 후반부터 5세기 후반까지 일본에서 발견된 한반도 유물로 가장 많은 것이 가야 계통의 유물이라고 해요. 지리적으로 가까운 가야가 왜와 가장 밀접한 관계를 맺고 교류했던 것이지요. 이후 백제의 아직기와 왕인이 왜에 건너가 《천자문》과 《논어》를 가르쳤으며, 불교도 전하였지요. 고구려에서는 담징이 일본에 종이와 먹을 만드는 방법을 가르쳐 주었고, 호류사의 금당 벽화를 그렸다고 전해지고 있어요. 신라에서는 배 만드는 기술과 제방 쌓는 기술 등을 일본에 전해 주었어요. 일본은 이를 바탕으로 아스카 문화를 꽃피웠어요.

◀ 가야금
오동나무로 된 긴 판 위에 12줄의 줄을 매고 손가락으로 뜯어 소리를 내는 우리나라 고유의 현악기

가야의 수레 모양 토기(도기바퀴장식뿔잔): 가야의 토기 제작 방식은 일본 토기에 영향을 주었다.

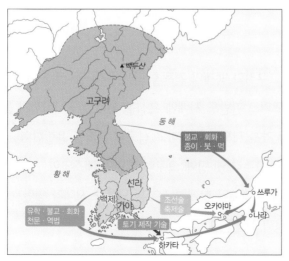

삼국과 가야 문화의 일본 전파

2 삼국 통일과 발해의 건국

한강 유역을 차지하면서 세력을 키운 신라는 고구려와 백제의 견제를 막기 위해 당나라와 동맹을

맺었어요. 이후 백제와 고구려를 차례로 무너뜨리고 한반도 지배에 욕심을 부리던 당나라까지 물리쳐

삼국 통일을 이루었지요. 통일 후 신라는 여러 가지 제도를 정비하고 삼국의 문화를 융합하여

민족 문화의 기틀을 마련하였어요. 한편 북쪽의 고구려 옛 땅에 고구려 유민인 대조영이

발해를 세웠어요. 이로써 남쪽에는 신라, 북쪽에는 발해가 함께 발전하는 남북국 시대가 열렸지요.

남북국 시대에 신라와 발해는 어떻게 발전했을까요? EBS

1 고구려는 수나라와 당나라를 어떻게 물리쳤을까?

을지문덕과 살수 대첩

중국은 300년 동안 여러 나라로 나뉘어져 있다가 수나라가 다시 통일을 했어요. 중국과 국경이 맞닿아 있는 고구려는 큰 위기를 맞았어요.

수나라의 황제는 113만 명이 넘는 대군을 이끌고 직접 고구려를 침공해 왔어요. 수의 군대는 고구려의 성들을 공격하였지만 함락시키지 못했어요. 수나라의 황제는 이번에는 30만 명의 별동대를 보내 평양을 직접 공격하도록 하였어요.

고구려의 을지문덕은 수나라의 군사와 직접 충돌하지 않고 후퇴하면서 식량을 없애고 우물까지 메워 적을 굶주리게 만들었어요. 고구려의 작전에 말려든 수나라의 군사들은 지쳐서 별다른 성과를 얻지 못하고 결국 후퇴하였지요. 수나라의 군대가 살수(청천강)에 이르러 강을 건너기 시작하자 을지문덕이 이끄는 고구려군은 총공격을 가하여 적을 거의 전멸시켰어요. 이것이 유명한 살수 대첩이에요. 무리한 고구려 공격으로 국력을 소모한 수나라는 얼마 후에 반란이 일어나 멸망하였어요.

살수 대첩(민족 기록화)

▼ 연개소문
고구려 영류왕을 죽이고 정권을 장악하였음

▼ 화친
나라와 나라 사이에 다툼 없이 가까이 지냄

당의 침략을 물리친 고구려

수나라에 이어 중국을 통일한 당나라는 처음에 고구려와 친선 관계를 유지하였어요. 그러나 당 태종이 즉위한 이후 분위기는 달라졌어요. 이 무렵 고구려에서는 연개소문이 정변을 일으켜 당나라와 화친을 주장하는 왕과 신하들을 제거하였어요. 연개소문은 권력을 장악하고 강경한 정책으로 당나라에 맞섰어요.

당 태종은 연개소문의 정변을 구실로 삼아 고구려를 침략하였어요. 당나라는 잘 훈련된 군사로 고구려의 거센 저항을 뚫고 성들을 차례대로 항복시키면서 안시성까지 진격해 왔어요. 안시성이 무너지면 고구려는 큰 위기에 빠지게 되는 상황이었어요. 안시성은 당나라의 군대에 의해 포위되어 60여 일간 하루에도 몇 차례씩 공격을 받았어요. 그러나 안시성의 성주와 주민은 끝까지 저항하였고 결국 당나라의 침략을 물리쳤어요.

고구려와 당의 전쟁

? 호기심 뿜뿜

고구려는 중국을 통일한 강력한 수나라와 당나라를 어떻게 물리쳤어요?

중국 수나라는 여러 차례 고구려를 침략했어요. 113만 대군을 동원한 전쟁에서 고구려는 성을 굳게 지키며 저항했고, 평양성을 직접 공격하려고 한 수나라 군대를 을지문덕 장군이 살수에서 전멸시키면서 물리칠 수 있었답니다. 고구려 침략 실패의 영향으로 멸망한 수나라의 뒤를 이어 당나라가 세워졌죠. 처음에 조심하던 당도 고구려를 침략했지만, 고구려는 안시성 성주와 주민이 끝까지 저항하여 당을 물리쳤답니다.

2 신라는 어떻게 삼국을 통일할 수 있었을까?

당나라와 동맹을 맺은 신라

고구려가 수나라와 당나라의 침략에 맞서 치열하게 싸우는 동안 신라는 백제와 대립하고 있었어요. 백제의 의자왕은 귀족 세력을 누르고 왕권을 강화하는 한편 신라를 공격하여 대야성을 비롯한 40여 성을 빼앗았어요. 대야성은 신라 땅으로 들어가는 길목에 자리 잡고 있었기 때문에 신라는 큰 위기에 빠지게 되었어요.

다급해진 신라의 선덕 여왕은 김춘추를 고구려에 보내 구원병을 요청하였어요. 그러나 연개소문이 신라가 점령한 옛 고구려 땅을 돌려줄 것을 요구하여 동맹은 실패했어요. 김춘추는 당나라로 건너가 고구려와 백제에 대한 공격을 제안하였어요. 마침 고구려 침략에 번번이 실패한 당나라의 황제는 이 제안을 받아들여 신라와 동맹을 맺었어요(나·당 동맹). 신라와 당나라는 백제와 고구려를 무너뜨린 뒤 대동강을 경계로 남쪽은 신라가 차지하고 북쪽은 당나라가 차지하기로 약속했어요.

◆ 나·당
신라와 당나라

◆ 결사대
죽기를 각오하고 싸우는 부대

호기심 뿜뿜

가장 약했던 신라가 어떻게 고구려와 백제를 누르고 통일을 했어요?

한강 유역 차지 이후 신라는 백제와 고구려의 공격을 받아 어려운 상황에 처했어요. 그래서 신라는 바다 건너 당나라의 도움으로 위기를 넘기고자 했죠. 이때 나·당 동맹이 이루어졌어요. 때마침 백제와 고구려는 지배층의 분열로 나라가 흔들렸고, 신라와 당나라는 이 틈을 파고들어 두 나라를 멸망시켰답니다.

나·당 동맹의 체결 과정

나·당 연합군에 멸망한 백제

이 무렵 백제는 지배층이 분열하여 나라가 흔들렸어요. 이 틈을 노려 김유신이 이끈 5만 명의 신라군과 소정방이 이끄는 13만 명의 당군이 백제를 공격하였어요. 의자왕은 급히 계백을 황산벌로 보냈어요. 계백의 5천 명 결사대는 황산벌에서 여러 차례 신라군을 물리쳤어요. 신라는 계속 공격하였지만 연이어 실패하자 화랑을 앞세웠어요.

그런데 화랑 관창이 앞장서서 싸우다 백제군에 붙잡혔어요. "신라에 대적할 수 없겠구나. 저 어린 소년도 이와 같거늘 하물며 장정들이야!" 계백은 관창을 돌려보냈으나 다시 잡혀오자 목을 베었어요. 분노한 신라군이 죽을 각오로 싸우자 백제군은 패하고 계백도 죽음을 맞았어요. 이후 수도 사비성이 나·당 연합군에 무너지면서 백제는 멸망하고 말았어요(660).

내분으로 멸망한 고구려

아버지가 유언으로 형제끼리 다투지 말라고 했거늘.

백제를 멸망시킨 뒤 신라와 당나라는 고구려를 공격하기 시작하였어요. 그러나 연개소문이 버티고 있던 고구려는 쉽게 무너지지 않았지요. 하지만 거듭되는 전쟁에 지친 고구려도 점차 흔들리기 시작하였어요. 연개소문이 죽자 세 아들 사이에 권력 다툼이 일어났어요. 장남 남생은 아우들에게 권력을 빼앗기자 국내성에서 반란을 일으키고, 당나라에 고구려 정벌을 요청하였어요.

이에 당나라의 군대는 요동의 성들을 차례로 무너뜨리면서 침략하였고, 남쪽에서 올라온 신라와 함께 평양성을 공격하였어요. 나·당 연합군이 평양성을 에워싸고 공격하자, 고구려는 오래 버티지 못하고 항복하고 말았어요(668년).

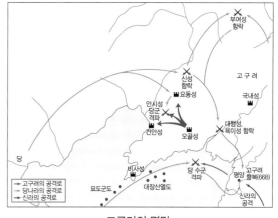

고구려의 멸망

나·당 전쟁과 삼국 통일

백제와 고구려가 멸망한 후, 당나라는 약속을 어기고 백제의 영토를 차지하려고 했어요. 그리고 신라마저 차지하려는 야심을 드러냈지요. 이에 신라는 당나라를 몰아내기 위한 전쟁에 나섰어요.

신라는 먼저 사비성을 공격하여 당군을 몰아내고 백제의 옛 지역을 모두 차지하였어요. 이후 고구려의 부흥 운동 세력을 신라의 군대로 편입시키고 백제 유민들과 함께 당나라에 맞섰어요. 당나라는 대규모 군대를 동원하여 신라를 공격하였어요. 7년에 걸친 전쟁 끝에 신라는 매소성과 기벌포에서 대승을 거두며 당나라의 군대를 몰아냈어요. 당나라를 물리친 신라는 대동강 이남의 땅을 확보하여 마침내 삼국 통일을 이룩하였지요(676년).

신라의 삼국 통일은 외부 세력인 당나라의 도움을 받았고, 옛 고구려 땅을 대부분 잃었다는 한계를 갖고 있어요. 그러나 신라의 삼국 통일은 우리 민족이 이룬 최초의 통일이며, 한반도를 무대로 민족 문화를 발전시킬 수 있는 바탕을 마련하였다는 점에서 의미를 찾을 수 있어요.

나·당 전쟁의 전개

3 고구려를 계승한 발해는 어떻게 등장했을까?

발해를 건국한 대조영

호기심 뿜뿜

발해는 어떻게 세워졌어요?

고구려가 멸망한 후 많은 고구려인이 당나라로 끌려 갔죠. 이들을 고구려 유민 이라 불러요. 그중 대조영 은 고구려의 장수 출신이었 는데, 때마침 반란을 일으 킨 거란족을 진압하느라 당 나라의 감시가 약해지자 그 틈을 이용해 말갈족과 힘을 합해 당나라에 반기를 들었 어요. 당나라는 물론 이를 누르려 했지만, 당군의 추 격을 뿌리치고 대조영은 동 모산 근처에서 발해를 세웠 답니다.

대조영은 원래 고구려 사람이었어요. 고구 려를 멸망시킨 당나라는 고구려 유민들의 저 항을 막고 이들을 분열시키기 위해 강제로 중국 곳곳으로 이주시켰어요.

그중 요서 지방 영주에는 고구려 유민과 말 갈족, 거란족 등이 강제로 이주해 와서 살고 있었지요. 대조영도 영주 땅에 끌려와 살고 있었어요. 이때 거란족이 반란을 일으켜 이 일대가 혼란에 빠지게 되었어요. 이 틈을 타 대조영은 고구려 유민과 말갈인들을 이끌고 영주를 탈출하였어요. 그리고 당나 라가 보낸 추격 군대를 물리쳤어요.

나, 대조영은 고구려를 계승한 발해의 건국을 선포한다!

발해를 건국한 대조영

대조영은 고구려 유민과 말갈인을 모아 동모산 근처에 터전을 잡고 발해를 건 국하였어요(698년). 고구려가 멸망한 지 30년 만에 발해가 건국됨으로써 만주 지역이 우리 민족의 터전으로 유지될 수 있었어요. 이로써 남쪽에는 신라가, 북 쪽에는 발해가 공존하는 남북국의 모양을 이루게 되었어요.

바다 동쪽의 융성한 나라, 발해

발해 무왕은 활발한 정복 활동을 벌여 영토를 크게 넓혔어요. 그의 뒤를 이 은 문왕은 "주변 나라들과 되도록 친하게 지내며 나라를 더욱 부강하게 만들 어야 할 때다."라고 생각했어요. 문왕은 주변 나라들과 친선 관계를 맺고, 적극 적으로 당나라의 선진 문물과 제도 를 받아들여 국가 체제를 정비하였 어요.

▶ 선진 문물
다른 것보다 앞선 문화(정치, 경 제, 종교, 예술, 법률 등)

▶ 연해주
현재 러시아의 동남쪽 끝에 있는 지역으로, 우리나라 동해와 접해 있으며 두만강을 사이로 우리나 라와 국경을 이루고 있음

문왕이 다져 놓은 나라를 이어받아 더욱 발전시킨 왕은 선왕이었어요. 선 왕은 연해주와 요동 지방까지 영토를 넓혀 옛 고구려 영토보다 더 넓은 지 역을 차지하게 되었어요. 이런 발해를 중국인들은 '바다 동쪽의 융성한 나 라'라는 뜻으로 해동성국이라 부르기 도 하였어요.

해동성국 발해의 영토

고구려를 계승 발전시킨 발해

발해는 고구려 계승 의식을 뚜렷하게 가지고 있었어요. 이러한 사실은 역사적 자료와 함께 여러 유적과 유물을 통해 확인할 수 있어요.

발해는 고구려를 뜻하는 '고려'를 국호로 사용하기도 하였어요. 또 발해의 무왕이 일본에 보낸 외교 문서에서 "발해는 고구려의 옛 땅을 회복하고 부여의 옛 풍속을 간직하였다."라고 하였으며, 문왕은 자신을 고구려 왕이라고 표현하였어요. 일본에서도 이 사실을 인정하고 발해 왕을 고구려 왕이라고 기록한 외교 문서를 전달하기도 했어요.

발해의 수도 상경성터에서는 불상과 석등, 연꽃 무늬의 기와 등이 출토되었는데 대부분 고구려 양식을 이어받아 웅장한 모습을 지니고 있어요. 또 난방 시설인 온돌 유적도 발굴되었는데, 이것 역시 고구려의 것과 형태가 비슷해요.

◢ 계승 의식
조상의 전통이나 문화유산 등을 물려받아 이어 나가려는 마음

◢ 국호
나라의 이름

◢ 외교
다른 나라와 정치적, 경제적, 문화적 관계를 맺는 일

고구려의 양식을 계승함

나란히 앉은 두 부처상

서로 닮은 발해와 고구려의 기와

발해 기와　　고구려 기와

고구려를 계승한 발해

해동성국의 수도(상경)에서 갈 수 없는 곳은 없다!

문왕은 당의 선진 문화를 받아들이고 물자와 식량을 구하기 위해서 주변 나라들과 교류해야 한다고 생각했어요. 그래서 수도 상경을 중심으로 이웃 나라로 통하는 다섯 갈래의 길을 만들었어요.

눈여겨 볼 것은 바로 신라로 가는 길이에요. 발해와 신라의 관계는 그다지 친하지 않았어요. 그러나 신라와 발해가 항상 멀리한 것은 아니라고 해요. 발해가 동해안을 따라 신라로 내려가는 길을 만들었다는 것은 이를 증명하는 것이겠지요. 이 길이 열리면서 발해와 신라의 사신은 물론 상인들이 오고 갔어요.

◢ 사신
임금이나 국가의 명령을 받고 외국에 사절로 가는 신하

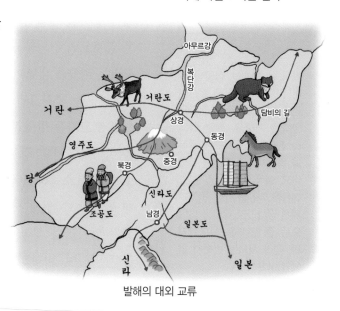

아무르강

복단강

거란도

거란　　상경

담비의 길

영주도

당　　　북경

동경

중경

신라도

조공도　　남경

일본도

신라

일본

발해의 대외 교류

4 통일 후 신라 사회는 어떻게 변했을까?

넘지 못할 신분의 벽, 골품 제도

앞에서 신라에는 특별한 신분 제도가 있었다고 배웠어요. 바로 골품 제도이지요.

지배층을 성골과 진골 그리고 6·5·4두품 신분으로 나누었는데, 성골과 진골은 왕족이었어요. 성골이 왕위를 계승하였으나 삼국 통일 무렵에는 성골의 대가 끊어졌어요. 태종 무열왕(김춘추)부터 진골이 왕위를 이었어요. 최고의 신분인 진골은 권력을 독점하고 온갖 특권을 누렸지요.

진골 아래 6두품 가운데는 학식과 능력이 뛰어난 인물들이 많았어요. 그러나 골품제라는 신분 제도의 벽에 막혀 출세에 제한을 받았어요. 이들은 꿈을 펼쳐보고자 당나라로 유학을 떠나거나, 관직을 포기하기도 하였어요.

골품 제도

바다의 왕자, 장보고

장보고는 당나라로 건너가 능력을 인정받아 당나라의 군인이 되어 이름을 떨쳤지요. 그곳에서 장보고는 해적에게 잡혀 와 노비가 된 많은 신라 사람들을 보고 분노했어요.

당나라의 벼슬을 버리고 신라로 돌아온 장보고는 오늘날의 완도인 청해에 군대를 설치할 것을 왕에게 건의했답니다. 해적들 때문에 골머리를 앓고 있던 왕은 장보고의 건의를 들어주면서 청해진 대사라는 벼슬을 내렸어요.

장보고는 군사 1만을 모아 중국과 일본으로 오고가는 바닷길의 중심인 청해에 진을 설치하였어요. 장보고는 청해진을 근거로 해적을 소탕하고 신라 상인들이 안전하게 교역할 수 있게 하였답니다. 이후 장보고는 당나라와 신라, 일본을 잇는 해상권을 장악하여 '바다의 왕자'로 이름을 크게 떨쳤어요.

청해진: 전라남도 완도 앞바다에 있는 장도가 장보고가 활약했던 청해진이다. 9세기 중엽, 장보고의 청해진은 군사 기지이자 동아시아 해상 무역의 중심지였다.

호기심 뿜뿜

삼국 통일 후에 신라 사회는 어떻게 변했어요?

가장 큰 변화는 성골이 이어 간 왕위를 진골 출신인 김춘추의 후손들이 계승하였다는 거예요. 뿐만 아니라 진골 출신은 모든 권력을 독차지하고 특권을 누렸어요. 실력을 갖춘 6두품 출신들은 자신을 꿈을 펼치기 위해 당나라로 유학을 다녀오는 등 변화를 시도했지만, 신라 사회는 변하지 않았답니다.

백성들에게 불교를 퍼뜨린 원효

당나라에서 불교가 크게 발전하였어요. 신라의 승려들은 당나라의 앞선 불교를 배우기 위해 유학을 원하고 있었어요. 원효와 의상은 불교를 공부하기 위해 부푼 꿈을 안고 당나라 유학길에 올랐어요. 두 사람은 몇 날 며칠을 걸어 충청남도 직산 지방에 이르렀어요. 밤이 깊어지자 원효와 의상은 동굴에서 잠을 자기로 했지요. 잠결에 원효는 목이 너무 말라 곁에 있던 물을 달게 마셨어요. 그런데 아침에 일어나보니 그 물은 해골에 고여 있던 썩은 물이었답니다. 원효는 구역질이 났어요. "그렇다, 어제와 오늘 사이에 달라진 것은 내 마음뿐이다. 진리는 결코 밖에 있는 것이 아니라 내 안에 있다." 원효는 그토록 원했던 깨달음을 해골 물에서 얻었어요.

해골물을 마시고 깨달음을 얻은 원효

원효는 경주로 돌아와 자신의 깨달음을 세상에 널리 알리기 위해 책 쓰기에 몰두했어요. 그리고 백성들의 삶 속으로 들어가 그들과 함께하려고 했답니다. 그는 '나무아미타불'만 외우면 누구나 극락에 갈 수 있다고 설교하였어요. 이에 신라 땅 곳곳에 '나무아미타불'이 울려 퍼지게 되었어요.

◀ 원효
신라의 승려(617~686). 불교의 대중화에 힘썼으며, 불교 사상의 융합과 그 실천에도 노력하였음

◀ 의상
신라의 승려(625~702). 당나라에 건너가 화엄(華嚴)을 공부하고 귀국 후 우리나라 화엄종의 창시자가 되었음

◀ 설교
종교의 교리를 설명함

불국사, 석굴암

불국사의 '불국'은 '부처님의 나라'라는 뜻으로 신라인이 살고 있는 땅을 불국토로 만들기 위해 세운 절이에요. 불국사에는 부처의 나라에 들어가기 위한 33개의 계단과 단아한 석가탑, 아름다운 다보탑 등이 완벽한 조화를 이루고 있고, 불교적 이상을 표현하고 있어요.

불국사에서 토함산 쪽으로 올라가면 석굴암을 볼 수 있어요. 석굴암은 300여 개나 되는 돌을 나무처럼 짜맞추어 만든 세계적인 인공 석굴 사원이에요.

석굴암의 본존불상은 부처의 위엄과 경건함이 잘 표현되어 있답니다. 석굴암과 불국사는 우리 조상들의 뛰어난 과학 기술과 예술성이 녹아 있는 불교문화의 최고 걸작이라고 할 수 있어요.

이에 유네스코는 불국사와 석굴암의 아름다움을 높이 평가하여 1995년 세계 유산으로 지정했어요.

불국사 대웅전

석굴암 본존불상

연표로 보는 이 시대의 주요 사건

삼국 시대 · 남북국 시대

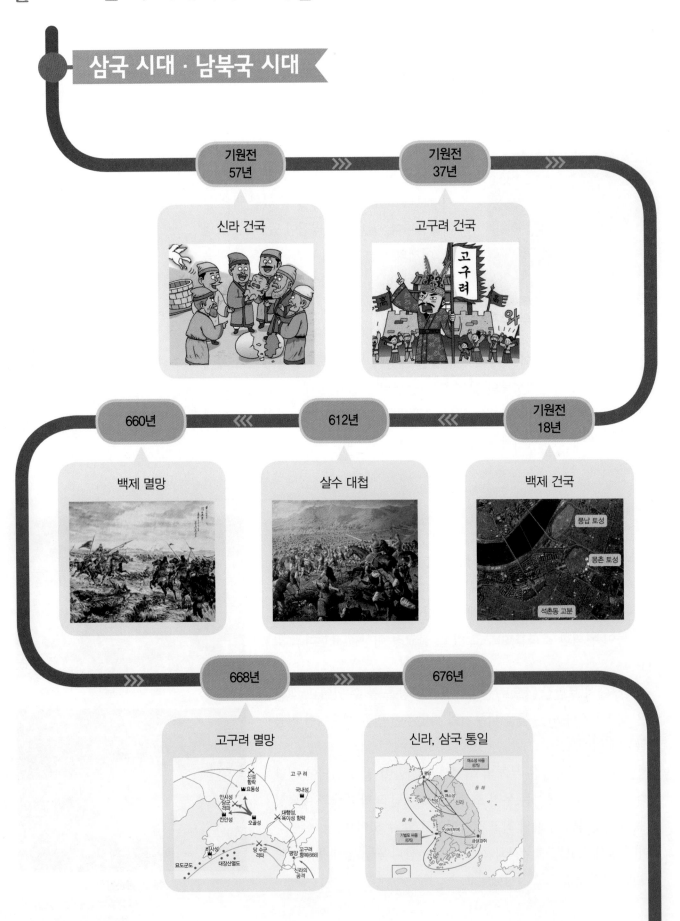

기원전 57년

신라 건국

기원전 37년

고구려 건국

660년

백제 멸망

612년

살수 대첩

기원전 18년

백제 건국

풍납 토성
몽촌 토성
석촌동 고분

668년

고구려 멸망

676년

신라, 삼국 통일

44 스토리 한국사 ❶권

근초고왕

백제의 왕으로 4세기에 백제의 전성기를 이루었어요. 활발한 정복 활동을 펼쳤는데, 북쪽으로는 평양성을 공격하여 고구려의 고국원왕을 전사시키고 황해도 땅 일부를 차지했어요. 남쪽으로 마한 세력을 정복해 전라도 일대를 차지했지요. 또한 중국의 요서와 산둥반도, 왜에까지 영향력을 미치며 활발한 교역을 하였지요.

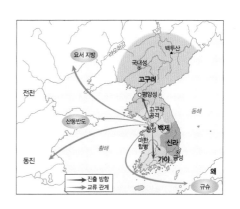

광개토 대왕

고구려의 왕으로 5세기 정복 활동을 통해 넓은 영토를 차지하며 고구려 전성기를 열었어요. 북쪽으로는 만주, 요동 지방까지, 남쪽으로는 한강 이북까지 영토를 넓혔지요. 신라에 침입한 왜군을 물리친 뒤, 신라에 영향력을 행사하며 간섭하기도 했어요. 넓은 영토와 강력한 왕권을 아들 장수왕에게 물려주었고, 장수왕은 고구려의 전성기를 이어 갔지요.

진흥왕

신라의 왕으로 6세기 후반에 영토를 크게 확장하며 전성기를 이끌었어요. 화랑도를 정비해 인재를 길러내고, 황룡사를 짓는 등 불교를 크게 발전시켰어요. 백제와 연합해 고구려를 공격하였고, 이어서 백제를 공격하여 한강 하류 지역까지 빼앗아 삼국 통일의 기반을 마련했지요. 또한 대가야를 정복하기도 했어요.

Ⅲ

고려 시대

1 후삼국 통일

신라 말 견훤이 후백제를 세우고, 궁예가 후고구려를 세워 신라와 경쟁하였어요.

하지만 최종 승리자는 견훤도 궁예도 아니었죠. 바로 궁예를 몰아내고 왕위를 차지한 왕건이었어요.

왕건은 고구려를 잇는다는 뜻으로 새 나라의 이름을 '고려'로 정했어요.

또한 거란에 망한 발해 사람들이 고려로 내려오자 따뜻하게 받아들이기도 하였지요.

그리고 실력을 키운 뒤 신라의 항복을 받아내고 후백제를 멸망시켰어요.

그럼, 이제부터 왕건이 세운 고려가 통일을 이룬 이야기를 알아볼까요? EBS

1 신라는 왜 다시 세 나라로 나누어졌을까?

진골 귀족들이 왕위 다툼을 벌이다

신라는 삼국을 통일한 이후 꽤 오랫동안 평화로웠어요. 그런데 진골 귀족들이 서로 왕이 되려고 다투면서 혼란이 시작되었고, 고려에 항복할 때까지 계속되었어요. 이때 왕위에 오른 지 1년 만에 살해된 왕도 있었답니다.

왕위 다툼은 점점 심해지고 그 속에서 진골 귀족들은 농민들의 땅을 빼앗는 등 여러 가지 방법으로 땅을 늘려갔어요. 그러자 세금을 거둘 수 있는 땅도, 사람들도 줄어들어 나라의 살림살이가 어려워졌어요.

진성 여왕은 각 지방에 관리를 보내 세금을 빨리 내라고 명령하였어요. 그러자 가뜩이나 생활이 어려웠던 농민들이 그동안 억눌러 왔던 분노를 폭발시켰어요. 상주 지방에 살던 원종과 애노를 비롯한 많은 농민들이 곳곳에서 세금 내기를 거부하고 들고일어났답니다.

합천 해인사 길상탑: 탑 안에서 신라 말 처참한 상황을 적은 벽돌 판이 발견되었다.

지방 세력이 커지다

신라의 왕은 혼란한 상황을 수습할 힘이 없었어요. 수도인 경주 근방을 다스릴 뿐 멀리 있는 지방까지는 손을 쓸 여유가 없었죠. 그러자 지방에서 영향력을 행사하던 사람들이 점점 성장하였어요. 이들은 고을 주변에 성을 쌓고 군대를 길러 스스로 자기 고을을 지켰어요. 이와 같이 지방에서 힘을 키워 실력자가 된 사람을 호족이라고 불렀어요.

몇몇 호족은 새로운 나라를 세우는 꿈도 꾸었어요. 바로 견훤과 궁예가 대표적인 인물이에요. 전라도 지역에서 견훤, 강원도 철원 지역에서 궁예가 각각 후백제와 후고구려를 건국하고 신라를 위협하게 되었답니다.

신라 왕실은 희망이 없다! 우리가 새 나라를 만들자!

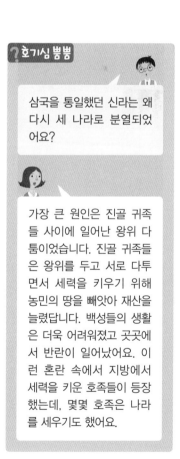

? 호기심 뿜뿜

삼국을 통일했던 신라는 왜 다시 세 나라로 분열되었어요?

가장 큰 원인은 진골 귀족들 사이에 일어난 왕위 다툼이었습니다. 진골 귀족들은 왕위를 두고 서로 다투면서 세력을 키우기 위해 농민의 땅을 빼앗아 재산을 늘렸답니다. 백성들의 생활은 더욱 어려워졌고 곳곳에서 반란이 일어났어요. 이런 혼란 속에서 지방에서 세력을 키운 호족들이 등장했는데, 몇몇 호족은 나라를 세우기도 했어요.

견훤이 나라를 세우다

견훤은 경상도 상주에서 농부의 아들로 태어났어요. 호랑이가 젖을 물려 키웠다는 이야기가 전해질 만큼 힘이 매우 셌다고 해요.

견훤은 15살 되던 해에 신라 군대에 들어가 서남쪽 해안을 지켰어요. 그러던 중 많은 농민들이 '세금을 더 내라고?', '굶어 죽느니 싸우자고!' 하며 들고일어나는 상황을 보게 되었죠.

견훤은 신라에 불만이 많았던 농민들을 모아 세력을 키웠어요. 그리고 지금의 전주인 완산주를 차지하고 나라를 세우는 데 성공하였어요.

견훤이 차지한 땅의 대부분은 전라도와 충청도였는데, 이 지역은 옛 백제의 영토였어요. 그래서 견훤은 이 지역 사람들의 마음을 얻기 위해 나라 이름을 후백제라고 지었어요.

세금
나라의 살림살이를 위해 백성으로부터 거두어들이는 돈

호기심 뿜뿜

신라 외 후삼국 시대를 이룬 나라는 어떤 나라들이에요?

후백제는 견훤이 세웠죠. 견훤은 원래 신라의 군인으로 경상도 출신이었지만 지금의 전라도 지역에서 세력을 키웠어요. 그리고 그 지역 사람들의 마음을 얻기 위해 후백제라고 나라 이름을 지었죠.
후고구려는 궁예가 세웠어요. 궁예는 신라의 왕자 출신이라 전해지고 있지요. 도적 떼에 들어가 세력을 키우기 시작한 궁예는 옛 고구려 지역을 기반으로 나라를 세우고 이름을 후고구려라고 지었어요.

궁예가 나라를 세우다

궁예는 신라의 왕자 출신이라고 전해요. 그런데 진골 귀족들의 싸움에 휘말려 태어나자마자 경주에서 쫓겨났다고 해요. 이때 왕은 궁예를 죽이라고 명령했지만 유모가 몰래 궁예를 구했어요. 그런데 사고가 일어나 궁예는 한 쪽 눈이 멀게 되었어요.

힘든 어린 시절을 보낸 궁예는 절에 들어가 승려가 되었어요. 하지만 곧 절에서 나와 도적 떼에 들어가 세력을 키웠어요. 그리고 지금의 개성인 송악을 도읍으로 정하고 나라를 세웠지요.

그가 차지한 땅은 대부분 옛 고구려의 영토였어요. 그래서 궁예도 견훤처럼 후고구려라고 나라 이름을 정했어요.

후삼국 지도

왕건이 고려를 세우다

후고구려를 세우기 전 궁예에게 아주 기쁜 손님들이 찾아왔어요. 바로 송악 지방을 대표하는 호족인 왕륭이 그 아들인 왕건과 함께 스스로 신하가 되겠다고 찾아온 거예요. 이후 궁예의 힘은 신라 땅의 절반이 넘는 지역을 차지할 정도로 강해졌답니다.

궁예는 자신의 힘이 그 어떤 호족보다 강해지기를 바랐어요. 그래서 나라 이름도 태봉으로 바꾸고, 철원으로 도읍도 옮겼죠. 또 당시 사람들이 널리 믿었던 미륵 신앙을 이용하여 자신이 살아 있는 미륵이라고 말했어요. 심지어 다른 사람의 마음을 읽는 신비한 능력이 있다고 말하면서 주변 사람들을 의심하고 억울하게 죽이는 일이 잦아졌어요.

왕건도 궁예의 의심을 받아 위험에 처한 적이 있었다고 해요. 얼마 뒤 왕건을 따르는 부하들이 궁예를 몰아내고 왕건에게 새로운 왕이 되어 줄 것을 원하였어요. 궁예는 궁궐에서 쫓겨났고, 왕건은 새 나라의 이름을 고려로 정하고, 도읍을 송악으로 옮겼답니다.

신라를 공격하는 견훤, 신라를 돕는 왕건

포석정(경상북도 경주시): 견훤이 경주를 쳐들어왔을 때, 경애왕이 신하들과 함께 머물던 곳이다.

왕건이 고려를 세운 뒤, 견훤은 어떤 반응을 보였을까요? 처음에는 선물도 보내면서 사이좋게 지내려는 것처럼 했지요.

그런데 견훤이 신라를 공격하고 왕건은 공격을 받은 신라를 도우면서 두 나라의 관계가 나빠지게 되었어요.

한번은 견훤이 이끄는 후백제군이 신라의 수도인 경주에 침입하여 신라의 왕을 죽음에 이르게 한 적이 있었어요. 이때 왕건은 신라를 돕기 위해 직접 군대를 이끌고 내려왔어요.

지금의 대구 근처인 공산에서 왕건과 견훤은 맞붙었어요(공산 전투). 이때 왕건은 후백제군에 포위되어 목숨이 위태로운 상황까지 몰렸어요. 다행히 부하 장수가 왕건인 것처럼 속이고 싸우는 동안 왕건은 간신히 살아 도망갈 수 있었답니다.

◢ 공산 전투
927년 공산(대구)에서 벌어진 고려군과 후백제군과의 싸움. 고려가 크게 졌음

3 고려는 어떻게 후삼국을 통일하였을까?

고려군, 고창 전투에서 웃다

시름
마음에 걸려 풀리지 않는 근심이
나 걱정

장수
군사를 거느리는 우두머리

왕건은 공산 전투에서 패배한 뒤 큰 시름에 잠겼어요. 사랑하는 부하 장수 두 명을 모두 잃고 간신히 홀로 도망쳤기 때문에 그 슬픔은 더욱 컸지요. 하지만 왕건은 이때의 패배를 교훈으로 삼아 앞으로의 싸움을 준비하였답니다.

안동 차전놀이: 고창 전투에서 유래한 놀이이다. 승리를 거둔 고려군과 안동 사람들이 지게 위에 대장을 태우고 노래를 부른 모습을 보고 만들었다.

몇 년 뒤 싸울 준비를 마친 고려군은 지금의 안동인 고창으로 향하였어요. 이때 고려군은 후백제군과 맞붙어 대승을 거두었어요. 그러자 후백제와 고려 사이에서 눈치를 보던 많은 호족 세력들이 고려에 항복해 왔어요. 이로써 고려는 후삼국을 통일할 수 있는 유리한 고지를 차지할 수 있었답니다.

호기심 뿜뿜

고려가 어떻게 후삼국을 통일하게 되었죠?

후고구려를 세운 궁예가 난폭하게 변하자 신하들이 궁예를 쫓아내고 왕건을 왕으로 모셨어요. 왕건은 나라 이름을 고려라고 정하고 수도를 송악으로 삼았어요. 왕건은 고려를 세운 뒤, 신라와는 친하게 지냈지만 후백제와는 거리를 두었어요. 후백제가 신라에 침입했을 때는 신라를 도우려고 군대를 이끌고 가서 죽을 고비를 넘기기도 했어요. 결국 신라의 왕은 고려에 항복하게 되었고, 후백제와 고려의 싸움에서 고려가 승리하면서 후삼국은 고려에 의해 다시 통일되었답니다.

견훤, 스스로 왕건에게 항복하다

견훤에게는 10여 명의 아들이 있었는데, 넷째 아들 금강을 가장 예뻐했다고 해요. 견훤이 금강에게 왕위를 물려주려고 하자 첫째 아들 신검이 동생들과 함께 반란을 일으켰어요. 그리고 신검은 아버지를 김제에 있는 금산사라는 절에 가두었어요.

한순간에 갇힌 신세가 된 견훤은 탈출하기 위해 여러모로 궁리하였어요. 그러던 어느 날 금산사를 지키던 군사들에게 술을 먹인 뒤 탈출하여 나주로 도망쳤어요. 당시 나주는 왕건이 후백제에게서 빼앗은 곳이었거든요. 이후 견훤은 왕건이 있는 송악으로 갔고, 왕건은 매우 기뻐하며 견훤을 맞이하였어요.

금산사(전라북도 김제시): 견훤이 석 달 동안 갇혀 있던 장소이다.

고려, 후백제와 마지막 전투를 벌이다

견훤의 적은 이제 고려도, 신라도 아니었어요. 자신을 절에 가둔 아들, 바로 후백제의 왕 신검이었지요. 견훤은 왕건에게 후백제를 공격하여 원한을 갚게 해달라고 자주 부탁하였어요.

한편, 견훤이 왕건에게 항복하였다는 소식을 들은 신라의 경순왕은 신하들이 모인 자리에서 더 이상 나라를 지키는 것은 어려우니 고려에 나라를 바치자고 말하였어요. 그러자 태자가 크게 반대하였어요.

태자의 간곡한 부탁에도 불구하고 경순왕은 신하들과 함께 고려로 떠나 왕건에게 항복하였어요. 하지만 태자는 끝까지 고려로 가지 않았어요. 나라를 잃은 슬픔을 가슴에 담은 채 금강산으로 들어갔는데, 평생 삼베 옷을 입고 지냈다고 해서 마의 태자라는 별명이 생겼어요.

드디어 왕건은 후백제와 결전을 벌였어요. 일리천이라는 냇가에서 큰 싸움이 일어났는데, 결과는 고려군의 승리였어요. 이후 후백제가 고려에 항복하였고, 이렇게 해서 신라, 고려, 후백제는 하나가 되었어요.

충주 미륵대원터 석불: 마의 태자라고 불리는 신라의 마지막 태자가 세웠다는 이야기가 전해지는 석불이다. 태자는 신라가 고려에 항복하는 것에 반대하며 금강산에 들어가 풀잎을 뜯어 먹으며 일생을 마쳤다고 전해진다.

◀ 태자
임금의 자리를 이을 임금의 아들

개태사터(충청남도 논산시): 왕건은 후삼국을 통일한 기념으로 후백제의 신검에게서 항복을 받은 논산에 개태사를 세웠다. 이곳에는 천여 명이 먹을 양의 밥을 지을 수 있는 거대한 가마솥이 있다.

견훤 묘(충청남도 논산시): 견훤은 후백제 멸망 후 화병으로 등창(등에 나는 큰 부스럼)이 나서 황산의 어느 절에서 세상을 떠났다고 전한다.

29번이나 결혼한 왕건

고려가 처음 세워졌을 당시에는 고려의 앞날이 그리 밝기만 한 것은 아니었어요. 백성들의 생활은 자주 일어나는 크고 작은 싸움 때문에 말이 아니었어요. 더 큰 문제는 많은 호족들이 왕건이 왕이 되는 것에 반대하였다는 사실이에요. 이들은 반란을 일으키거나 후백제로 넘어가기도 하였답니다.

왕건은 세력을 키우려면 무엇보다 사람들의 마음을 얻어야 한다고 생각했어요. 그래서 백성들이 나라에 내는 세금을 생산량의 10분의 1만 내도록 줄여 주었어요. 또한 세력이 큰 호족들과 가까워지기 위해 그들의 딸들과 결혼하였어요. 그래서 왕건의 부인은 29명이나 되고 저마다 고향이 달랐어요. 몇몇 호족들에게는 높은 벼슬과 토지를 주고, 자신과 같은 왕씨 성을 쓰게 하여 끈끈한 관계를 맺었어요.

◀ 생산량
일정한 기간 동안 만들어 낸 물건, 곡식 등의 양

29명

내가 부인이 좀 많아!

호기심 뿜뿜

왕건이 후삼국을 통일할 수 있었던 이유가 뭐예요?

왕건은 무엇보다 사람들의 마음을 얻기 위해 노력했어요. 왕건이 29번 결혼하였다는 사실을 보면 알 수 있어요. 왕건은 각 지역의 호족을 자기편으로 만들기 위해 호족의 딸과 결혼하는 정책을 펼쳤어요. 그 때문에 29명의 부인을 맞아들인 것이죠. 또한 자신의 성씨인 '왕' 씨 성을 쓰게 하여 호족의 마음을 얻었답니다. 뿐만 아니라 백성의 마음을 얻기 위해 세금을 줄여 주기도 했어요.

고구려의 영토를 되찾자

왕건은 나라의 이름을 왜 '고려'로 정하였을까요? 여기에는 고구려를 계승한다는 뜻이 담겨 있답니다. 왕건은 옛 고구려의 영토를 되찾겠다는 의지가 매우 강하였거든요. 그래서 고구려의 수도였던 평양을 서쪽에 있는 서울, '서경'으로 삼아 개경 다음으로 중요하게 여겼어요.

한편, 북쪽에서는 발해가 거란의 공격으로 멸망하였어요. 그러자 나라를 잃은 발해 사람들이 고려로 내려오게 되었지요. 이때 왕건은 발해 사람들을 따뜻하게 맞아 주고 살 곳도 마련해 주었어요. 이로써 고려는 우리 민족을 모두 아우르는 진정한 통일을 이루었어요.

고려의 수도

개경

발해 유민 포용

5 고려는 신라와 무엇이 다를까?

시험을 보아 관리를 뽑다

고려 시대에도 왕은 관리들과 함께 나랏일을 돌보았어요. 관리들은 여러 등급으로 나뉘어져 있었죠. 그렇다면 관리를 어떤 방법으로 뽑았을까요?

신라 시대에는 진골 귀족만 제일 높은 관직을 차지할 수 있었어요. 아무리 능력이 뛰어나도 신분이 높지 않으면 출세할 수 없었죠. 고려에서도 여전히 추천을 받아 뽑았기 때문에 능력이 있어도 관리가 되기 어려웠죠.

고려 초기 광종은 왕의 힘을 강화하기 위해 새로운 인재들이 필요했어요. 이때 중국에서 건너온 쌍기라는 사람이 왕에게 중요한 건의를 했죠. 바로 글을 쓰는 능력이나 유교를 공부한 내용을 시험 보아 관리를 뽑아야 한다는 것이었죠. 광종은 이 건의를 받아들여 과거제를 처음 실시하였어요. 이후 과거제는 조선 시대까지 이어졌답니다.

◀ 추천
어떤 조건에 적합한 사람을 책임지고 소개함

과거 보는 모습

유교 정치 사상이 뿌리내리다

제가 올린 28개조의 개혁안을 시행하여 주시옵소서.

알겠노라.

최승로

성종

유교는 임금님께 충성하고, 부모님께 효도하는 것을 강조하는 사상으로, 삼국 시대에 이미 우리나라에 들어왔어요. 그런데 나라를 다스리는 근본 이념으로 자리 잡은 때는 바로 고려 시대랍니다.

여섯 번째 왕으로 즉위한 성종은 신하들에게 명령을 내렸어요. 나라를 다스릴 때 도움이 될 수 있는 좋은 글을 작성해서 올리라고 한 것이었죠. 이때 수많은 신하들이 글을 올렸는데, 그중 최승로가 '시무 28조'라고 불리는 건의문을 올렸습니다. 최승로는 '나라를 다스리는 근원은 유교'라고 하였으며, 왕은 신하와 더불어 나라를 다스려야 한다고 주장하였어요. 성종은 최승로의 건의를 받아들여 유교 정치 사상을 바탕으로 여러 제도를 마련하였답니다.

? 호기심 뿜뿜

고려 사회가 신라 사회와 비교하여 어떤 점이 달랐나요?

진골 귀족이 모든 권력을 차지했던 신라와 달리 고려에서는 옛 신라의 진골 귀족 출신은 물론 호족, 6두품 출신도 정치에 참여할 수 있었어요. 또 고려에서는 과거 시험을 통해 관리를 뽑기 시작하면서 실력(능력)에 따라 관리를 뽑게 되었지요. 유교 정치 사상이 뿌리를 내린 것도 고려에서 일어난 변화랍니다.

2 세계 속의 고려

고려 시대 초기에는 주변에 송나라, 거란, 여진, 일본 등이 있었어요.

그리고 후기에는 원나라가 중국을 통일하였죠.

고려는 다양한 나라들과 외교 관계를 맺고 활발히 교류하였어요. 대외 교류를 활발히 한 까닭은

각 나라에 따라 달랐지만 외국과의 무역은 고려의 경제 발전에 큰 영향을 주었답니다.

특히 여러 제도가 잘 마련되어 있고, 앞선 물품이 많았던 송나라와의 교역이 가장 중요하였어요.

그럼, 이제부터 외국 상인들이 고려에 드나든 이야기들을 알아볼까요? EBS

1 고려 시대 가장 큰 나루터는 어디였을까?

예성강가로 모여든 상인들

고려 시대에는 주변 나라들과 활발히 교류하였어요. 여러 물품을 수레에 실어 나를 때도 많았지만 바닷길도 많이 이용하였죠.

외국에서 온 장사꾼들이 물건을 팔기에 가장 좋았던 곳은 어디였을까요? 바로 가장 많은 사람들이 모여 사는 수도 개경이었겠죠? 배를 타고 황해를 건너 온 상인들은 뱃길을 따라 개경의 서쪽에 흐르는 예성강으로 들어올 수 있었어요. 그리고 예성강 하류에 자리 잡은 벽란도라는 큰 항구에 배를 댔지요.

고려의 배가 새겨진 청동 거울: 돛을 올린 배가 파도를 헤치고 항해하는 모습이 그려져 있다. 고려 시대에 바닷길을 통한 교류가 활발하였음을 보여 주는 유물이다.

벽란도는 개경과 가까울 뿐만 아니라 물이 비교적 깊어 배가 드나들기 적합한 항구였어요. 그래서 수많은 외국 상인들이 드나드는 국제 무역항으로 발전했지요. 뿐만 아니라 지방에서 세금을 싣고 온 배는 물론이고, 크고 작은 고깃배, 지방에서 올라온 장삿배들로 늘 활기찼답니다.

 호기심 뿜뿜

 고려는 주변의 나라와 어떻게 교류했어요?

네. 고려는 주변의 여러 나라와 교류를 했어요. 송나라와 가장 활발하게 교역을 하였어요. 고려의 수도인 개경 가까이에 있는 예성강 하류에 항구가 있는데, 벽란도라고 했지요. 벽란도는 세금을 싣고 온 배는 물론 교역을 위해 오는 외국 상인들의 배가 드나들면서 국제 무역항으로 발전하였어요.

벽란도에서 외국 상인들과 흥정하는 고려 사람들

〈예성강곡〉에 얽힌 이야기

정말 미안하오.

하마터면 송나라로 끌려 갈 뻔했네요.

벽란도를 가장 많이 드나든 외국인은 바로 송나라 상인들이었어요. 그들이 벽란도에 자주 드나들었다는 사실은 고려 시대 노래인 〈예성강곡〉에 얽힌 이야기로도 잘 알 수 있답니다.

옛날에 바둑을 잘 두는 중국 상인 하두강이 있었어요. 하씨는 예성강에 왔다가 아름다운 여자를 보고 홀딱 반해 버렸죠. 그런데 그 여자는 이미 남편이 있었어요. 하씨는 아름다운 부인을 빼앗으려는 욕심에 그 남편과 내기 바둑을 두면서 일부러 계속 졌어요. 결국 남편은 자기 아내까지 내깃거리로 걸었고, 하씨는 단판에 이겨서 아내를 배에 싣고 떠나버렸어요. 뒤늦게 후회한 남편은 멀어져 가는 아내를 바라보며 슬픈 노래를 지어 불렀어요. 그런데 배가 앞으로 가지 않아 점을 쳤더니 부인을 돌려보내야 한다는 점괘가 나왔어요. 그 점에 따라 부인을 돌려보냈는데, 그 부인이 또 노래를 지었다고 해요. 하마터면 생이별을 할 뻔 했던 이 두 사람이 부른 노래를 〈예성강곡〉이라고 해요. 고려 시대에는 장사를 하러 찾아오는 상인들이 정말 많았어요. 기록에 따르면 5천 명 정도의 송나라 상인들이 고려에 드나들었다고 해요.

비단 장수, 송나라 상인

하두강과 같은 송나라 상인들은 고려에 무슨 물품을 가져왔을까요? 으뜸인 물건은 바로 비단이었어요. 개경의 부잣집 여자들은 겉옷은 물론 속바지까지도 비단옷을 입었고, 외출을 할 때 반드시 머리에 검은 비단 너울을 썼어요. 남자 어른이 쓰고 다니던 두건도 비싼 비단으로 만든 것이었죠. 그래서 송나라 상인이 비단을 가져오면 불티나게 팔리곤 하였답니다.

비단 다음으로 인기가 많았던 것은 차였어요. 당시 고려의 귀족과 승려들 사이에는 차를 마시는 풍습이 유행했거든요.

비단의 부드러운 느낌이 너무 좋아요.

저는 요즘 중국에서 온 차에 빠져 있답니다.

? 호기심 뿜뿜

국제 무역항인 벽란도에서 어떤 거래들이 이루어졌어요?

벽란도에 드나들었던 가장 많은 외국인은 중국 송나라의 상인이었어요. 송나라 상인들은 비단이 중요한 상품이었고 고려는 인삼이 가장 중요한 상품이었답니다. 그 외에 거란과 여진, 일본 등과도 교역이 이루어졌어요. 특히 멀리 아라비아의 상인들도 드나들었는데, 이들이 고려를 '코리아'라고 부르면서 우리나라의 외국 이름인 '코리아'가 생겨났답니다.

그 밖에도 송나라 상인들은 각종 약재와 책,
자기, 밀가루 등 다양한 물품을 벽란도를 통해
가져왔어요.

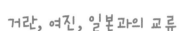

◀ 약재
약을 짓는 데 쓰는 재료

그렇다면 비단을 판 송나라 상인은 고려에서
어떤 물품을 사 갔을까요? 으뜸은 인삼이었다
고 해요. 고려 인삼은 질이 매우 우수하고 효과
가 탁월하여 인기가 최고였대요. 그리고 삼베와 종이, 먹 등을 가져갔어요. 고려의
종이는 매우 질긴 데다 빛깔이 희고 윤기가 흘러 최상품으로 인정받았다고 해요.

◀ 먹
벼루에 물을 붓고 갈아서 글씨를
쓰거나 그림을 그릴 때 사용하는
검은 물감

거란, 여진, 일본과의 교류

고려는 북쪽의 거란, 여진과도 교류하였지만 송나라처럼 적극적이지는 않았
어요. 고려가 농기구와 곡식, 문방구 등을 보내면 거란, 여진에서는 은과 모피,
말 등을 보냈어요. 한편 거란과 고려는 모두 불교 국가였기 때문에 대장경과 책
등을 교류하기도 하였어요.

고려와 일본 사이에서는 일본 상인들이 찾아와 고려 왕에게 물품을 올리면 하
사품을 내려 주는 정도의 교류가 이루어졌어요. 일본 상인들은 유황과 수은 등
을 가져왔고, 곡식과 인삼, 서적 등을 가져갔어요.

◀ 대장경
불경을 모두 모아 하나로 모은
경전

◀ 유황
약재 중 하나

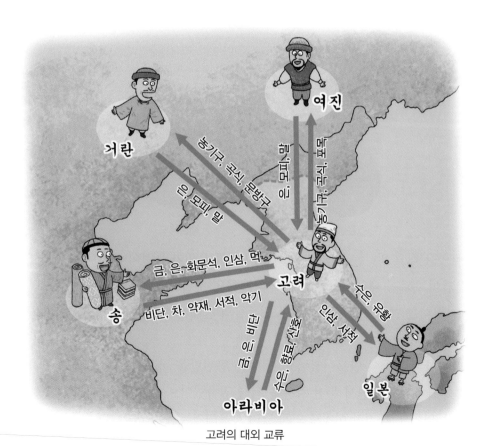

고려의 대외 교류

코리아를 알린 아라비아 상인

아라비아
아시아 서남부 지역

상아
코끼리의 앞니

벽란도에는 멀리 아라비아 상인들도 드나들었어요. 고려 사람들은 아라비아를 한자로 '대식국(大食國)'이라고 했어요. 아라비아 사람들이 많이 먹어서 그런 것이 아니라 아라비아에 '타직(Tajik)'이라는 부족이 있었는데 그 이름을 한자로 소리 나는 대로 쓴 것이라고 해요. 고려 사람들은 처음 보는 생김새의 사람들과 그들이 가져온 신기한 물건들에 큰 관심을 보였어요. 여자들은 상아, 수정, 호박 같은 보석을 보고 눈이 휘둥그레졌고, 상인들은 후추 같은 향신료를 구하기를 원하였지요.

아라비아 상인은 고려를 세 차례 다녀갔는데, 이후에는 송나라 상인이 중간에서 고려 물품을 계속 전해 주었어요. 이러한 과정에서 서양 세계에 고려가 '코리아'라는 이름으로 알려졌어요.

스토리 플러스 ┃ 고려 시대 화폐 이야기

건원중보

은병

해동통보

고려 시대 사람들은 시장에서 무엇을 내고 원하는 물건을 샀을까요? 지금 우리가 동전이나 지폐를 사용하는 것과 달리 고려에서는 쌀과 옷감이 화폐를 대신하였어요. 외국과의 무역이 활발해지고 상업이 발전하면서 고려는 처음으로 건원중보라는 화폐를 발행하였어요. 하지만 귀족들의 반대가 심해 건원중보는 널리 보급되지 못하였어요.

이후 해동통보, 해동중보 등 다양한 동전들이 만들어졌어요. 숙종은 동전만을 사용하는 음식점을 설치하고, 관료들의 봉급을 동전으로 지급하기도 하면서 동전 사용을 적극 권하였어요. 또한, 은병이라고 하는 1근의 은으로 만든 고액 화폐도 만들었어요. 하지만 이것도 역시 널리 사용되지는 못하였답니다.

원나라와의 교류

고려는 몽골이 세운 원나라와도 활발히 교류하였어요. 여러 물품을 주고받았을 뿐 아니라 많은 고려 사람들이 원나라에 갔고, 원나라 출신의 사람들도 고려에 왔답니다.

원나라에 간 고려 사람들 중에는 상인이나 유학자, 승려들이 많았어요. 고려에 온 원나라 사람들의 대부분은 고려 왕과 결혼한 원나라 공주를 따라 들어왔거나 장사를 하러 온 사람들이었어요.

〈천산대렵도〉: 변발을 한 무사의 모습이 그려져 있다.

원나라와의 교류가 활발해지면서 몽골 문화가 고려 사회에 퍼져 유행하였어요. 몽골식 머리 모양을 하고 몽골식으로 옷을 입는 사람들이 늘어났어요. 지금 많이 먹는 설렁탕, 소주 등 몽골 음식도 처음 전해졌고, '마마'나 '수라' 같은 몽골어도 널리 사용되었어요.

원나라에도 고려의 음식, 풍습, 음악 등이 전해져 인기가 있었는데, 이것을 '고려양'이라고 불렀어요.

↳ 마마
임금 및 그 가족과 관련된 낱말 뒤에 붙어 존대의 뜻을 나타내는 말임

↳ 수라
궁중에서 임금에게 올리는 밥을 높여 이르는 말임

스토리 플러스+ 700년 전의 약속, 신안 보물선

약 40년 전에 전라남도 신안 앞바다에서 어부의 그물에 청자가 걸려 올라왔어요. 바다에서 도자기가 나왔다면 당연히 그것을 운반하던 배도 있었을 것이라는 기대감으로 발굴 작업에 들어갔어요.

과연 바다 밑에는 나무로 만든 배가 가라앉아 있었고, 여기에 많은 물건이 실려 있었어요. 조사 결과, 이 보물선은 중국에서 일본으로 가던 원나라 무역선임이 밝혀졌어요.

청백자 각화 연꽃 넝쿨무늬 두귀 달린 병

중국 동전

화물의 주인, 날짜 등이 기록된 목간

3 국제 도시 개경은 어떤 모습이었을까?

500년 고려 왕조의 도읍, 개경

개경은 지금의 개성 지방으로, 예전에는 송악으로 불렸어요. 태조 왕건이 송악을 도읍으로 정한 이후, 개경은 고려 시대 내내 중심지로 발전하였죠. 그렇다면 태조 왕건이 송악을 도읍으로 정한 특별한 이유가 있었을까요?

우선 송악은 태조 왕건의 고향이기 때문에 처음에 나라의 기틀을 잡는 데 편리했어요. 또 신라의 수도인 경주가 한반도의 동남쪽에 치우쳐 있던 것과 달리 개경은 고려 영토의 중심에 있어요. 사방에 산이 있어 요새처럼 안정되어 있고, 예성강, 임진강, 한강 등 큰 강들이 주변으로 흘러 전국의 재물이 한데 모일 수 있었답니다.

◆ 도읍
나라의 수도

◆ 요새
군사적으로 중요한 곳에 튼튼하게 만들어 놓은 방어 시설

◆ 재물
돈이나 그 밖의 값나가는 물건

개경의 이모저모

개경 바깥에는 외적의 침입을 막기 위해 쌓은 성이 에워싸고 있었는데, 무려 23km나 되었어요. 이 성을 나성이라고 하는데, 대문이 4개가 있었고 개경 사람들이 모여 살았지요.

개경에는 왕실과 왕족, 귀족들, 관리들, 상인, 농민, 노비 등 매우 다양한 사람들이 살고 있었어요. 특히 과거에 합격하여 관리 생활을 시작한 경우나 군인으로 교대 근무를 하기 위해 올라온 지방 사람들도 많았답니다.

개경에는 왕이 사는 궁궐과 나랏일을 돌보는 여러 개의 관청이 있었어요. 또한 고려 시대에는 불교가 크게 발달하였기 때문에 개경에는 수백 개의 크고 작은 절이 있었으며 손에 꼽을 만한 큰 절만 해도 수십 개가 넘었다고 해요.

개경이 고려의 수도가 된 특별한 이유가 있어요?

이전 신라의 수도였던 경주는 국토의 한쪽에 치우쳐 있다는 약점이 있지만, 개경은 고려의 가운데 위치한다는 장점이 있죠. 더군다나 개경 주변에는 임진강, 한강, 예성강 등 큰 강들이 있어 교통이 편리하다는 것도 큰 장점이었어요.

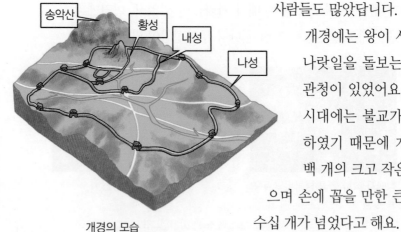
개경의 모습

고려 궁궐 이야기

개경 서북쪽에 치우친 송악산 남쪽에 고려의 국왕이 사는 궁궐이 있었어요. 고려 궁궐은 아쉽게도 지금은 남아 있지 않고 궁궐터인 만월대만 남아 있어요.

'만월대'는 조선 시대에 땅과 산의 모양이 보름달의 모습이라 해서 불린 이름이라고 알려져 있어요. 만월대 위에 궁궐을 지었는데, 전체 공간은 넓지 않았지만 계단식으로 건물을 배치하여 매우 웅장한 느낌이었답니다. 또 궁궐 안에는 넓은 뜰이 있었어요. 이곳에서는 여러 행사나 군사 훈련 등이 이루어졌어요.

궁궐과 관청들은 개경 안에서도 가장 중요한 장소였기 때문에 특별히 더 보호할 필요가 있었어요. 그래서 궁궐과 여러 건물을 에워싸는 성곽을 따로 만들었는데, 이 성을 황성이라고 불렀어요. 황성의 정문은 광화문이었는데, 광화문은 개경 내 도로들의 중심이자 전국 방방곡곡으로 향하는 모든 도로의 출발점이기도 하였어요.

'깍쟁이'들이 많았던 개경

개경 안에는 두 개의 큰 도로인 남북대로와 동서도로가 있었어요. 두 도로가 교차하는 곳을 십자거리라고 불렀는데, 이곳에 많은 시장들이 있었어요.

개경의 시장은 매우 활기찼어요. 개경에서는 상인을 '가게쟁이'라고 불렀어요. '가게쟁이'들은 온종일 물건을 사고파느라 바빴죠. 장사 잘하기로 유명했던 '가게쟁이'가 변해서 아주 약빠른 사람을 가리키는 '깍쟁이'라는 말이 생겼다고 해요.

벽란도에 도착하여 개경으로 들어온 외국 상인들은 우선 좋은 물품을 궁궐이나 관청에 바쳐야 했어요. 그리고 나머지를 시장을 열어 팔 수 있었어요. 십자거리에 온갖 물품을 늘어놓으면 사람들이 구름 떼처럼 모여들었다고 해요. 한편 개경에는 직접 만두 가게를 차리고 장사를 하는 아라비아 상인도 있었답니다.

〈송도 전경〉: 조선 후기에 강세황이 그린 그림으로, 그림의 아래쪽에서 위로 뻗은 큰길이 고려 당시의 시전 거리이다.

3 외적의 침입과 극복

고려 주변에는 어떤 나라들이 있었을까요? 송나라와 거란, 여진이 있었어요.

여진족은 금나라를 세워 거란을 멸망시키고, 송나라를 남쪽으로 밀어냈어요.

하지만 금나라도 칭기즈칸이 세운 몽골에게 멸망하였지요.

고려는 송나라와 가까이 지내면서 앞선 문물을 받아들일 수 있었어요.

하지만 거란, 여진, 몽골의 침입으로 고려는 큰 피해를 입었답니다.

그럼, 이제부터 고려가 다른 민족과 싸운 이야기를 들어볼까요? EBS

1 고려는 고구려의 후손이다!

칼보다 강한 말, 서희

고려는 태조 때부터 거란을 멀리하였어요. 거란이 발해를 멸망시켰기 때문이기도 하고 고구려의 땅을 되찾으려면 북쪽으로 영토를 넓혀야만 했기 때문이죠. 한편 거란은 송나라 공격을 앞두고 먼저 고려를 침입하였어요.

고려 정부는 거란의 침입에 크게 당황하였어요. 하지만 서희는 거란이 공격을 하는 진짜 이유가 고려와 송나라의 관계를 끊기 위해서라는 것을 알았죠. 그래서 거란 장수 소손녕과 만나 담판을 벌였어요.

소손녕은 당장 북쪽 땅을 내놓으라고 으름장을 놓았어요. 서희는 고려가 고구려를 계승했으므로 그 땅을 차지하는 것은 당연하다고 말했죠. 소손녕은 또 고려가 송나라와 친하게 지내는 것에 대해 항의하였어요. 서희는 압록강 근처에 사는 여진족이 거란에 가는 것을 방해한다고 말했어요. 그리고 압록강 동쪽의 땅을 개척하도록 허락해 주면 송나라와 관계를 끊고 거란과 교류하겠다고 약속하였죠. 그 약속을 믿고 거란은 물러갔고, 고려는 강동 6주라는 지역을 새로 얻게 되었답니다.

강동 6주

◀ 태조
한 왕조를 세운 첫 번째 임금을 가리키는 것으로, 고려의 태조는 왕건임

귀주 대첩의 영웅, 강감찬

낙성대 유허비: 강감찬이 태어날 때 큰 별이 떨어졌다는 이야기가 전한다. 그래서 그가 태어난 곳을 낙성대라고 부른다.

거란은 또다시 고려를 침입하였어요. 이때 고려의 수도가 함락되고 왕이 멀리 피란하는 위험한 상황에 처하기도 하였어요.

거란과 고려의 큰 싸움은 귀주의 벌판에서 일어났어요. 이때 고려군은 강감찬의 지휘를 받아 거란군에 맞서 싸웠어요. 쉽게 승패가 결정되지 않던 상황에서 때마침 지원군이 도착하였어요. 게다가 고려군에 유리한 바람이 불면서 고려군은 크게 승리할 수 있었답니다.

귀주 대첩 이후 송나라, 거란, 고려는 평화로운 관계를 맺으며 교류하였어요.

? 호기심 뿜뿜

고려와 거란의 전쟁은 왜 일어났어요?

고려는 발해를 무너뜨리고 고구려의 옛 땅을 차지한 거란을 멀리했답니다. 옛 고구려의 땅을 언젠가는 되찾을 것이라 생각하고 있는데 그 땅을 차지하고 있는 거란과 친하게 지낼 수 없었던 것이죠.
한편 거란은 송을 공격하기에 앞서 고려와 송의 관계가 끊어지기를 원했어요. 하지만 고려는 송과의 관계를 끊을 생각이 없었답니다. 결국 거란은 군대를 보내 이 문제를 해결하려 했던 것이죠.

2 윤관이 별무반을 만들자고 한 까닭은?

여진이 고려에 힘겨루기를 시작하다

고려를 괴롭힌 또 다른 외적은 여진족이에요. 원래 여진족은 고려를 부모의 나라로 섬겼지만 통일을 이루면서 상황이 달라졌답니다.

처음에 고려는 여진을 얕잡아 보았어요. 하지만 막상 싸워 보니 여진을 상대하기가 쉽지 않았죠. 하루는 숙종이 윤관을 불러 싸움에서 진 까닭을 물어보았어요. 윤관은 여진은 말을 타고 싸우는 부대가 많은데 우리는 걸어서 싸우기 때문에 패하였다고 답하였어요. 그리고 말을 타고 싸우는 군대를 만들자고 하였어요. 왕은 윤관의 건의를 받아들여 특수 부대를 만들도록 허락하였답니다. 그 군대가 바로 별무반이에요.

별무반을 이끈 윤관, 영토를 넓히다

별무반은 여러 차례의 싸움 끝에 여진을 물리치고 넓은 영토를 차지하였어요. 윤관은 새로 얻은 동북 지방의 땅에 모두 9개의 성을 쌓았답니다.

그런데 여진이 9성을 돌려줄 것을 요청하고, 고려도 그곳을 관리하고 지키기 어려웠어요. 그래서 9성을 여진에게 돌려 주었지요. 이후 여진은 고려를 섬기면서 잘 지냈을까요? 안타깝게도 그러지 못했어요.

9성을 돌려받은 뒤로 여진은 금나라를 세웠어요. 그리고 거란을 멸망시키고, 송나라도 공격하여 영토를 크게 넓혔지요. 고려에게도 자신들을 큰 나라로 섬기라고 요구하였어요. 당시 고려를 다스리던 귀족들은 전쟁을 피하기 위해 여진의 요구를 받아들였어요.

〈척경입비도〉: 윤관이 여진족을 물리친 뒤 국경선을 표시하는 비석을 세우는 것을 그린 그림이다.

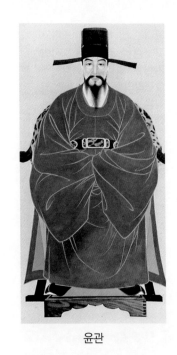

윤관

◀ 별무반
여진을 정벌하기 위해 조직한 부대로, 기병(말을 타고 싸우는 병사), 보병, 승병(승려로 구성)으로 구성함

3 고려가 수도를 강화도로 옮긴 까닭은?

세계 최강 군대, 몽골군

몽골은 원래 여러 부족으로 흩어져 몽골 고원에서 말을 키우며 살았어요. 그런데 칭기즈칸이 나타나 몽골족을 통일하면서 막강한 세력이 되었어요. 몽골은 가는 곳마다 싸움에서 이겼어요. 말을 타고 싸우는 능력이 매우 뛰어났거든요.

사방으로 영토를 넓히던 몽골군은 거란을 공격하였어요. 이때 몽골군에 쫓긴 거란족이 고려 땅으로 들어오게 되었죠. 몽골과 고려는 힘을 합하여 거란족을 몰아냈어요. 이때부터 몽골은 고려에 사신을 보내 수많은 선물을 보낼 것을 강요하였어요.

몽골의 침략이 시작되다

고려에 왔던 몽골 사신들은 무례하기 짝이 없었어요. 그중 저고여라는 사신이 고려에 왔다가 돌아가는 길에 죽임을 당하였어요. 이 일을 구실로 몽골군이 고려를 침략하였어요.

당시 고려에서 왕보다 더 큰 힘을 가지고 있었던 사람은 무신인 최우였어요. 최우는 서둘러 몽골군과 타협하였지만 몽골의 간섭은 심해졌죠. 최우는 몽골과 싸울 것을 결심하였어요. 그리고 수도를 강화도로 옮길 것을 결정하였어요. 주로 말을 타고 싸우는 몽골군은 바다에서의 싸움이 약할 것이라고 판단했기 때문이에요.

강화도에는 궁궐이 새로 만들어졌어요. 그리고 왕을 비롯한 수많은 귀족들이 강화도로 이사하였답니다. 하지만 육지에 남아 있던 백성들은 다시 시작된 몽골의 침입 때문에 고통을 받았어요.

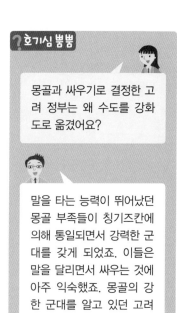

?호기심 뿜뿜

몽골과 싸우기로 결정한 고려 정부는 왜 수도를 강화도로 옮겼어요?

말을 타는 능력이 뛰어났던 몽골 부족들이 칭기즈칸에 의해 통일되면서 강력한 군대를 갖게 되었죠. 이들은 말을 달리면서 싸우는 것에 아주 익숙했죠. 몽골의 강한 군대를 알고 있던 고려 정부는 강한 몽골의 군대가 힘을 발휘하기 힘든 바다 건너 섬으로 먼저 피한 것이죠. 백성들에게는 섬이나 산으로 대피하라고 알렸다고 합니다.

강화도에 있는 고려 궁터

4 몽골의 침략에 맞서 싸운 고려인들

항복은 없다! 박서

몽골이 맨 처음 고려에 쳐들어왔을 때 고려군의 방어 능력도 만만치 않았어요. 당시 평안북도의 귀주성을 지키던 박서는 군인, 백성들과 함께 몽골군의 집요한 공격을 거듭 막아냈어요. 거칠 것 없는 기세로 쳐들어왔던 몽골의 기병 부대가 귀주성에서 발이 묶이게 되었어요.

이후 몽골군은 끝까지 저항하는 고려군을 그대로 둔 채 바로 고려의 수도인 개경을 공격하였어요. 결국 개경이 포위되자 고려 정부는 몽골에 많은 선물을 주며 강화를 제의하였어요. 이때 몽골군도 먹을 것이 부족해지는 등 난처한 사정에 빠지자 물러갔답니다.

◖ 포위
주위를 에워쌈

◖ 강화
싸우던 두 편이 싸움을 그치고 평화로운 상태가 됨

몽골을 두 번 격파한 김윤후

고려 정부가 강화도로 들어갔다는 소식을 들은 몽골은 약 30년 동안 여러 차례 침입하였어요. 당시 백성들이 당한 피해와 고통은 이루 말할 수 없었어요. 오랜 전쟁으로 수많은 사람들이 죽고 다치거나 몽골에 끌려가고 농사지을 땅도 엉망이 되어버렸어요. 황룡사 구층 목탑 등 소중한 문화유산도 불탔어요.

이렇게 힘든 상황 속에서도 백성들은 스스로 몽골군의 공격에 맞섰어요. 특히 승려였던 김윤후는 백성들을 모아 몽골군과 싸웠는데, 크게 두 차례나 이겼답니다. 지금의 용인시에 있던 처인성에 몽골군이 쳐들어왔을 때였어요. 몽골군의 사령관이 김윤후가 쏜 화살에 맞아 죽었어요. 사령관이 죽자 몽골군은 물러갔어요. 김윤후는 몇 년 뒤에 충주에서도 노비들의 사기를 북돋워 몽골군을 물리치는 데 성공하였답니다.

호기심 뿜뿜

몽골에 끝까지 저항했던 삼별초는 고려의 정부군이 아니었어요?

삼별초는 원래 최우가 만든 군대였답니다. 삼별초는 고려 정부가 원나라와 강화를 맺으려 할 때 반대하면서 계속 싸울 것을 주장했어요. 하지만 결국 고려 정부가 강화를 맺고 개경으로 돌아가려고 하자 이에 반발하면서 들고일어났습니다. 삼별초는 강화도에서 진도로, 다시 제주도로 근거지를 옮겨가면서 저항했습니다. 그러나 고려군과 몽골군에 의해 삼별초는 진압되고 말았습니다.

처인성 전투(민족 기록화)

몽골과 끝까지 싸운 삼별초

고려는 오랜 기간 몽골군에 맞서 싸웠지만 결국 강화를 맺을 수밖에 없었어요. 몽골은 강화도에서 나와 개경으로 돌아올 것을 요구하였어요. 고려 정부는 몽골의 요구를 받아들여 개경으로 돌아갈 것을 결정했어요.

그런데 배중손이 이끄는 삼별초가 개경으로 돌아가지 않겠다고 주장하며 들고일어났어요. 최우가 만든 삼별초는 밤중에 도둑을 잡는 부대에서 시작되어 더 커진 특수 부대예요. 삼별초는 몽골과 계속 싸우는 것이 나라를 위하는 길이라고 말하였어요.

삼별초는 배를 타고 멀리 진도로 내려와 성을 쌓았어요. 그리고 남쪽 지역 백성들과 힘을 합하여 몽골 군대와 열심히 싸웠죠. 한때는 세력이 매우 커서 고려 정부를 위협할 정도였어요. 고려군은 몽골군과 힘을 합하여 삼별초를 총공격하였어요. 삼별초는 다시 제주도로 옮겨가 끝까지 싸웠으나 끝내 진압되고 말았어요.

삼별초를 이끈 배중손 동상

삼별초가 이동한 경로

진도 용장성

제주 항파두리성

5 고려 왕비가 원나라 공주였다고?

원나라의 간섭을 받다

몽골과 고려의 기나긴 전쟁이 끝난 뒤 두 나라에는 어떠한 변화가 생겼을까요? 우선 몽골은 나라 이름을 원으로 바꾸고 중국 대륙 전체를 차지하였답니다.

원나라는 고려의 독립을 인정해 주었지만, 여러 가지 방법으로 고려의 정치를 간섭하였어요. 고려의 왕은 왕위에 오르기 전 원나라의 수도에 인질로 머물러야 했어요. 그리고 원나라 공주와 혼인하여 고려는 원의 사위 나라가 되었어요. 원나라는 마음에 들지 않으면 고려의 왕을 바꿔 버리는 일도 서슴지 않았어요.

원나라의 간섭을 받는 동안 고려에서는 많은 것들이 변하였어요. 더 이상 고려의 왕을 황제라고 부를 수도 없었고, 나라 일을 살피는 관청의 이름도 크게 바뀌었어요. 머리 모양과 옷도 몽골식 풍습을 따라하는 사람들이 늘어났어요.

◀ 인질
약속을 꼭 지키도록 하기 위하여 잡아 두는 사람

◀ 사위
딸의 남편

호기심 뿜뿜

고려의 왕들은 왜 원나라 공주와 결혼을 해야 했어요?

중국 전체를 지배한 몽골이 세운 원나라는 여러 방법으로 고려에 간섭했어요. 그 중 하나가 고려의 왕자들은 반드시 원나라에 인질로 머물게 했어요. 그때 원나라 공주와 결혼을 정하였대요. 원의 입장에서는 왕자가 귀국해 왕이 되면 고려의 왕이 원나라 황제의 사위가 되는 효과를 얻을 수 있었던 것이죠.

수많은 물품을 원나라에 바치다

고려는 매년 원나라에 금, 은, 매 등 수많은 물품을 바쳐야만 했어요. 원나라가 일본 원정에 나설 때에도 고려는 적극 협조해야만 했어요. 원나라는 고려에 정동행성이라는 기관을 마련하고, 배와 식량, 무기 등을 준비하도록 명령하였어요. 두 차례에 걸친 일본 원정이 모두 실패하면서 그 피해는 매우 컸답니다.

영토 상실

원나라는 고려의 젊은 여자들도 뽑아 강제로 데려갔어요. 많은 사람들이 가족과 생이별을 하는 아픔을 겪어야만 했지요.

또한 원나라는 우리 땅을 빼앗아 직접 지배하였어요. 화주에 쌍성총관부, 서경에 동녕부, 제주에 탐라총관부를 설치하였어요. 고려는 동녕부와 탐라총관부는 곧 돌려받았지만 쌍성총관부는 싸워서 되찾았답니다.

공민왕, 개혁을 결심하다

원나라 수도에 머물던 공민왕도 원나라 공주와 결혼한 뒤 고려에 돌아왔어요. 그런데 공민왕이 고려를 다스리던 시기에 중국에 큰 변화가 나타나고 있었어요. 원나라의 힘이 점점 약해져 중국 사람들이 원나라를 멸망시키고 새로운 나라(명나라)를 세우려고 하는 움직임이 거세게 일어났어요. 공민왕은 지금이 원나라의 간섭에서 벗어날 수 있는 좋은 때라고 생각했어요. 고려가 왕의 힘을 키우고 자주국으로 성장한다 하더라도 원이 간섭할 수 없을 것이라고 판단한 것이죠.

공민왕

◢ 자주국
다른 나라에 속하지 아니한 자주적인 나라

공민왕의 업적

공민왕은 몽골식 머리 모양을 하거나 몽골의 옷을 입는 것을 금지하여 고려의 전통을 되살리려 하였어요. 원나라가 설치하였던 정동행성도 없애고, 원나라에 빌붙어 권세를 누리던 관리도 과감히 처벌하였죠. 또한 원나라가 빼앗아간 우리 땅을 되찾고 영토를 크게 넓혔어요.

공민왕은 백성들의 생활도 살피기 위해 노력하였어요. 당시 힘 있는 사람들이 백성들의 땅을 마음대로 빼앗아가고, 노비로 만드는 일이 자주 있었거든요. 공민왕은 새로운 관청을 만들고 신돈을 책임자로 삼았어요. 신돈은 원래 주인에게 땅을 돌려주지 않으면 큰 벌을 주겠다고 경고하였어요. 이러한 노력은 어느 정도 효과를 보는 것 같았지만 힘 있는 사람들의 반대가 너무 커서 결국 실패하였어요.

공민왕 때 회복한 영토

토지와 노비 문제 해결

4 고려 문화의 발전

고려 시대 문화는 매우 다양하게 발전하였어요.

사람들은 불교, 도교, 유교 등 다양한 종교와 사상을 믿거나 연구하였어요.

예술에서는 귀족들의 애호품이었던 자기가 발전하여 아름다운 청자가 만들어졌답니다.

또한, 과학 기술이 크게 발달하였어요. 인쇄술이 발달하여 금속 활자를 사용하여 책을 찍어낼 수 있게

되었어요. 인쇄술과 함께 화약 제조 기술도 발달하여 최무선은 화포를 제조하여 왜구를 크게 무찌르

는 데 이용하였어요.

그럼, 이제부터 고려 시대 다양한 문화를 알아볼까요? EBS

1 고려 사람들이 가장 많이 믿었던 종교는?

불교의 나라, 고려

고려 시대 사람들은 신분에 상관없이 널리 불교를 믿었어요. 일찍이 태조 왕건은 후대 왕들에게 남긴 10가지 가르침에서 항상 불교를 장려하라고 하였지요. 또한 연등회와 팔관회를 크게 열라고 당부하였어요.

연등(연등놀이를 할 때 밝히는 등불)

◀ 후대
뒤에 오는 세대나 시대

매년 열리는 연등회는 고려의 가장 큰 행사였어요. 고려 시대 사람들은 전국 곳곳에 등불을 밝혀 부처의 가르침이 널리 퍼지기를 기원하였다고 해요. 연꽃 모양의 등불을 다는 연등 행사는 지금도 부처님 오신 날에 하고 있어요.

팔관회는 하늘신, 산신, 물신, 용신 등 여러 신에게 제사 지내고 국가와 왕실의 평안을 비는 행사였어요. 개경과 서경에서 각각 열렸는데, 황제의 표시인 황룡기를 설치하고 여러 관리들의 축하를 받았어요. 특히 송나라 상인이나 여진 등의 사신도 참석하여 축하 인사와 특산물을 바쳤어요. 국내외 사신과 상인들의 인사가 끝나면 큰 잔치가 열렸는데, 그 규모와 화려함은 상상을 초월하였다고 해요.

팔관회 때의 모습(상상화): 팔관회 때는 궁궐 안팎에서 광대들이 온갖 재주를 부리는 놀이가 펼쳐졌다. 많은 백성들이 구경하기 위해 거리로 쏟아져 나와 함께 어울리며 즐겼다.

? 호기심 뿜뿜

고려를 불교의 나라라고 할 수 있어요?

물론이죠. 고려인들은 신분에 상관없이 모두 불교를 믿었죠. 태조 왕건이 후손에게 남긴 훈요 10조에서도 불교를 보호하라고 했을 정도입니다. 하지만 현실 정치는 유교 사상에 따라 이루어졌어요. 최승로라는 유학자가 올린 건의 사항이 대부분 정치에 반영된 것을 보면 알 수 있죠. 고려는 종교로서는 불교를, 정치사상으로는 유교를 바탕으로 발전한 사회였답니다.

2 고려 시대 불교는 어떻게 발전하였을까?

커다란 고려 불상

고려 왕실과 귀족들은 앞장서 절을 세우고 불상과 탑을 만들었어요. 지방에서 힘을 갖고 있던 사람들도 이에 뒤질세라 절을 세우고 큰 불상을 조각하였지요.

그런데 고려 시대 때 만들어진 불상을 보면 신라 때와 많이 다르다는 것을 알 수 있어요. 신라의 대표 불상인 석굴암 본존불상은 매우 과학적이고 조화와 균형의 아름다움이 돋보이잖아요! 그런데 고려의 불상은 그동안 사용하지 않았던 재료를 이용하고 크기도 매우 컸어요. 철로 만든 불상이 있는가 하면, 머리 부분이 매우 큰 불상을 세우거나 바위에 불상을 조각하기도 하였어요.

논산 관촉사 석조 미륵보살 입상: 높이가 약 18m에 이르는 우리나라에서 가장 큰 석불 입상이다.

? 호기심 뿜뿜

선생님 고려의 불상들은 신라에 비해서 얼굴 모양도 다르고 조금 못생긴 것 같아요.

신라 시대의 불상과는 여러 면에서 차이가 있어요. 불상을 만드는 데 이용한 재료와 만드는 방법이 달랐기 때문이에요. 고려의 불상은 주로 철을 이용해서 제작했기 때문에 신라의 불상에 비해 모양을 내기에는 어려움이 있었어요. 또 자연의 커다란 바위 등을 이용해 불상을 만들다 보니 크기는 컸지만, 전체적인 균형이라든지 조화는 신라의 불상과 비교해서 떨어진다는 느낌을 줍니다.

경제 중심지(?)가 된 절

고려 시대 절은 종교적인 장소였을 뿐만 아니라 지방 경제의 중심지이기도 했어요. 절은 왕실과 귀족들로부터 땅을 받거나 사들여서 매우 넓은 땅을 가질 수 있었어요. 넓은 땅에서 거두어들인 파, 마늘, 곡물 등을 팔았기 때문에 많은 사람들이 절에 모여들었죠. 옷감이나 소금, 기름, 벌꿀 등을 만들어 팔기도 하였고 심지어 술을 만들어 팔기도 하였어요.

또한 절은 원이라는 독특한 숙박 시설을 만들어 운영하였어요. 당시 마을과 마을은 멀리 떨어져 있어서 멀리 이동하는 사람들이 잠을 잘 곳이 마땅치 않았지요. 절은 대부분 험난한 교통의 요지에 자리 잡고 있었기 때문에 원을 운영하기에 안성맞춤이었어요.

양산 통도사 국장생 석표: 통도사의 영역을 나타내기 위해 세운 표지돌이다. 주변에 모두 12개의 장생표가 있어 절이 넓은 땅을 차지하고 있었음을 알 수 있다.

승려가 된 왕자, 대각국사 의천

의천은 고려의 제11대 왕인 문종의 넷째 아들로 태어나 승려가 되었어요. 승려가 된 후 불교 교리를 더 공부하고 싶은 욕심이 생겨 송나라 유학을 결심하였지요.

◀ 유학
외국에 머물면서 공부함

대각국사 의천

그런데 많은 사람들이 의천이 송나라에 가면 송나라와 사이가 나쁜 거란이 가만있지 않을 것이라며 반대하였어요. 하지만 의천은 포기하지 않고 두 명의 제자와 함께 슬며시 송나라로 갔어요. 여러 절을 찾아다니며 공부한 뒤 약 1년 만에 다시 고려로 돌아왔답니다.

귀국할 때 의천은 송에서 사들인 많은 책을 가져왔어요. 그리고 불교 연구에 도움이 되는 책을 거란, 일본에서도 구했지요. 부처님의 말씀을 널리 알리고 싶었던 의천은 이렇게 구입한 수천 권의 책을 새로 펴냈어요. 그리고 수많은 불교 경전을 종합한 속장경을 간행하였답니다.

한편, 의천은 당시 불교를 믿는 사람들이 서로 나누어져 싸우는 모습에 가슴 아팠어요. 그래서 불교계를 하나로 통합하기 위해 부단히 노력하였어요. 의천의 노력은 결실을 맺어 그의 뜻을 따르는 제자들도 많이 모여들었답니다. 의천은 그 공로가 인정되어 고려 시대 승려에게 주는 가장 높은 직책인 국사에 임명되었어요.

영통사 대각국사비: 의천의 일생이 잘 새겨져 있는 비석이다.

〈수월관음도〉: 고려는 부처의 모습이나 불경의 내용을 그린 화려하고 아름다운 불교 그림을 많이 남겼다.

3 흙에 스민 고려인의 마음은 무엇일까?

귀족은 청자를 좋아해!

고려 시대에는 귀족들의 취향에 걸맞은 다양한 공예품이 만들어졌어요. 그 가운데 자기가 귀족들 사이에 인기가 많았답니다.

도자기를 만드는 기술은 중국에서 먼저 발달하였어요. 신라와 발해에서도 기술이 발전하였는데, 고려 자기는 우리의 전통과 송나라의 기술을 받아들여 만들어진 거랍니다. 처음에는 송나라 자기와 모양이 비슷하였어요. 하지만 점차 고려만의 독자적인 경지를 개척하여 맑고 투명한 청자를 만들어 낼 수 있었어요.

고려청자는 색깔이 아름다워 중국인도 천하제일의 명품으로 손꼽을 정도였다고 해요.

고려 귀족들은 청자를 매우 좋아해서 찻잔, 대접, 주전자, 꽃병 등은 물론이고 기와나 장식 타일 등 건축자재나 문방용품도 청자로 만든 것을 사용하기도 했답니다.

호기심 뿜뿜

고려 시대에 만들어진 청자는 고려의 모든 사람들이 사용했어요?

고려 시대에 청자가 크게 유행을 했다고 해서 모든 사람들이 청자를 사용한 것은 아니랍니다. 고려의 청자는 색깔이 아름다워 중국에 수출되기도 했는데, 제작 방법이 쉽지 않고, 독특한 무늬도 많아 가격이 매우 비쌌습니다. 당연히 고려에서도 생활에 여유가 있었던 귀족들이 주로 사용하였지요.

고려만의 발명 특허품, 상감 청자

고려청자는 독창적 기법인 상감법이 개발되면서 더욱 발전하였어요.

상감은 원래 금속에 무늬를 새기고 금, 은 등의 다른 재료를 넣어 장식하는 기법이었어요. 고려의 도공들은 이 방법을 도자기에 적용시켜 고려만의 독특한 자기를 만들어낼 수 있었던 거예요.

우선 청자의 표면에 그림을 그려서 파내요. 그리고 그 자리에 다른 흙을 메우고 유약을 발라 구웠는데, 이를 '상감 청자'라고 불렀어요.

상감 기법을 활용한 이후 고려청자는 매우 독창적일 뿐만 아니라 다채롭고 장식적인 멋을 띠게 되었어요. 구름과 학, 연꽃, 모란 등의 무늬를 넣어 독특하면서도 아름다운 정취를 뽐낼 수 있게 되었답니다.

고려청자는 자기를 만들 수 있는 흙이 풍부하고 연료가 많은 지역에서 만들어졌어요. 특히 전라도 강진과 부안이 유명하였지요. 하지만 고려청자는 몽골과의 전쟁 이후 점차 쇠퇴하였어요.

◀ 도공
도자기 만드는 기술자

◀ 유약
도자기의 몸에 덧씌우는 약. 도자기 표면에 액체나 기체가 스며들지 못하게 하며 겉면에 광택이 나게 함

상감 청자를 만드는 방법은?

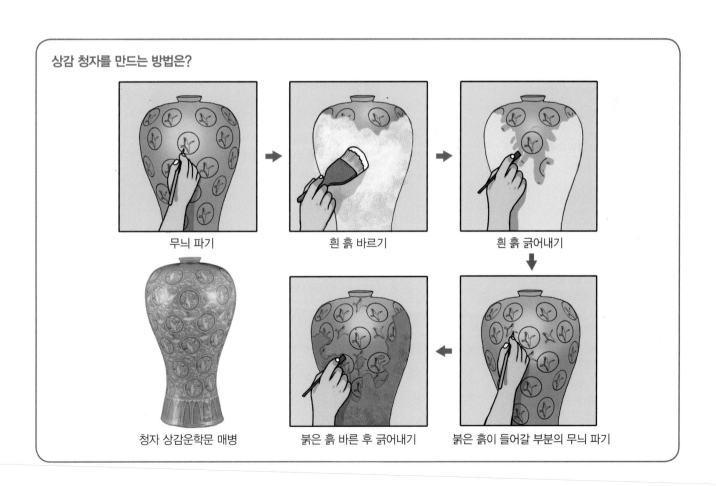

무늬 파기

흰 흙 바르기

흰 흙 긁어내기

청자 상감운학문 매병

붉은 흙 바른 후 긁어내기

붉은 흙이 들어갈 부분의 무늬 파기

4 슬기로운 고려 사람들, 뛰어난 과학 기술을 꽃피우다!

고려 사람들의 염원이 담긴 팔만대장경

우리나라는 통일 신라 시대부터 그림이나 글자를 나무판에 새겨 종이에 찍어 내는 기술이 뛰어났어요. 고려 시대에는 목판 인쇄술이 더욱 발전하여 대장경판을 만들었어요. 불교를 널리 믿었던 고려 사람들이 불경을 보급하기 위한 목적이었어요.

처음 만들어진 대장경판과 의천이 만든 속장경판은 아쉽게도 모두 몽골의 침입으로 불타버렸어요. 하지만 몽골과 전쟁을 하는 동안 만들어진 팔만대장경판은 지금까지도 완벽하게 보존되어 있어요.

팔만대장경은 부처의 힘을 빌려 몽골군을 물리치기 위해 무려 16년에 걸쳐 만든 것이에요. 목판의 개수가 8만여 장에 달하여 팔만대장경이라고 부르는데, 차곡차곡 쌓았을 때의 높이가 백두산보다 높다고 해요. 글자 모양이 고르고 틀린 글자도 찾기 어려울 정도로 우수한 팔만대장경은 현재 유네스코 세계 기록 유산에 등재되어 있답니다.

⤷ **속장경**
대각국사 의천이 대장경을 만들 때 빠진 것들을 모아 엮은 경전

해인사 장경판전에 보관된 대장경판: 팔만대장경을 보관하기 위해 지은 장경판전은 원활한 통풍을 위해 아래 위 창의 크기를 다르게 하였다. 또한 1년 내내 습도를 조절할 수 있게 과학적으로 설계되었다.

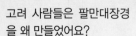

> 고려 사람들은 팔만대장경을 왜 만들었어요?

> 불교 국가였던 고려에서 몽골의 침입이라는 국가의 위기를 부처의 힘을 빌려서 극복하려는 간절한 바람으로 제작한 것이 팔만대장경입니다. 그 당시 송나라, 거란 등에서 대장경을 제작하는 경우도 많았지요. 우리나라는 거란의 침입 때 초조대장경을, 몽골의 침입 때에는 팔만대장경을 만들었어요.

세계 최초로 금속 활자를 발명하다

고려 시대에는 목판 인쇄술을 바탕으로 금속 활자 인쇄술을 발명하였어요. 한 가지 책을 많이 인쇄하는 데에는 목판 인쇄가 적합하였지만, 여러 책을 소량으로 인쇄하는 데에는 활판 인쇄가 더 효과적이었거든요.

고려는 서양보다 200년이나 앞서 금속 활자로 책을 인쇄하는 데 성공하였어요. 하지만 안타깝게도 이 책은 지금 전해지지 않아요. 대신 남아 있는 가장 오래된 금속 활자 인쇄본은 청주 흥덕사에서 간행된 《직지심체요절》이에요.

《직지심체요절》

《직지심체요절》은 세계에서도 그 가치를 인정받아 현재 유네스코 세계 기록 유산으로 등록되어 있어요. 개화기에 프랑스 공사가 가져간 후 프랑스 국립 도서관에 보관되어 있답니다.

목화 씨앗을 들여온 문익점

문익점은 원나라에 사신으로 갔다가 고려로 돌아올 때 목화 씨앗을 가지고 왔어요. 그리고 장인에게 나누어 주고 함께 재배를 하였어요.

처음에는 방법을 몰라 한 그루만 겨우 살릴 수 있었어요. 3년간의 노력 끝에 드디어 재배에 성공하여 전국에 목화 씨앗을 퍼뜨렸어요.

그러나 목화에서 실을 어떻게 뽑을지 몰라 막막하였어요. 때마침 장인의 집에 중국 승려가 머물고 있었는데, 그에게 물어 실을 뽑는 도구인 물레를 만드는 법을 배워 옷을 짤 수 있었다고 해요.

당시 백성들은 얇은 모시나 삼베로 옷을 만들어 입었는데, 너무 얇아 겨울 추위에 견디기가 어려웠어요. 목화 덕분에 고려 사람들은 무명천으로 옷을 지어 입고, 목화솜으로 따뜻한 이불도 만들 수 있게 되었답니다.

◀ 목화
식물 중 하나로, 열매의 겉껍질이 흰색의 털 모양 섬유로 변함

목화솜

화약을 만든 최무선

최무선이 살던 시기에는 왜구들이 자주 쳐들어와 백성들이 많은 피해를 보았어요. 젊은 시절 최무선은 "왜구를 막는 데는 화약만한 것이 없으나, 우리나라에는 아는 사람이 없다."라고 말하며 늘 안타까워했어요.

화약은 이미 중국에서 발명되었지만 비밀로 하였기 때문에 만드는 방법을 알 수 없었거든요. 마침내 최무선은 화약의 중요한 원료를 만드는 기술을 배워 화약 제조법을 완전히 알아낼 수 있었어요.

최무선은 고려 정부에 화약 무기를 만들 관청으로 화통도감을 만들자고 건의하였어요. 화통도감에서 최무선은 화포, 불화살 등 여러 종류의 화약 무기를 만들어 냈어요. 이렇게 만들어진 화약 무기는 금강 어귀의 진포에 왜구가 쳐들어왔을 때 사용되어 승리의 밑거름이 되었답니다.

◀ 왜구
일본 해적

연표로 보는 이 시대의 주요 사건

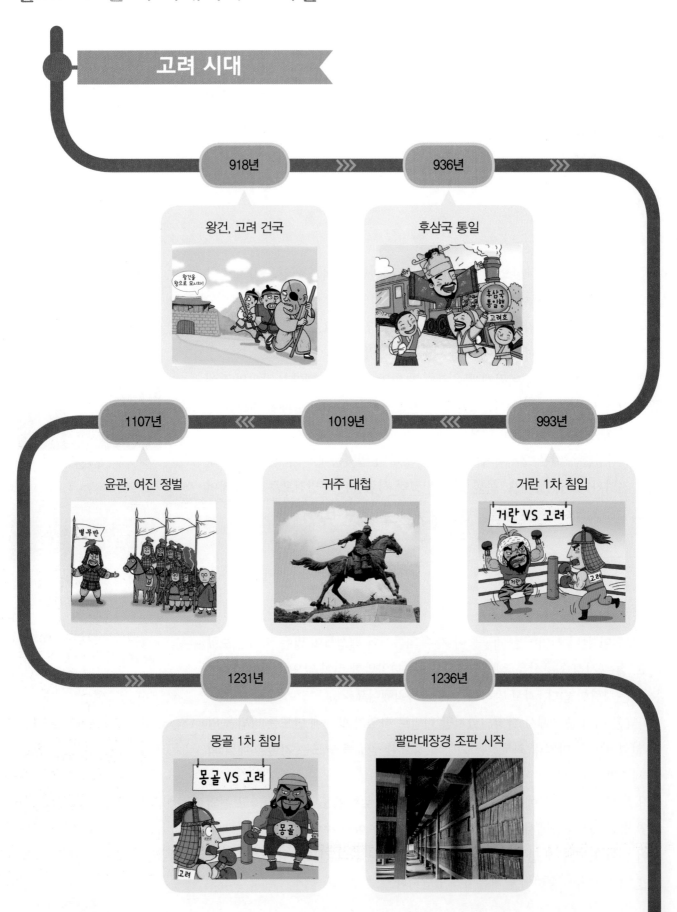

고려 시대

918년 → 936년

왕건, 고려 건국

후삼국 통일

1107년 ≪ 1019년 ≪ 993년

윤관, 여진 정벌

귀주 대첩

거란 1차 침입

1231년 → 1236년

몽골 1차 침입

팔만대장경 조판 시작

왕건

송악을 중심으로 큰 세력을 떨쳤던 호족 출신으로 후고구려를 세웠던 궁예 밑에서 뛰어난 능력과 너그러운 성품으로 주변 사람들의 인정을 받았지요. 신하들이 점점 난폭해지는 궁예를 몰아내고 그를 왕으로 받들었어요. 왕위에 오른 왕건은 나라 이름을 고려라고 하고 수도를 송악(개성)으로 옮겼어요. 이후 후삼국 통일의 주인공이 되었어요.

서희

거란의 침략을 외교 담판으로 해결한 고려의 관리이자 장수예요. 소손녕이 이끄는 거란의 군대가 침입해 오자 거란이 침략한 이유를 파악해 거란 장수와의 외교 담판을 벌였지요. 그 결과 압록강 동쪽(강동)의 여진족을 몰아내고 6주를 고려 땅으로 인정받았어요.

윤관

고려를 부모의 나라로 섬기던 여진족이 힘을 키워 고려를 침입하자 고려는 군대를 보냈지만 패하고 말았어요. 이때 고려군을 이끌었던 장수가 윤관이에요. 윤관은 패배의 원인을 파악해 기병이 포함된 별무반이라는 특수 부대를 만들 것을 제안했고, 별무반의 활약으로 여진을 몰아낼 수 있었어요.

IV

조선 전기

1 조선의 건국

정도전과 이성계의 만남은 역사적인 사건이에요.

새로운 무인 세력인 이성계가 신진 사대부 세력과 손잡으면서 조선을 세우는 첫걸음이 되었거든요.

정도전을 비롯한 신진 사대부들과 이성계는 운명을 다한 고려를 두고 볼 수만은 없었어요.

썩은 부분을 도려내고 새로운 나라를 세우기로 결심했죠. 그들은 권문세족을 몰아내고 개혁을 추진하였어요. 그리고 반대파를 제거한 뒤 조선을 세웠습니다.

이성계와 신진 사대부들은 과연 조선을 어떤 나라로 만들고 싶어 했을까요? EBS

1 나라 이름을 왜 조선이라 하였을까?

이성계, 위화도에서 군대를 돌리다

중국에서는 원나라가 무너지고 명나라가 들어섰어요. 그런데 명나라는 고려에게 예전에 원나라가 다스리던 철령 이북 땅을 자신들에게 넘겨달라고 했어요.

당시 권력자였던 최영은 요동 지방을 정벌하여 더 이상 그들이 무리한 요구를 하지 못하도록 하고자 했어요. 하지만

이성계와 일부 신진 사대부들은 요동 정벌은 안 될 일이라고 반대했지요. 결국 우왕은 최영의 주장에 따라 이성계에게 군사를 이끌고 요동을 정벌하러 가도록 했어요. 그러나 이성계는 압록강 하류의 위화도라는 섬에서 군사를 돌려 개경으로 돌아와 권력을 차지했습니다(위화도 회군, 1388년).

토지 제도를 개혁하고, 조선을 세우다

권력을 차지한 이성계와 그와 손잡은 신진 사대부들은 토지 제도 개혁(과전법)을 비롯한 여러 가지 개혁을 추진했어요. 권문세족들이 불법적으로 차지하고 있던 농장을 대부분 빼앗아 원래 주인에게 돌려주었어요. 신진 사대부들에게도 토지를 나누어 주어 경제적인 힘을 가질 수 있게 해 주었어요.

태조 이성계

차츰 세력을 키운 이성계와 정도전을 비롯한 신진 사대부들은 새로운 왕조를 세우는 것을 반대한 정몽주 등을 제거하고 나라를 세웠어요(1392년). 그리고 나라 이름을 '조선'이라고 하였지요. '조선'에는 '우리 역사상 최초의 국가인 고조선을 계승한다.'는 의미가 담겨 있답니다.

신진 사대부
고려 말 등장한 새로운 정치 세력으로 성리학을 공부하고 과거를 통해 벼슬을 한 사람들

권문세족
고려 후기 높은 벼슬을 하며 많은 재산을 가지고 권력을 누리던 세력

 호기심 뿜뿜

위화도 회군이 고려에 어떤 변화를 가져왔어요?

위화도 회군은 이성계와 일부 신진 사대부가 우왕과 최영의 명령을 어기고 일으킨 반란이었어요. 위화도 회군 이후 최영을 제거하고 우왕을 쫓아내면서 이성계 세력이 고려 정권을 장악하게 되었던 것입니다. 이들은 4년 후 고려를 멸망시키고 조선을 세우지요.

2 한양은 왜 도읍이 되었을까?

❓호기심 뿜뿜

한양을 조선의 수도로 정한 이유가 무엇인가요?

한양은 한반도의 중앙에 위치해 수도로서 유리하였죠. 더불어 한강을 끼고 황해로 연결되어 있어서 바다를 통해 전국으로 쉽게 연결되는 장점도 있어지요. 또한 주변이 산으로 둘러싸인 데다가 한강이라는 자연의 방어선까지 함께 있어서 수도를 지키는 데도 유리했답니다. 또 풍수지리에서도 한양은 명당이라고 합니다.

조선 왕조의 수도, 한양

대한민국 수도로, 조선 왕조 5백여 년 동안 도읍이었던 곳은 바로 서울이에요. 그래서 서울에는 조선 왕조의 흔적이 아직까지 많이 남아 있어요.

나라 이름을 정한 태조 이성계와 신진 사대부들은 고려의 도읍이었던 개경을 벗어나고 싶어 했어요. 새로운 곳에서 새 나라를 만들고 싶었던 거죠. 그래서 한양을 조선의 도읍으로 삼았어요.

한양이 어떤 곳이었기에 이성계의 마음에 쏙 들었을까요? 한양은 한반도의 중앙에 위치하고 있지요. 한강이 있어 물을 구하기 쉽고, 수로와 육로를 통해 물건을 실어 나르고 세금을 거두어들이기도 편했어요. 또한 주변이 크고 작은 산으로 둘러싸여 외적의 침입을 잘 막을 수 있는 자연적인 요새였어요.

태조 이성계는 정도전의 의견에 따라 한양을 설계했어요. 유교 원리에 따라 궁궐과 종묘, 사직단을 지었어요. 거리에는 관청들이 들어섰고(육조 거리), 상점도 들어섰어요(운종가). 이렇게 한양은 새로운 도읍으로서의 모습을 갖추었지요.

나라를 세운 지 2년 뒤에 한양으로 도읍을 옮긴 이성계는 백성이 근본이 되는 나라를 만들기 위한 계획을 하나씩 펼치기 시작했어요.

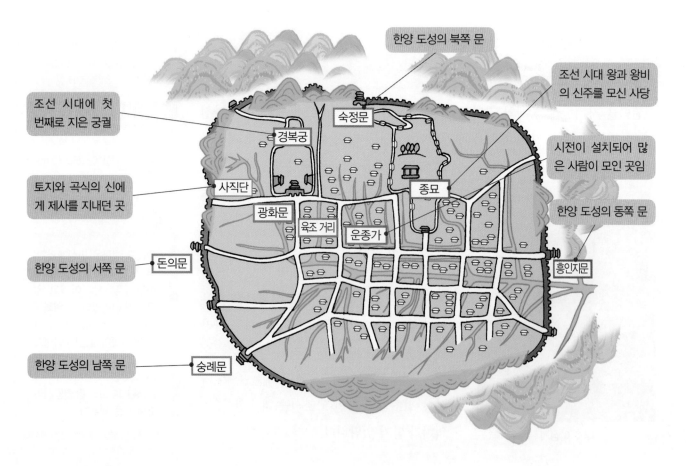

조선 시대에 첫 번째로 지은 궁궐 — 경복궁

한양 도성의 북쪽 문 — 숙정문

조선 시대 왕과 왕비의 신주를 모신 사당 — 종묘

토지와 곡식의 신에게 제사를 지내던 곳 — 사직단

시전이 설치되어 많은 사람이 모인 곳임 — 운종가

광화문

육조 거리

한양 도성의 서쪽 문 — 돈의문

한양 도성의 동쪽 문 — 흥인지문

한양 도성의 남쪽 문 — 숭례문

유교 원리에 따라 설계된 한양

유교 원리에 따라 한양을 설계했다는 말 기억나지요? 그 말이 무슨 뜻일까요?

조선은 성리학을 배운 신진 사대부들이 중심이 되어 세운 나라였어요. 그러다 보니 궁궐 이름, 건물 이름 하나에도 유교 정신을 담아 백성들을 가르치고자 했어요.

정도전은 한양에 새로 지은 궁궐을 '경복궁'이라고 했어요. 경복은 '큰 복을 누리라'는 뜻이지요. 경복궁의 중심 건물인 근정전은 '부지런히 나라를 다스린다'라는 뜻이 담겨 있어요.

성곽 사이에 만들어진 4대문과 보신각도 유교의 덕목인 '인(仁, 어진 마음), 의(義, 옳은 마음), 예(禮, 예의 바름), 지(智, 지혜로움), 신(信, 믿음)'을 넣어 이름을 지었어요. 동쪽은 흥인지문, 서쪽은 돈의문, 남쪽은 숭례문, 북쪽은 숙정문(원래는 소지문)이라고 이름 붙였어요. 보신각은 도성의 문을 열고 닫는 시각을 알린 큰 종이 있었던 누각이에요.

경복궁 근정전: 나라의 큰 행사, 주요 의식을 치르던 곳이다.

종묘와 사직

"전하, 종묘사직이 위태롭습니다."

사극에 자주 등장하는 말이지요. 나라의 기틀이 흔들린다는 뜻이에요. 그런데 종묘와 사직이 무엇이기에 이런 표현을 하는 것일까요?

종묘는 조선 왕조의 뿌리와 같은 곳이에요. 역대 왕과 왕비들에게 제사를 지내는 곳이지요. 왕들이 종묘에서 제사를 지내며(종묘 제례) 효를 실천하는 모습을 직접 백성들에게 보였어요.

사직단은 토지의 신(사)과 곡식의 신(직)에게 제사를 올리던 곳이었어요. 왕들은 이곳에 와 농사가 잘되고 나라가 편안하게 해달라고 빌며 제사를 지냈어요.

조선 왕조가 경복궁을 세운 후 가장 먼저 한 일은 종묘와 사직을 세우는 일이었어요. 유교의 가르침에 따라 경복궁 동쪽에 종묘, 서쪽에 사직단을 세웠답니다.

◢ 종묘 제례
역대 왕과 왕비의 신위를 모신 종묘에서 제사를 지내는 행사

종묘(서울특별시 종로구)

사직단(서울특별시 종로구)

3 정도전과 이방원이 꿈꾼 정치는?

신하들이 중심이 되는 정치를 꿈꾼 정도전

조선을 세우는 데 큰 역할을 하고, 이후 나라의 기틀을 마련하는 데 많은 영향을 끼친 사람이 있었어요. 바로 정도전이죠. 그렇다면 정도전이 만들고 싶어 했던 조선은 어떤 모습이었을까요?

정도전은 왕이 아닌 신하가 중심이 되어 나라를 이끌어 가는 것을 이상적이라고 생각했어요. 그래야 제대로 된 나라를 만들 수 있다고 여겼거든요. 즉, 왕 중에는 그 자질이 현명한 사람도 있고 어리석은 사람도 있으니, 백성들의 마음을 잘 알고 있는 현명한 신하를 찾아 그에게 정치를 맡겨야 한다고 했어요.

정도전은 이성계의 열 살 된 막내아들 방석을 왕세자로 삼도록 했어요. 이성계가 왕이 되는데 가장 큰 힘을 보탠 사람은 다섯째 아들 이방원이었는데도 말이죠. 이방원은 강력한 왕권을 세워야 한다고 생각했기에 정도전과 대립할 수밖에 없었어요.

신하가 중심이 되어 왕이 옳은 일을 하면 받들고, 옳지 않은 일을 하면 막아야 해. — 정도전

뭐니 뭐니 해도 왕권이 강해야 해. — 이방원

◑ 왕세자
왕의 자리를 이을 왕자

왕자의 난이 일어나다

이성계의 막내아들 방석이 세자가 되자 가장 큰 불만을 가진 사람은 다섯째 아들 방원이었어요. 결국 이방원은 군사들을 동원해 난을 일으켰어요. 이를 '왕자의 난'이라고 해요. 그는 정도전과 배다른 동생인 세자를 죽였어요. 이것을 1차 왕자의 난이라고 해요.

자식들끼리 싸우는 모습을 본 태조 이성계는 왕의 자리에서 물러났어요. 이에 방원의 둘째 형 방과가 조선의 제2대 임금(정종)이 되었지요. 이때 이방원이 곧바로 왕이 되지 않은 이유는 형제들을 죽인 것에 대한 세상의 반발을 잠재우기 위함이었지요. 2년 뒤 이방원은 넷째 형 방간이 자신을 제거하려고 한다는 사실을 알고 방간 일당을 내쫓아 수습하면서 세자의 자리에 앉게 되었는데, 이것을 2차 왕자의 난이라고 해요. 정종은 왕위를 그에게 물려주었어요. 드디어 이방원은 조선의 제3대 왕(태종)이 되었답니다.

호기심 뿜뿜

조선 건국을 위해 뜻을 함께한 이방원과 정도전이 서로 다투게 된 이유는 무엇인가요?

조선 건국의 1등 공신인 정도전은 조선이 신하들이 중심이 되는 나라가 되어야 한다고 생각해서 강력한 왕권을 휘두를 사람은 아예 세자가 되지 못하도록 했죠. 하지만 이방원은 강력한 왕이 있어야 나라가 제대로 될 수 있다고 생각을 했답니다. 이런 생각의 차이가 두 사람 사이를 벌려 놓았죠.

태종, 강력한 왕권을 세우다

왕위에 오른 태종은 왕권을 강화하기 위한 새로운 제도를 마련하며 나라의 기틀을 다졌어요.

조선의 8도

먼저 공신들이 개인적으로 거느린 병사들(사병)을 없앴어요. 전국을 8도로 나누고, 그 아래 군·현을 두었어요. 그리고 수령을 보내 일반 백성들이 왕의 명령에 따르도록 다스렸습니다.

또한 나랏일을 6조로부터 직접 보고받아 결정하였어요. 태종은 자신이 직접 나랏일을 보고받아 처리함으로써 왕권을 강화시켰답니다.

↙ **공신**
공을 세운 신하들

↙ **6조**
조선의 행정을 담당하던 실무 기관으로 지금의 행정 각 부와 비슷한 역할을 하였음

조선 시대의 신분증, 호패

조선 시대에는 백성들을 어떻게 파악했을까요? 지금은 주민등록증이 있어 쉽게 파악할 수 있는데 말이죠.

조선 시대에도 이와 비슷한 제도가 있었어요. 바로 호패법이에요.

호패란 16세 이상의 남자들이 차고 다니던 일종의 신분증명서예요. 호패법이 실시되면서 누가 세금을 내야 하는지, 군대에 가야 하는지, 나라의 공사에 동원되어야 하는지 쉽게 파악할 수 있었어요.

호패는 신분에 따라 그 재질과 모양이 달랐어요. 또 호패 주인에 대해 알 수 있는 내용들이 적혀 있었어요. 그래서 호패만 보아도 양반인지 상민인지, 어디에 사는지, 몇 살인지 알 수 있었답니다.

↙ **주민등록증**
일정한 거주지에 거주하는 주민임을 나타내는 증명서

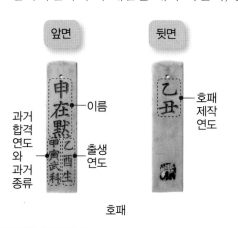

앞면 · 뒷면

과거 합격 연도와 과거 종류 · 이름 · 출생 연도 · 호패 제작 연도

호패

↙ **상민**
농업, 어업, 수공업, 상업 등에 종사하였으며 백성의 대부분을 차지하였음

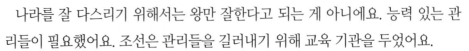

4 성균관 학생들은 모두 기숙사에서 살았다?

조선의 최고 교육 기관, 성균관

성균관 명륜당: 성균관의 중심 건물로, 성균관 학생들이 모여 공부하던 강당이다. 성균관에는 공자의 위패를 모신 건물인 대성전도 있었다.

⌐ 한성
한양의 이름이 이후 한성으로 바뀌었음

나라를 잘 다스리기 위해서는 왕만 잘한다고 되는 게 아니에요. 능력 있는 관리들이 필요했어요. 조선은 관리들을 길러내기 위해 교육 기관을 두었어요.

7~8세쯤 되면 지금의 초등학교와 같은 서당에 다녔지요. 이후에는 지방은 향교, 수도 한성에서는 4부 학당에서 교육을 받았어요. 향교나 4부 학당은 모두 나라에서 세운 중등 교육 기관이에요.

향교나 4부 학당에서 공부가 끝나면 일정한 시험을 거쳐 최고의 교육 기관인 성균관에 입학할 수 있었어요. 성균관은 지금의 국립 대학과 같아요.

기숙사에서 생활한 성균관 학생들

⌐ 기숙사
학교에 딸려 있어 학생에게 잠자리와 먹을 것을 제공하는 시설

조선 시대에 높은 관리가 되기 위해 다녀야 하는 학교가 바로 성균관이었어요. 성균관에는 아무나 들어갈 수 없었어요. 또 이곳에서 일정 기간 공부하면 문과 시험을 볼 수 있는 자격이 주어졌어요. 그러니 이곳에 들어오기 위해 이를 악물고 공부했겠죠?

성균관의 동재

성균관에는 150~200여 명의 학생들이 입학했어요. 15세 이상이면 성균관에 들어갈 수 있었는데, 간혹 50세가 넘는 학생도 있었다고 해요. 성균관 학생들은 대부분 기숙사에서 생활했어요. 명륜당 좌·우에 동재와 서재라는 기숙사가 있었지요.

⌐ 진상품
각 지방에서 임금에게 바치는 갖가지 진귀한 물품

성균관 학생들은 수업료도 내지 않았고, 종이, 먹, 붓, 책, 음식도 모두 나라에서 제공해 주었지요. 또 임금님은 진상품으로 들어온 귀한 귤 등을 선물로 내리기도 했어요. 임금님이 성균관에 오는 날에는 과거 시험이 치러지기도 했으니, 성균관 학생들은 다른 사람들보다 관직에 진출할 기회가 더 많았겠죠?

⌐ 규율
정하여 놓은 규칙

성균관 학생들은 대표도 뽑고, 스스로 생활 규칙을 만들기도 했어요. 하지만 그들의 행동이 규율에서 벗어나면 성균관에서 쫓겨나는 등 엄한 처벌을 받기도 하였답니다.

관리를 뽑는 과거제

조선에서 관리가 되는 방법은 여러 가지가 있었어요. 그중 가장 대표적인 방법이 과거 시험에 합격하는 것이었지요. 과거 시험은 3년마다 실시되는 것이 원칙이었지만 특별한 경우에도 실시되었어요.

문반 관리인 문신을 뽑는 문과, 무반 관리인 무신을 뽑는 무과, 그리고 의학, 통역, 천문학을 담당하는 기술관을 뽑는 잡과로 나뉘었어요.

고려 시대에는 지배층의 자식들이 시험을 보지 않고, 관리가 되는 경우가 많았는데 조선 시대에는 그런 경우는 많지 않았어요. 그만큼 가문보다는 개인의 능력을 중시하게 되었다는 이야기지요.

호기심 뿜뿜

고려와 조선의 과거제는 똑같았어요?

이름은 똑같지만 고려에서는 문과, 잡과, 승과를 치러 문관, 기술관, 승관을 뽑았던 반면에 조선에서는 문과, 무과, 잡과를 통해 문관, 무관, 기술관을 뽑았어요. 또 고려와 조선에서는 높은 관리의 자식들이 시험을 보지 않고 관리가 될 수 있었는데, 고려 시대보다 조선 시대에 그 숫자도 크게 줄고, 자신의 실력으로 관리가 되는 것을 훨씬 자랑스럽게 생각하였다고 해요.

과거 보는 모습

스토리 플러스 ─ 누구나 과거를 볼 수 있었을까?

조선 시대에는 관리가 되려면 과거 시험을 보아야 했어요. 그런데 과거 시험은 누구나 볼 수 있었을까요?

원칙적으로 양인 신분 이상이면 누구나 응시할 수 있었어요. 하지만 먹고살기 힘든 일반 백성들이 과거 시험을 보는 일은 드물었어요.

과거 시험에 합격하는 일은 쉬운 일이 아니었어요. 십 년 넘게 공부해도 떨어지는 사람이 있었으니까요. 문과의 시험 문제는 어려운 문장 짓기였대요. 그래서 과거 시험에 합격하려면 유교 경전 등 글공부를 열심히 해야 했어요. 그러니 부모님을 도와 논밭에 나가 일을 해야 했던 상민의 자식들이 과거 시험을 보는 것은 불가능에 가까웠죠. 주로 양반의 자식들은 문과 시험을, 서얼이나 상민의 자식들은 무과 시험에 응시했고, 잡과는 주로 중인들이 응시했답니다.

나도 공부하고 싶다!

◟ **양인** 양반, 중인, 상민이 포함됨
◟ **서얼** 양반과 첩 사이에 나온 자손을 말함

2 조선의 문화와 과학의 발전

세종은 태종의 뒤를 이어 조선의 네 번째 왕이 되었어요.

태종이 나라의 기초를 튼튼히 닦아 놓아 세종이 다스리던 시기에 조선은 안정되고 평화로웠죠.

이를 바탕으로 과학과 문화를 꽃피울 수 있었어요.

세종은 백성들이 잘사는 나라를 만들기 위해 여러 가지 일들을 했어요.

이러한 세종의 노력은 백성들의 생활을 안정시켰고, 이후 민족 문화 발전의 토대가 되었지요.

과연 세종은 백성이 잘사는 나라를 만들기 위해 어떤 일들을 했을까요? EBS

1 세종, 맏아들이 아닌데 어떻게 왕이 되었을까?

지독한 책벌레, 세종

세종은 태종 이방원의 셋째 아들로 충녕 대군이라 불렸지요. 그는 성품이 어질고 총명하였으며, 글공부를 무척 좋아했어요. 또한, 음악, 과학 등 다양한 분야에 관심이 많았죠.

왕자 시절에 세종이 글공부를 너무 열심히 한 나머지 눈병에 걸려 앓아 누웠다고 해요.

"충녕 대군의 방에 있는 모든 책을 숨기도록 하라!"

걱정스러웠던 태종은 세종의 방에 있던 모든 책을 치우게 했지요. 그런데도 세종은 병풍 뒤에 몰래 책 몇 권을 감추어 놓고 읽고 또 읽었다고 합니다.

이렇듯 어려서부터 학문이 뛰어났던 세종은 셋째 아들이었지만 그 능력을 인정받아 왕세자가 되었지요. 이후 왕이 된 세종은 나라의 기틀을 다진 아버지 태종 덕분에 문화와 과학을 꽃피우며 백성을 위한 정치를 펼칠 수 있었답니다.

세종 대왕

집현전에서 인재를 기르다

아무리 훌륭한 임금이라도 주변에 그의 뜻을 알아주는 신하들이 있어야 하는 법! 세종은 신분을 가리지 않고 능력 있는 인재를 궁궐로 불러들였어요. 그리고 자신이 맡은 일을 열심히 할 수 있도록 해 주었지요.

학문 연구 기관인 집현전에는 성삼문, 정인지, 신숙주 등 젊고 똑똑한 인재들을 불러 모았어요. 집현전 학사라고 불린 이들은 학문 연구에만 전념했으며, 남들보다 일찍 출근하고 늦게 퇴근했어요. 밤을 새워 공부하는 학자도 있었고요.

하루는 밤에 불이 켜진 집현전에 들른 세종이 공부하다 깜박 잠든 신숙주를 보았어요. 세종은 자신의 옷을 벗어 덮어 주었어요.

세종은 나랏일을 하다 막히는 것이 있으면 집현전 학사를 비롯한 여러 신하들과 토론을 벌였어요. 왕으로 있는 동안 1800번이 넘는 토론을 벌였다고 합니다.

집현전에서 연구하고 토론하는 학사들

 호기심 뿜뿜

세종 대왕 시기에는 유난히 훌륭한 사람들이 많이 나오는 것 같아요.

세종은 능력이 뛰어난 사람은 신분을 가리지 않고 궁궐로 불러들였고, 그들이 자신들의 능력을 발휘할 수 있도록 해 주었어요. 세종 대에 각종 과학 발명을 이끌었던 장영실은 원래 노비 출신이었답니다. 세종은 집현전의 젊은 학자들이 학문에 전념할 수 있도록 했다고 합니다.

2 훈민정음을 왜 만들었을까?

호기심 뿜뿜

세종 대왕은 한자를 사용할 줄 알았는데 왜 굳이 한글을 만들려고 했어요?

세종이 한글을 만든 목적을 직접 밝혔지요. 훈민정음 서문에 중국말과 우리말이 서로 다른 것, 백성들이 자기 생각을 자유롭게 쓰도록 하기 위한 것을 그 이유로 말하고 있어요.

백성을 가르치는 바른 소리, 훈민정음

훈민정음은 한글의 옛 이름이에요. '백성을 가르치는 바른 소리' 라는 뜻이고요. 집현전 학자들의 도움을 받아 세종이 주도적으로 만든 것이지요.

훈민정음 책 맨 앞(서문)에 보면 '우리의 말이 중국과 달라 서로 뜻이 통하지 아니하니, 백성들이 말하고자 하는 바 있어도 제대로 이

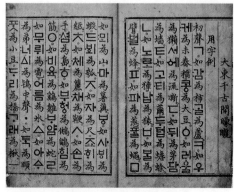

《훈민정음 해례본》: 훈민정음 해설서이다.

야기하지 못한다. 내 이를 가엾게 여겨 스물여덟 글자를 만드니 모든 사람들로 하여금 쉽게 익혀서 날마다 쓰는 데 편하게 하고자 할 따름이다.'라는 내용이 들어 있어요. 이를 통해 세종이 왜 훈민정음을 만들었는지 짐작할 수 있지요.

당시 조선은 중국의 문자인 한자를 쓰고 있었죠. 그런데 한자는 너무 어려워 일반 백성들은 배울 엄두도 내지 못했어요. 그러다 보니 글을 몰라 억울한 일을 당하는 경우가 많았죠. 왕의 뜻도 백성들에게 잘 전달되지 않았고요. 세종은 이러한 문제를 해결하기 위해 훈민정음을 창제하여 반포하였답니다.

반포
세상에 널리 펴서 알림

스토리 플러스 · **양반들은 왜 훈민정음 반포를 반대했을까?**

세종이 훈민정음을 반포하려 하자 최만리 등의 학자를 비롯한 양반들의 반대가 거셌어요.

"중국과 다른 문자를 쓰면, 중국의 학문과 멀어지게 되옵니다. 그리되면 조선의 학문과 문화가 뒤처지게 될 것입니다."

이뿐만 아니라 양반들이 훈민정음 반포를 반대하는 데는 또 다른 이유가 있었지요.

당시 양반들은 글을 읽고 쓰는 것을 자신들만의 특권으로 생각했죠. 그러니 일반 백성들이 글을 아는 것이 탐탁지 않았던 거예요. 일반 백성들이 글을 알게 되면 자신들이 하는 나랏일에 이러쿵저러쿵 말이 많아질 테니까요.

세종은 이러한 반대를 물리치고 1443년에 훈민정음을 창제해 1446년에 반포했어요. 하지만 양반들이 훈민정음을 '언문'이라고 부르며 무시하는 통에 처음에는 평민과 여자들만 주로 사용하였죠. 그러나 차츰 한글로 된 책이 만들어져 보급되면서 양반뿐만 아니라 일반 백성들도 글을 읽고 쓸 수 있게 되었답니다.

언문 훈민정음을 낮춰 부르는 말

독창적이고 과학적인 훈민정음

세상의 모든 소리를 쓸 수 있는 문자는?

바로 한글이에요. 한글이란 이름은 1928년 한글 학자인 주시경이 훈민정음에 붙인 이름이지요. 한글이 이렇듯 쉽게 배울 수 있고 쓰기 편리한 글인 이유는 훈민정음 창제 원리에서 찾을 수 있어요.

기본 자음인 ㄱ, ㄴ, ㅁ, ㅅ, ㅇ은 발음 기관인 목구멍 모양을 본떠 만들었어요. 기본 모음은 세상을 구성하는 '천, 지, 인'에서 따왔어요. 천(·)은 하늘, 지(ㅡ)는 땅, 인(ㅣ)은 사람을 나타낸 것이에요.

세종이 한글 창제 이후 가장 먼저 한 일은 《용비어천가》를 펴낸 일이에요. 이는 태조 이성계가 조선 왕조를 세운 정당성을 백성들에게 널리 알리기 위해서였어요. 훈민정음은 그 우수성을 세계적으로 인정받고 있으며, 훈민정음의 창제 목적과 원리를 밝힌 《훈민정음 해례본》은 유네스코 세계 기록 유산으로 등재되었답니다.

◣ 발음
사람의 목소리나 말소리를 내는 것

◣ 정당성
이치에 맞아 옳고 정의로운 것

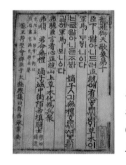

《용비어천가》: 한글로 편찬한 첫 번째 책이다. 이성계의 5대 할아버지인 목조에서 태종까지 그들이 한 훌륭한 일들을 노래하였다.

스토리 플러스 《조선왕조실록》이 뭐예요?

《조선왕조실록》

한 나라 왕들에 대한 기록이 정리된 책이 있다는 것을 아세요? 바로 조선의 기록 문화를 대표하는 《조선왕조실록》이지요. 유네스코 세계 기록 유산이기도 해요. 조선 시대에는 인쇄술이 발달하면서 《조선왕조실록》 등 다양한 편찬 사업이 이루어졌어요.

《조선왕조실록》은 태조부터 철종까지 25대에 걸친 조선 왕조의 역사적 사실을 연월일 순에 따라 기록한 역사서예요. 평상시 왕에 대해 기록해 두었던 자료를 바탕으로 왕이 죽고 난 후 그 다음 왕대에 실록을 편찬했지요.

그런데 실록의 기초가 되는 왕에 대한 기록은 왕도 볼 수 없었대요. 왜 그랬을까요? 왕이 보게 되면 정확한 기록을 할 수 없었기 때문이었답니다. 실록이 완성되면 왕에게 보고한 뒤 역사 편찬을 담당하던 관청인 춘추관과 지방의 사고 3곳에 각 1부씩 보관하였어요.

◣ **사고** 나라의 역사 기록과 중요한 책, 문서를 보관하던 창고

3 노비 출신 장영실이 최고의 과학자가 될 수 있었던 이유는?

노비 출신 장영실, 궁궐로 들어오다

↓ 귀화
다른 나라의 국적을 얻어 그 나라의 국민이 되는 일

장영실은 경상도 동래의 관청 노비로 태어났어요. 아버지는 중국에서 귀화한 사람이었고, 어머니는 기녀였다고 전해요.

장영실이 관청에서 노비로 있을 때 경상도에 심한 가뭄이 들었어요. 당시 그는 10리 밖의 강물을 끌어들여 가뭄을 이겨내도록 했어요. 동래 지방의 지방관은 그에게 상을 내렸어요. 그리고 그의 영특함을 알아보고 궁궐에 들어갈 수 있도록 추천을 해 주었던 것이지요. 당시에는 지방관이 유능한 인재를 중앙에 추천하는 제도가 있었다고 해요.

궁궐에 들어와 기술자로 일하던 장영실은 세종의 눈에 띄었어요. 세종은 그를 중국으로 보내 천문 기기에 대한 기술을 배워 오게 했지요. 이후 장영실은 노비 신분에서 벗어나 벼슬을 얻게 되었답니다.

↓ 절기
계절을 구분하려고 한 해를 스물넷으로 나눈 것

↓ 칠정산
한양을 기준으로 해, 달, 화성, 수성, 목성, 금성, 토성 등의 천체의 위치를 계산한 책

여러 가지 과학 기구를 제작하다

"나라의 근본인 농업이 잘되게 하려면 무엇이 필요하겠소?"

"농민들의 생활에 도움이 되는 과학 기구를 만드셔야 합니다."

세종은 장영실을 비롯한 여러 신하들에게 여러 가지 과학 기구를 만들도록 했어요. 당시 만들어진 과학 기구들은 대부분 농사와 관련된 것들이었죠.

하늘의 모습과 별자리를 관측하던 기구인 혼천의, 간의 등이 만들어졌어요. 당시 조선은 무엇보다 천문 관측을 중요하게 여겼어요. 천문 관측을 통해 하늘의 뜻을 알고, 날씨의 변화를 관찰해 농사에 도움이 되도록 하는 것을 왕의 임무로 생각했거든요.

또 앙부일구도 제작되었어요. 앙부일구는 최초의 시계로 백성들이 다니는 길가에 설치되었죠. 가마솥 모양의 해시계로, 해의 그림자를 이용해 시각을 알 수 있었어요. 또한 가로줄에는 절기도 표시되어 있었죠.

비의 양을 재던 기구인 측우기도 제작되었어요. 한편 한성을 기준으로 하늘 모습과 별의 움직임을 계산한 책인 《칠정산》이 편찬되기도 했답니다.

❓ 호기심 뿜뿜

세종이 각종 과학 기구를 제작해 천체를 관측했던 이유는 무엇인가요?

왕은 하늘을 대신해서 나라를 다스리는 사람이라는 생각이 있었어요. 하늘을 대신하는 존재니까 당연히 앞으로 벌어질 자연의 변화를 천체 변화를 통해 알려 준다고 생각했어요. 이런 천체 변화를 빨리 파악해 백성들에게 알려 대비할 수 있도록 하는 것이 왕의 임무라는 생각이 있었던 거죠.

혼천의

간의

앙부일구

측우기

스스로 시각을 알려 주는 자격루

해가 쨍쨍한 날에는 앙부일구로 시각을 알 수 있지만, 비가 오거나 흐린 날에는 어떻게 시각을 알 수 있었을까요? 스스로 시각을 알려 주는 물시계인 자격루가 만들어지면서 날씨 걱정을 하지 않아도 되었답니다. 자격루는 세종의 명을 받아 장영실이 만들었어요. 물의 변화량에 따라 스스로 시각을 알려 주는 자동 시계였어요.

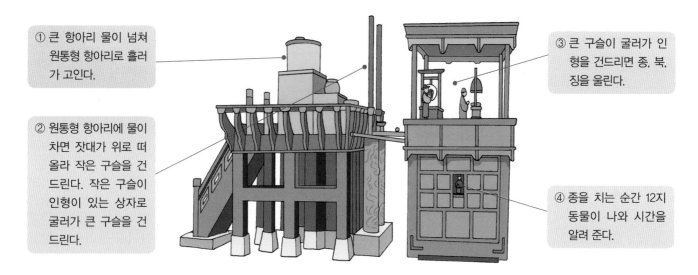

① 큰 항아리 물이 넘쳐 원통형 항아리로 흘러가 고인다.

② 원통형 항아리에 물이 차면 잣대가 위로 떠올라 작은 구슬을 건드린다. 작은 구슬이 인형이 있는 상자로 굴러가 큰 구슬을 건드린다.

③ 큰 구슬이 굴러가 인형을 건드리면 종, 북, 징을 울린다.

④ 종을 치는 순간 12지 동물이 나와 시간을 알려 준다.

농부들의 경험을 바탕으로 만들어진 《농사직설》

나라에서는 농업을 장려하기 위해 농업 관련 책을 편찬하기도 했어요. 세종의 명을 받은 정초는 우리나라 땅과 기후에 맞는 농사법을 담은 《농사직설》이란 책을 펴냈어요. 전국 각지의 경험 많은 농부들로부터 농업 기술을 들은 후 그 내용을 기록했어요. 중국의 책도 참고했지요.

《농사직설》에는 씨앗을 저장하는 방법, 토지를 개량하는 방법, 모내기법, 거름 사용법 등 각 절기별 농사법이 자세히 기록되어 있었어요. 이후 이 책은 농부들에게 많은 도움이 되었습니다.

↳ **개량** 땅의 높낮이나 넓이 등을 재는 일
↳ **이엉** 짚, 풀잎 등으로 엮어 만든 지붕 재료

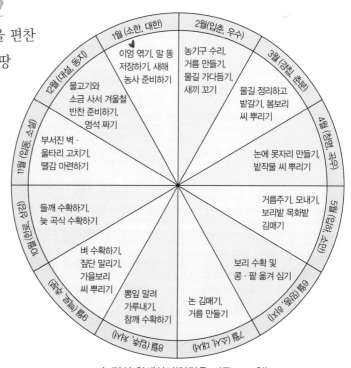

농민의 한해살이(양력을 기준으로 함)

4 김종서와 최윤덕을 북쪽 지역으로 보낸 이유는?

조선의 외교 정책, 사대교린

조선 초에 만들어진 세계 지도인 〈혼일강리역대국도지도〉라는 지도가 있어요. 이 지도에서 중국은 세계의 중심으로 크게 그려져 있어요. 조선은 유럽과 아프리카를 합친 것과 비슷한 크기로 그려져 있고요. 대신 일본은 작게 그려져 있지요.

이를 통해 조선이 자신들을 크게 그릴 정도로 자부심이 강했음을 알

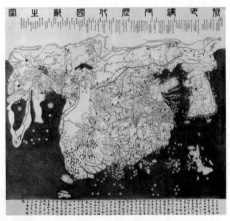
〈혼일강리역대국도지도〉

수 있어요. 또한 조선 초기의 대외 관계도 엿볼 수 있지요.

조선 초기의 대외 정책은 사대교린이었어요. 사대란 '큰 나라를 섬기는 것'이고, 교린이란 '이웃 나라와 친하게 지내는 것'을 말해요.

조선은 명나라를 큰 나라로 섬기고 받들었지요. 때마다 진귀한 물건을 바치고(조공), 사신도 보냈어요. 일본이나 주변 나라들은 친하게 지내야 하는 상대로 생각하였답니다.

이종무, 대마도를 정벌하다

고려 말부터 해안 마을에 나타나 백성들을 괴롭히는 사람들이 있었어요. 바로 왜구였지요. 이들은 곡식과 물건을 빼앗아 가고, 마을에 불을 지르기도 했어요. 사람들을 마구 잡아가기도 했고요.

조선은 이를 두고 볼 수만은 없었어요. 세종은 이종무를 시켜 왜구를 혼내 주도록 했어요. 이종무는 군사를 이끌고 왜구들의 소굴인 대마도(쓰시마섬)로 가 그들에게 따끔한 맛을 보여 주었지요.

얼마 후 왜는 조선에 자신들의 잘못을 사과하며 다시 무역을 하게 해달라고 요청했어요. 세종은 그들의 요청에 따라 삼포(부산포, 염포, 제포)를 열어 주며 그들을 달랬어요.

하지만 중종 때(1510년) 삼포에서 일본인들이 약속을 어기고 소란을 피우자 조선은 무역을 중단시켰어요.

염포
부산포
제포

◢ **혼일강리역대국도지도**
조선 태종 때 만든 세계 지도

◢ **왜구**
우리나라의 주변 바다에서 약탈을 하던 일본 해적

◢ **삼포**
삼포는 부산포, 염포, 제포 세 곳을 아울러 이르는 말로, 부산포는 지금의 부산, 염포는 지금의 울산, 제포는 지금의 진해임

4군과 6진을 설치해 영토를 넓히다

오늘날과 같은 국경선이 만들어진 것은 언제일까요? 바로 세종 때랍니다.

당시 두만강 근처에 살고 있던 여진족은 부족한 식량을 얻기 위해 자꾸 조선의 백성을 괴롭혔어요. 세종은 최윤덕과 김종서를 보내 그들을 몰아내도록 했어요.

최윤덕과 김종서는 세종의 명을 받고 북쪽으로 가 압록강과 두만강 주변의 여진족을 몰아냈어요. 그리고 그곳에 4군과 6진을 설치하고 군사들이 지키도록 했어요. 이로써 조선은 압록강에서 두만강까지 영토를 넓혔지요.

그런데 여진족을 몰아내고 땅을 차지했어도 아무도 그곳에 살지 않으면 우리 땅으로 유지될 수 없었어요. 그래서 남쪽 지방의 백성들을 국경 지역에 옮겨와 살도록 했답니다.

?호기심 뿜뿜

어떻게 변방의 소식을 봉수로 알 수 있었어요?

봉수대에서 피어오르는 봉화의 개수를 가지고 상황을 파악할 수 있었어요. 또한 한양을 중심으로 북쪽과 남쪽 방향으로 봉수대가 연결되어 있어서 어떤 방향의 봉화가 피어오르는가를 보고 어느 쪽의 국경에서 문제가 있었는지를 파악할 수 있었답니다.

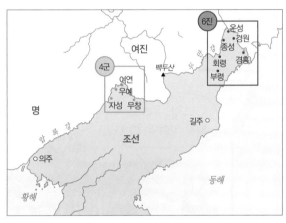

4군과 6진

스토리 플러스 위급한 상황을 어떻게 알렸을까?

전화도 없고 무전기도 없었던 조선 시대에 나라에 위급한 상황이 벌어지면 어떻게 알렸을까요?

불이나 연기를 피우거나 사람이 직접 가서 알렸지요. 불이나 연기를 피워 상황을 알리는 제도를 '봉수 제도'라고 해요.

물론 지금처럼 빠르게 전달할 수는 없었지만, 당시에는 위급한 상황을 중앙 정부에 가장 신속히 전할 수 있는 방법이었죠. 각 지역의 봉수대에서 불이나 연기를 피워 목멱산(지금의 남산)의 봉수대로 전달했어요.

평상시에는 한 개, 적이 나타나면 두 개, 적이 가까이 접근해 오면 세 개, 적이 국경을 넘으면 네 개, 적과 전투가 벌어지면 다섯 개의 봉화를 피워 상황의 위급 정도를 알렸어요.

남산 봉수대(서울특별시)

3 유교의 전통과 생활

조선 시대에 부모가 돌아가시면 자식들은 3년 동안 부모의 무덤을 지키며 효를 실천했어요.

효는 유교에서 중요시하는 예절 중 하나예요.

또 나라에 충성하고, 남녀 간에 도리를 지키는 것도 중요하게 여겼지요.

이렇듯 유교는 조선 시대에 나라를 다스리는 근본이 되었고, 백성들의 일상생활에서도 중요한 역할을 했어요.

조선 시대 사람들은 유교의 가르침에 따라 어떤 생활을 했을까요? EBS

1 조선이 유교를 나라의 근본으로 삼은 까닭은?

불교를 멀리하고 유교를 숭상하다

신진 사대부가 이성계의 조선 건국에 많은 도움을 주었다는 사실은 다 알고 있죠? 그중에서 대표적인 사람이 정도전이에요.

정도전은 고려 말 사회의 여러 가지 문제점을 해결하려 했어요. 그중 하나가 불교를 멀리하는 것이었어요. 고려 말의 불교가 나라를 다스리는 데 좋지 못한 영향을 끼쳤다고 생각했거든요.

조선이 건국되자 정도전을 비롯한 신진 사대부들은 불교를 대신할 수 있는 사상으로 유교를 선택했어요. 유교는 중국 공자의 가르침에서 시작된 사상이에요. 나라에 대한 충성과 부모에 대한 효도를 중요하게 여겼어요.

조선 시대 가장 널리 유행한 유교 사상이 성리학이죠. 성리학은 고려 말에 전래된 유교의 한 갈래로, 나라를 다스리는 근본이 되었으며 사회 질서를 유지하는 기준이 되었답니다.

◢ 성리학
중국 송나라 때 만들어진 유교의 한 갈래로 우주의 원리와 사람의 본성에 대해 연구하는 학문

조선의 기본 법전, 《경국대전》

땅과 집을 사면 관청에 보고해야 함

혼인할 나이를 정해 놓음

부모가 많이 아프면 병역 면제를 받음

노비 여성의 출산 휴가는 90일임

나라를 다스리는 데 기준이 되는 것은 무엇일까요? 바로 법이죠. 조선은 유교를 바탕으로 나라를 다스리기 위해 정치, 경제, 사회, 문화의 규범을 담은 법전을 만들었어요. 바로 《경국대전》이에요.

《경국대전》은 세조 때부터 만들어지기 시작해 성종 때 완성되었어요. 왕의 이름이 '이룰 성' 자를 쓴 '성종'임을 통해 알 수 있듯, 이 시기에 통치 제도와 법 체계가 어느 정도 마련되었답니다.

조선의 기본 법전인 《경국대전》에는 나라를 다스리는 원칙뿐만 아니라 토지나 집을 사고파는 문제, 혼인할 나이, 노비의 출산 휴가 등 일반 백성들의 생활과 관계있는 내용까지 담겨 있어요. 그래서 《경국대전》은 백성을 다스리는 데 기준이 되었을 뿐만 아니라 유교적 사회 질서를 유지하는 데 아주 중요한 역할을 하였답니다.

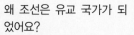
? 호기심 뿜뿜

왜 조선은 유교 국가가 되었어요?

이성계를 도와 조선을 건국한 신진 사대부들이 유학의 한 갈래인 성리학을 공부한 사람들이었어요. 이들이 조선을 건국하고 성리학을 바탕으로 하는 나라를 만들려고 했답니다. 특히 고려 말에 불교가 너무 타락했기 때문에 조선은 불교를 억압하였어요.

2 유교의 가르침을 어떻게 실천했나?

유교 예법에 따라 치러진 집안 행사, 관혼상제

"오늘은 할머니 제삿날이다. 저녁에 큰집에 가자꾸나!"

할아버지, 할머니의 제삿날은 온 가족이 모여 음식을 장만하고, 제기를 닦는 등 제사를 준비하느라 바쁘답니다. 그러면 왜 우리나라는 이런 전통을 갖게 된 것일까요? 바로 조선 시대에 강조된 유교 전통이 지금까지 전해오고 있기 때문이죠.

조선에서는 왕뿐만 아니라 일반 백성들도 유교의 예법에 따라 집안 행사를 치렀어요. 이것을 '관혼상제'라고 해요.

'관례'는 성년이 되는 의식이에요. 남자는 '관례', 여자는 '계례'라고 했어요. 조선 시대 아이들은 몇 살쯤 성년으로 인정받았을까요? 15세랍니다. 관례를 치르면 가장 달라지는 것은 머리 모양이에요. 남자는 상투를 틀고 관을 썼고, 여자는 머리에 비녀를 꽂았답니다.

'혼례'는 혼인을 하는 것이에요. 조선 시대 혼례는 지금과 다른 점이 있어요. 신부 집에서 치러졌거든요. 혼례 날짜도 신부 집에서 정했지요. 혼례를 치른 후에는 신랑 집으로 가서 시댁 어른들께 폐백을 드렸답니다.

'상례'는 죽은 사람의 영혼을 하늘로 돌려보내는 의식이에요. 사람은 하늘에서 와서 다시 하늘로 돌아간다고 여겼거든요. 부모가 돌아가시면 3년 동안 상복을 입고 부모님의 무덤을 지키며 효를 실천했어요.

'제례'는 제사를 지내는 것이에요. 조선 시대에는 부모가 돌아가신 후에도 효도를 해야 한다고 생각했어요. 그래서 부모와 조상이 돌아가신 날과 설날, 추석 등 명절에 제사를 지냈어요.

▶ 관혼상제
관은 관례, 혼은 혼례, 상은 상례, 제는 제례를 말함

▶ 관
검은 머리카락이나 말총으로 엮어 만든 쓰개

▶ 폐백
신부가 신랑의 집안 어른들께 첫 인사를 드리는 것

관례(어른이 되는 의식)

혼례(혼인을 치르는 의식)

상례(죽은 이를 장례지내는 의식)

제례(조상에게 제사를 지내는 의식)

유교 윤리 실천 지침서 《삼강행실도》

세종이 왕위에 오른 지 10년이 흐른 어느 날, 아주 충격적인 사건이 벌어졌어요. 진주에 사는 김화라는 사람이 아버지를 살해한 것이에요. 이 소식을 들은 세종은 신하들을 불러 모아 회의를 열었어요.

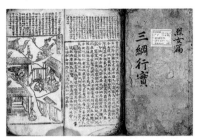

《삼강행실도》: 유교 윤리를 실천하는 모습을 글과 그림으로 설명하고 있다.

"자식이 아버지를 죽이는 일이 생긴 것은 나의 덕이 부족하기 때문이오. 이 문제를 해결할 수 있는 좋은 방법이 있으면 말해 보시오."

"전하, 백성들이 유교의 기본 윤리인 효를 잘 알고 실천할 수 있도록 책을 펴내는 것이 좋을 듯합니다."

세종은 이 의견을 받아들여 효에 대해 알 수 있는 책을 펴내도록 했어요. 이에 집현전 학자들은 우리나라와 중국의 충신과 열녀, 효자의 이야기를 소개하는 책을 펴냈어요. 이것이 《삼강행실도》예요.

《삼강행실도》는 그림까지 곁들여져 글을 잘 모르는 백성들도 쉽게 이해할 수 있도록 했어요. 덕분에 백성들은 유교 윤리를 배우고 실천할 수 있게 되었지요.

호기심 뿜뿜

삼강행실도라는 책에 그림이 그려진 이유가 있어요?

신진 사대부들이 유교를 바탕으로 조선을 건국했지만, 대부분의 백성에게는 아직 유교가 알려지지 않았어요. 이에 세종 대왕은 백성들에게 유교적인 생각을 심어 주기 위해 유교에서 강조하는 윤리를 소개할 수 있는 이야기책을 펴내면서 그림까지 곁들여서 백성들이 쉽게 이해할 수 있도록 했답니다.

◢ **열녀** 절개를 지킨 여자

스토리 플러스 **삼강오륜이 뭐예요?**

부자유친   군신유의

부부유별   장유유서   붕우유신

오륜

삼강오륜이란 말을 들어본 적 있나요? 삼강은 한강, 낙동강, 금강이라고요? 땡!

삼강과 오륜은 모두 유교 생활에서 지켜야 하는 기본 덕목이에요. 그런데 조금 차이가 있어요.

삼강은 '신하는 임금을, 아내는 남편을, 아들은 아버지를 섬겨야 한다.'는 내용을 담고 있어요.

이에 비해 오륜은 아버지와 아들, 임금과 신하, 남편과 부인, 어른과 아이, 친구 사이에 서로 지켜야 할 덕목을 말해요.

조선 시대에는 이러한 삼강오륜을 바탕으로 나라의 질서를 유지하려고 했어요.

3 조선 시대 사람들은 어떻게 살았을까?

태어날 때부터 신분이 정해지다

사극에서 나이 많은 노비가 어린 도련님에게 굽신거리는 모습을 본 적 있지요? 지금으로는 상상이 안 되는 모습이지만 조선 시대에는 당연한 모습이었죠. 바로 신분 때문이었어요. 조선 시대에 사람들은 태어나면서부터 신분이 정해졌어요. 부모의 신분을 이어받았기 때문이죠. 그리고 한번 정해진 신분은 거의 바뀌지 않았어요.

법으로 정해진 신분은 크게 '양인'과 '천민' 두 가지였어요. 그러나 실제로는 양인은 양반, 중인, 상민으로 나뉘었고, 천민까지 포함되면 네 개의 신분이 있었지요. 신분에 따라 할 수 있는 일이 정해져 있었고, 살아가는 모습도 달랐어요.

제일 높은 신분은 양반이에요. 그들이 가장 원하는 것은 무엇이었을까요? 바로 관직에 나가는 것이었죠. 관리가 되는 가장 좋은 방법은 과거 시험에 합격하는 것이었어요. 그래서 양반들은 이를 위해 유교 경전을 열심히 공부했어요. 그들은 땅과 노비를 가지고 있었기에 생활이 비교적 넉넉했죠.

중인은 양반과 상민의 중간에 해당되는 신분이에요. 병을 고치는 의관, 법률을 다루는 사람, 통역을 하는 통역관, 양반을 도와 관청에서 일하는 사람 등이 중인에 속했어요. 오늘날 전문직에 종사하는 사람들이죠.

글공부하는 선비(양반)

통역을 하는 통역관(중인)

상민은 일반 백성들이에요. 그들은 대체로 농업, 상업, 수공업, 어업을 하며 살았어요. 그중에서 가장 많은 사람들은 농민이었죠. 그래서 나라에서는 상민 중 농민을 가장 중요하게 여겼어요. 숫자가 많을 뿐 아니라 나라에 세금을 냈고, 군인이 되어 나라를 지켰거든요.

천민은 가장 낮은 대우를 받았어요. 천민의 대부분은 노비였어요. 주인은 노비를 재산으로 여겼기 때문에 사고팔기도 하고, 자식에게 물려줄 수도 있었답니다. 이 밖에도 천민에는 무당, 백정, 기생, 광대 등이 있는데, 모두 남들이 꺼려하는 일을 했어요.

농사를 짓고 있는 농민(상민)

굿을 하는 무당(천민)

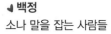

■ 백정
소나 말을 잡는 사람들

■ 광대
줄타기 등 묘기를 부리면서 먹고 사는 사람들

? 호기심 뿜뿜

조선 시대의 신분은 모두 몇 개가 있었어요?

법적으로 조선에는 두 개의 신분만 있었어요. 양인과 천민이었죠. 하지만 실제 생활에서는 양인이 양반, 중인, 상민으로 구분되었고, 천민이 있었으니 모두 4개의 신분이었답니다. 과거 시험은 당시 신분을 높일 수 있는 합법적인 방법이었는데, 법적으로는 양인이라면 누구나 과거 시험을 볼 수 있었어요. 하지만 현실에서는 그럴 수 없었다고 합니다.

신분에 따라 사는 집이 달랐다

"신분이 다른데, 감히?"

아마도 옛날 사람들은 이런 말을 당연하게 여겼을 거예요. 신분이 다르다는 것은 넘을 수 없는 높은 벽이었으니까요. 신분이 다른 양반과 상민들은 사는 집의 모습이 달랐어요. 비록 그들은 한마을에 모여 살았지만 집도 신분에 맞게 지어야 했으니까요.

양반은 기와집에 살았어요. 집의 크기는 같은 양반이라도 어떤 관직의 일을 하느냐에 따라 조금씩 달랐어요. 하지만 조상의 위패를 모시는 사당을 두고, 남자가 생활하는 사랑채와 여자가 생활하는 안채로 공간을 구분하였답니다.

양반의 기와집

◀ 위패
죽은 사람의 이름을 적은 나무패

상민은 초가집에 살았어요. 초가집은 농사를 지은 뒤 생기는 볏짚으로 지붕을 덮어서 만들었어요. 집의 크기가 작아서 남자와 여자가 생활하는 공간도 나누지 않았답니다. 또 나무나 돌로 울타리를 쳤어요.

상민의 초가집

어떤 음식을 먹었을까?

신분에 따라 먹는 음식도 차이가 있었어요. 양반은 쌀밥에 여러 가지 반찬을 곁들여 먹었어요. 하지만 대부분의 상민은 잡곡밥을 먹고 반찬 수도 많지 않았죠.

혹시 12첩 반상이라는 말을 들어본 적 있나요? 임금님만 드시는 상차림을 말해요. 그럼 양반의 상차림은 어땠을까요? 5첩, 7첩 반상을 차려 먹거나, 최대로 9첩 반상까지 차릴 수 있었대요.

이에 비해 상민의 상차림은 아무리 부자라도 3첩을 넘지 못했대요. '첩'이란 밥과 국, 김치를 제외한 반찬의 가짓수를 말해요.

또한 명절이나 절기마다 특별한 음식을 만들어 먹었어요. 이를 '세시 음식'이라고 해요. 대표적인 세시 음식으로는 추석에 먹는 송편, 동짓날에 먹는 팥죽 등이 있어요.

◀ 양반의 상차림
양반은 경제력에 따라 5첩에서 9첩 반상을 차려 먹었음

◀ 상민의 상차림
주로 잡곡밥을 먹었으며 반찬의 가짓수도 3개를 넘지 못했음

4 조선 시대 사람들이 즐겨한 놀이는?

양반들이 즐겨한 승경도놀이

"조선 시대 아이들은 참 심심했겠다. 컴퓨터도 없었으니……."

꼭 그랬을까요? 당시 아이들도 나름 즐거운 놀이를 하며 보냈답니다. 다만 신분에 따라 하는 놀이가 달랐죠.

승경도놀이는 양반들이 주로 했던 놀이예요. 놀이를 할 때는 조선 시대 관직 이름이 표시된 놀이판과 5각형의 나무 막대인 윤목, 말 등이 필요해요.

놀이 방법은 먼저 윤목을 굴려서 나오는 수만큼 자신의 말을 움직여요. 이때 말은 가장 낮은 관직에서 출발하지요. 그리고 최고 관직인 영의정에 먼저 도달하면 이기게 되는 것입니다.

양반집 아이들은 이 놀이를 통해 관직의 종류를 쉽게 익히고 관직에 나가겠다는 마음을 키울 수 있었어요.

그런데 승경도놀이는 아이들만 즐긴 것이 아니에요. 어른들에게도 인기가 많았대요. 성종 때 열린 궁중 연회에서 관리들이 밤새도록 즐겼으며, 이순신 장군도 비오는 날 군인들과 함께 이 놀이를 즐길 정도였답니다.

> ◀ 승경도놀이
> 관리로 나가고 싶은 양반들의 바람을 담은 놀이

상민들이 즐긴 놀이는?

양반과 달리 상민은 씨름이나 윷놀이, 고누 등을 즐겼어요. 특히 고누는 놀이 방법이 간단해 누구나 쉽게 배워 즐길 수 있었어요.

고누를 하려면 말판과 말만 있으면 돼요. 놀이 방법은 두 사람이 말판에 말을 펼쳐 놓고 상대방 말의 이동을 막기도 하고, 따내기도 합니다. 이때 말을 많이 따먹거나 상대편의 집을 차지하면 이기는 것이에요.

김홍도의 그림 속 아이들도 고누를 즐기고 있어요. 산에서 나무를 해 마을로 내려오다가 잠시 쉬면서 고누를 하고 있는 모습이지요. 고누판을 준비하지 않아 땅바닥에 선을 그어 만들었네요. 그리고 주변에 있는 작은 돌이나 나무 조각을 말로 이용하고 있어요. 옛날에는 산과 들에 널려 있는 모든 것이 놀이의 도구가 되었죠.

> ◀ 씨름
> 두 사람이 샅바를 잡고 힘과 재주를 부려 먼저 넘어뜨리는 것으로 승부를 가리는 놀이

상민의 여가 생활 모습: 김홍도가 그린 그림 속 아이들이 고누를 하고 있다.

마을 사람들이 함께 즐긴 민속놀이

조선 시대에 마을 사람들은 명절에 모여서 민속놀이를 즐겼어요. 민속놀이를 통해 마을의 단합을 꾀하고, 한해 농사가 잘되기를 기원했죠. 대표적인 민속놀이는 줄다리기, 고싸움, 강강술래 등이에요.

- 줄다리기는 음력 정월에 하는 민속놀이예요. 마을 사람들이 두 편으로 나뉘어 긴 줄을 끌어당겨 승부를 겨루지요. 이때 줄은 추수를 한 후 생기는 볏짚으로 만들어요. 줄다리기는 마을 사람들의 협동심을 길러 주었어요. 또한 이긴 편은 그 해 농사가 잘된다고 믿었어요.

- 고싸움은 '차전놀이'라고도 해요. 줄을 만들어 하는 놀이인데, 줄다리기보다 두꺼운 줄을 사용해요. 줄 앞에는 '고'를 만들지요. '고'는 그 모양이 옷고름의 매듭과 비슷해 붙여진 이름이에요. 두 편으로 나뉘어 한 사람씩 '고'에 올라가 자기편을 지휘해요. 이때 상대편의 '고'를 먼저 땅에 닿게 한 편이 이기는 것입니다.

- 강강술래는 여자들이 즐긴 민속놀이예요. 이 놀이는 둥글게 원으로 둘러서서 옆사람의 손을 잡고 '강강술래'라는 소리를 내며 빙빙 도는 놀이에요. 조선 시대에는 추석 무렵 전라남도 해안 지방에서 즐겼다고 해요. 임진왜란 때 이순신 장군이 군사의 수가 많아 보이게 하려고 이 놀이를 전술에 이용했다는 이야기도 전해요.

? 호기심 뿜뿜

강강술래라는 민속놀이를 이순신 장군은 어떻게 전술에 이용했어요?

멀리서 접근해 오는 일본군에게 조선의 병사가 많다는 것을 보이기 위해 여성들에게 밤에 횃불을 들고 산을 빙빙 돌도록 했다고 합니다. 멀리서 보면 병사들이 끊임없이 이동하는 것으로 보였겠죠?

↩ **임진왜란**
1592년 일본이 조선을 침략하면서 일어난 전쟁

스토리 플러스+ **단오에는 어떤 놀이를 즐겼을까?**

〈단오풍정〉: 신윤복이 단옷날 창포물에 머리 감고, 그네를 타는 여인들의 모습을 그린 것이다.

"옆의 그림 좀 잘 봐봐. 누군가가 여인들을 훔쳐보고 있지?"

이 그림은 단옷날 모습을 그린 신윤복의 그림이에요. 단옷날 어떤 놀이를 즐겼는지도 알 수 있죠.

단오는 우리나라 명절 중의 하나로 수릿날이라고도 불려요. 해마다 단오(음력 5월 5일)가 되면 창포물에 머리를 감으며, 나쁜 기운을 물리쳤어요. 또 수리취떡을 해 먹기도 했고요. 마을 사람들이 모여 그 해의 풍년을 기원하며 씨름, 그네뛰기 등의 민속놀이를 즐기기도 했어요. 그네뛰기는 여자들이 주로 한 놀이예요. 사람들은 마을 어귀나 동네 마당에 있는 느티나무나 버드나무에 줄을 매고 그네를 탔어요.

4 임진왜란과 병자호란

한 나라의 임금이 궁궐을 버리고 피신을 하게 된 이유는 무엇 때문일까요?

바로 전쟁 때문이었죠. 조선은 나라가 세워진 후 200여 년간 큰 전쟁 없이 평화를 누렸어요.

그런데 16세기 이후 전쟁의 소용돌이에 휘말리게 되었어요. 임진왜란과 병자호란이 일어난 거죠.

두 차례의 큰 전쟁은 조선 백성들에게 커다란 고통이었어요.

또한 조선 사람들의 생활에도 큰 변화를 가져왔어요.

과연 임진왜란과 병자호란은 왜 일어났을까요? 또 조선에 어떤 영향을 미쳤을까요? EBS

1 임진왜란은 왜 일어났을까?

일본군이 부산에 쳐들어오다

1592년 일본이 20여만 명의 군대를 앞세워 조선을 침략했어요. 임진왜란이 일어난 거예요. 당시 조선은 전쟁에 대비하지 못하고 있었어요. 나라가 세워진 후 200여 년간 큰 전쟁 없이 평화를 누리면서 군사 조직이 달라지고 군인들의 전투력도 약해져 있었어요.

이에 비해 일본은 조총으로 무장한 군대를 가지고 있었어요. 게다가 도요토미 히데요시가 혼란스러운 일본을 통일한 직후였기 때문에 군인들은 풍부한 실전 경험도 갖추고 있었죠. 부산에 상륙한 일본군은 3일 만에 부산진과 동래성을 함락시켰어요.

〈동래부순절도〉: 임진왜란 때 일본군에 맞서 싸우던 동래부 사람들의 모습을 그린 그림이다.

호기심 뿜뿜

임진왜란 초에 조선군이 일본군과 제대로 싸우지도 못한 채 금방 한양까지 빼앗긴 이유가 뭐예요?

조선은 건국 후 200년 동안 전쟁 없이 평화롭다 보니 군대의 전투력이 매우 약해졌죠. 반면에 일본은 서로 싸우던 내부의 혼란을 통일한 지 얼마 되지 않아서 군대의 사기가 매우 높았어요. 게다가 조총이라는 신식 무기를 썼어요. 하지만 조선은 조총이라는 신식 무기에 대해 전혀 대비되어 있지 않았답니다.

↴ **조총**
날아가는 새도 맞혀서 떨어뜨릴 수 있다고 해서 조총이라고 함

스토리 플러스 **일본은 왜 조선을 침략했을까?**

도요토미 히데요시는 100여 년에 걸친 혼란한 시대를 통일했어요. 그런데 한 가지 걱정이 있었어요. 비록 나라를 통일했지만 지방에는 여전히 막강한 군사력을 가진 세력가들이 있었기 때문이죠. 그들이 불만을 갖게 된다면 나라를 다스리는 것이 쉽지 않을 테니 말이죠.

그래서 내부에 있는 불만 세력의 힘과 관심을 다른 곳으로 돌리려고 했어요. 이에 도요토미 히데요시는 명나라를 정벌하러 가는 길을 내어 달라며 조선을 침략한 것이랍니다.

2 조총으로 무장한 일본군을 어떻게 물리쳤을까?

?호기심 뿜뿜

전쟁 초반에 국토 대부분을 잃었던 조선이 일본을 물리칠 수 있었던 이유가 무엇인가요?

조선의 육군은 계속 패했지만, 이순신이 이끄는 수군이 계속 승리를 거두면서 일본은 식량과 무기 보급에 문제가 생겼죠. 또 육지에서 의병들이 활약했답니다. 때마침 명나라도 구원군을 보내면서 일본은 밀리기 시작했어요.

왕이 함경도까지 피란을 떠나다

부산진과 동래성을 함락시킨 일본군은 계속해서 북쪽으로 올라갔어요. 조선의 군대가 이를 막고자 노력했지만 조총으로 무장한 일본군을 당할 수 없었어요.

연이은 관군의 패배로 전쟁은 점점 조선에게 불리해졌어요. 일본군은 부산에 상륙한 지 20여일 만에 한성을 함락시켰어요.

그러자 선조 임금은 만일을 대비하여 광해군을 세자로 정하고 신하들과 함께 서둘러 한성을 빠져나갔어요. 평양을 거쳐 의주로 피란을 간 선조는 명나라에 사신을 보냈어요. 지원군을 보내달라고 요청한 것이죠.

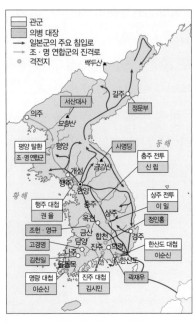

관군과 의병의 활동

이순신과 수군의 활약

임진왜란 해전도

육지에서 관군이 일본에게 계속 패배한 것과는 달리 바다에서는 승리를 거두었답니다. 바로 이순신 장군과 수군의 활약 덕분이었지요. 이순신 장군은 외적의 침입에 대비해 거북선과 판옥선을 만들고 수군을 훈련시키고 있었거든요.

이순신이 이끄는 수군이 일본군에 맞서 처음 싸운 곳은 옥포예요. 이곳에서 첫 승리도 거두었지요. 그리고 연이어 벌어진 사천과 당포 해전에서 모두 승리했죠. 한산도 앞바다에서는 학익진 전술로 일본군에게 큰 타격을 주었어요.

조선은 수군의 연이은 승리 덕분에 곡창 지대인 전라도 지방을 지킬 수 있었어요. 게다가 남해와 황해를 거쳐 전쟁에 필요한 무기와 식량을 운반하려는 일본의 계획도 막을 수 있었답니다.

◀ 학익진 전술
학이 날개를 펼친 모양처럼 배를 배치하여 적을 둘러싸서 공격하는 전술

◀ 곡창 지대
쌀과 같은 곡식이 많이 나는 땅

나라를 지키기 위해 일어선 의병들

일본의 침략에 맞서 나라를 지키기 위해 스스로 떨쳐 일어난 사람들이 있었어요. 바로 의병이에요. 의병은 양반에서부터 노비까지 다양한 신분의 사람들이 참여했어요. 심지어 승려들도 의병으로 나서 일본군에 맞서 싸웠어요.

의병들은 자신이 살고 있는 지역의 지형을 잘 이용하여 일본군을 공격했어요. 그래서 일본군은 의병을 몹시 두려워했답니다. 대표적인 의병은 곽재우가 이끄는 의병 부대였어요. 곽재우는 '홍의 장군'이라는 별명을 얻었어요. 왜냐구요? 붉은 색 옷을 입고 의병을 지휘했기 때문이죠.

수군과 의병의 활약으로 조선은 점차 힘을 되찾았어요. 그 무렵 명의 지원군이 도착했어요. 조선과 명나라 군대는 평양성을 공격하여 되찾았어요. 그리고 의병과 관군이 힘을 합쳐 진주성과 행주산성에서 큰 승리를 거두었어요.

전쟁에서 불리해지자 일본군은 전쟁에 적극적이지 않았던 명나라에게 휴전을 하자고 했습니다.

일본군이 다시 침략해오다

휴전 협상은 잘 마무리되었을까요? 그렇다면 이제 전쟁을 끝낼 수도 있을 텐데 말이죠.

그런데 안타깝게도 명나라와 일본의 휴전 협상은 서로 의견이 맞지 않아 3년 만에 실패로 끝났어요. 그러자 일본은 다시 조선을 공격했어요. 이를 정유재란(1597년)이라고 해요.

그런데 이 시기 조선군의 모습은 이전과 달랐어요. 싸움에서 쉽게 물러나지 않았지요. 그 이유는 휴전 협상이 진행되고 있는 동안에 군대를 정비하고 무기도 잘 갖추었기 때문이랍니다.

조선과 명나라 군대가 육지에서 일본군을 무찌르고 바다에서는 이순신이 이끄는 수군이 명량 앞바다에서 크게 승리했어요. 전쟁의 상황은 일본에게 점점 불리해졌어요.

그 무렵 도요토미 히데요시가 죽자 일본군은 조선에서 철수하기 시작했어요. 이순신 장군은 도망가는 왜군을 노량 해전에서 크게 무찔렀어요. 마침내 7년에 걸친 전쟁이 끝나게 되었답니다.

비격진천뢰(왼쪽)와 총통(오른쪽): 조선군의 무기인 비격진천뢰는 일종의 시한폭탄이고, 총통은 화약을 넣고 커다란 화살을 꽂아 불을 붙여 발사하는 무기이다.

◀ 곽재우
곽재우는 가장 먼저 의병을 일으켰다.

3 임진왜란 이후 어떤 변화가 일어났을까?

상처투성이 조선과 문화가 발전한 일본

전쟁을 치르고 난 조선의 모습은 어땠을까요? 한 번 상상해 보세요. 끔찍했을 거라고요?

7년에 걸친 전쟁으로 조선은 큰 피해를 입었어요. 전국이 전쟁터가 되면서 농사지을 수 있는 땅이 1/3로 줄어들었어요. 백성들의 생활은 더 어려워졌고 나라 살림을 운영할 돈도 부족해졌지요.

문화재 피해도 컸어요. 경복궁, 불국사, 사고 등이 불탔어요. 일본이 도자기, 활자, 서적 등을 자기 나라로 가져갔어요. 또 많은 사람들이 죽거나 포로가 되어 일본으로 끌려갔지요. 그중에는 도자기를 만드는 도공과 유학자도 있었어요. 그들 덕분에 일본은 문화를 더욱 발전시킬 수 있었죠.

도조 이삼평비: 일본으로 끌려간 도공 중 대표적인 사람은 이삼평이다. 그는 일본에서 도자기의 시조인 '도조'로 존경받았다.

스토리 플러스 ￼ 임진왜란을 왜 도자기 전쟁이라고 하나요?

임진왜란을 '도자기 전쟁'이라고도 해요. 왜 그럴까요? 임진왜란 때 일본이 대대적으로 조선의 도자기를 빼앗아 가고 도공들을 끌고 갔기 때문이지요.

일본인들이 조선에서 가장 탐내는 것 중 하나가 바로 도자기였어요. 일본은 17세기 전까지도 자기를 만들 수 없었지요. 조선과 중국만 그 기술을 가지고 있었어요. 그래서 일본의 지배층만 도자기를 사용했어요. 그것도 비싼 가격에 수입을 한 것이었죠. 백성들은 대부분 나무 그릇을 사용했다고 해요.

일본은 조선에서 끌고 간 도공들을 극진히 대접해 주기도 했어요. 그러면서 일본은 자신들의 도자기 기술을 발전시켜 나갔어요.

일본이 인정한 조선의 막사발

▶ **자기** 유약을 발라 1300도 이상에서 구워낸 그릇으로 청자·백자·분청사기가 이에 해당함

광해군, 임진왜란 이후 복구 사업에 힘쓰다

광해군이 임진왜란 중에 세자가 되었던 거 기억나지요? 그는 전쟁 중에 민심을 수습하고 일본군에 대항하기 위해 군대를 모집하는 등 많은 공을 세웠어요. 그런데 임진왜란이 끝난 이후 광해군이 왕위를 물려받는 것은 쉽지 않았어요. 선조가 어린 영창 대군을 세자로 다시 정하려 했기 때문이죠. 하지만 광해군은 선조의 갑작스런 죽음으로 조선의 제15대 왕이 되었어요.

광해군은 왕이 된 후 전쟁의 피해를 복구하기 위해 노력했어요. 토지와 인구를 조사하여 국가 재정을 늘렸어요. 또한 질병으로 고통받는 사람들을 위해 허준으로 하여금 《동의보감》을 편찬하게 했어요.

《동의보감》: 주변에서 쉽게 구할 수 있는 약재를 이용하여 질병을 치료하는 방법을 담고 있는 의학 백과사전이다. 유네스코 세계 기록 유산으로 등재되었다.

광해군, 중립 외교를 펼치다

주변에 새로운 나라가 들어서면 가장 큰 고민거리는 무엇이었을까요? 바로 외교 관계였겠죠? 광해군도 그랬어요.

광해군이 왕위에 오른 뒤 만주에서는 여진족이 힘을 키워 후금을 세웠어요. 후금은 중국을 차지하기 위해 명나라를 침략했어요. 명나라는 힘이 약해져 이를 막아내기 어려웠지요. 그래서 조선에 지원군을 요청했어요. 조선의 입장은 아주 곤란해졌어요. 임진왜란 때 도움을 주었던 명나라의 부탁을 모른 척 할 수 없었기 때문이죠. 그렇다고 점점 강해지는 후금과 맞서는 것도 좋은 선택일 수는 없었어요.

광해군은 일단 강홍립 부대를 명나라에 보냈어요. 그리고 적극적으로 전투에 나서지 말고 적절하게 대처하라고 지시했죠. 이에 강홍립은 후금에 항복하여 후금과의 전쟁을 피할 수 있었어요. 이러한 광해군의 대외 정책을 중립 외교라고 해요.

그런데 광해군의 중립 외교 정책은 명나라에 대한 의리를 중시하던 신하들의 반발을 가져왔어요. 그 신하들은 정변을 일으켜 광해군을 몰아내고 인조를 왕으로 세웠어요(인조반정, 1623년).

호기심 뿔뿔

광해군이 중립 외교를 실시한 것이 잘못인가요?

광해군은 강성해지는 후금과 약해졌지만 임진왜란 때 도움을 주었던 명나라 사이에서 어떤 한 나라의 편을 들 수는 없었습니다. 그 때문에 명을 돕는 척하면서도 후금과 전쟁을 피할 방법으로 중립 외교를 펼쳤던 것이죠. 하지만 의리를 중시하는 일부 유학자들이 반발하였고, 끝내 그들이 광해군을 내쫓고 새로운 왕을 세웠어요.

4 청나라가 조선을 침략한 이유는?

임금이 바뀌니 외교 정책도 바뀌다

중립 외교를 펼친 광해군이 쫓겨나는 모습을 본 인조는 어떤 외교를 펼쳤을까요? 광해군과 똑같을 수는 없었겠죠?

인조가 왕이 되면서 후금과의 평화 관계는 깨졌어요. 인조와 신하들이 명나라와 가까이 지내고 후금을 멀리한다는 '친명배금' 정책을 펼쳤기 때문이죠. 이에 후금은 쫓겨난 광해군의 복수를 하겠다는 핑계를 대며 조선을 침략했어요(1627년, 정묘호란).

후금이 황해도 지역까지 침입하자 인조는 강화도로 피신하여 이에 맞섰어요. 전쟁이 생각보다 길어지자 후금은 서둘러 조선과 화해했어요. 명나라와의 전쟁을 앞두고 있었기 때문이에요. 조선도 이를 받아들여 두 나라 사이에 형제 관계가 맺어졌어요.

이후 후금은 힘이 점점 강해져 나라 이름을 '청'으로 고쳤어요. 그러면서 조선에게 자신들을 임금의 나라로 섬기라고 했어요. 조선이 이를 거절하자 청나라의 홍타이지가 직접 군대를 이끌고 침략했어요. 병자호란이 일어난 것이에요(1636년).

정묘호란과 병자호란: 청나라는 두 차례에 걸쳐 조선에 침략하였다.

호기심 뿜뿜

광해군 때 조선과 사이가 좋았던 후금이 조선을 침략한 이유는 뭐예요?

조선의 외교 정책이 바뀌었기 때문이에요. 광해군이 쫓겨나고 인조가 왕이 되면서 친명배금, 즉 후금을 멀리하고 명나라와 친하게 지낸다는 것으로 정책을 바꿨어요. 이런 조선의 대외 정책 변화가 전쟁을 가져왔어요.

남한산성에서 45일간을 버티다

병자호란이 일어나자 인조는 다시 강화도로 가려고 했어요. 그러나 청나라 군대가 압록강을 건너 빠른 속도로 한성까지 내려오자 남한산성으로 피신했어요. 남한산성을 지키기 위해 의병과 지원군이 왔어요. 하지만 청나라 군대를 당할 수 없었어요.

청나라 군대가 남한산성을 빙 둘러쌌고, 인조와 신하들은 계속 버텼어요. 그 무렵 신하들의 의견이 둘로 나뉘었어요. 청나라와 계속 싸워야 한다는 의견과 전쟁을 끝내자는 의견이었죠.

처음에는 계속 싸워야 한다는 사람들의 주장이 우세했어요. 그러나 남한산성의 상황은 좋지 않았어요. 성 안에 물과 식량이 거의 바닥나고 한겨울이라 날씨마저 무척 추웠어요. 조선군은 점점 지쳐 갔어요. 이에 조선은 더 이상 버티지 못하고 청나라에 항복할 수밖에 없었어요.

남한산성: 병자호란 때 인조와 신하들이 피신한 곳이다. 2014년 유네스코 세계 유산에 등재되었다.

삼전도에서 굴욕적인 항복을 하다

한 나라의 왕이 다른 나라 왕 앞에서 머리를 땅바닥에 대고 조아릴 때 어떤 느낌을 받을까요? 너무 너무 화가 날 것 같다고요?

조선의 항복 모습이 바로 그랬어요. 아주 굴욕적이었죠. 인조가 직접 삼전도에 가서 청나라 황제에게 항복을 했거든요. 이때 인조는 이마를 세 번 땅에 대고 절을 한 번하는 일을 세 번이나 반복하였어요. 그리고 청나라를 황제의 나라로 섬기겠다고 약속했어요.

항복 후 많은 조선 사람들이 청나라에 끌려가 고생했어요. 일반 백성들뿐만 아니라 소현 세자와 봉림 대군 등 두 명의 왕자, 청나라와 끝까지 싸울 것을 주장했던 신하들도 끌려갔어요. 그리고 조선은 해마다 청나라에 많은 양의 조공도 바쳐야 했답니다.

◀ 굴욕
남에게 업신여김이나 창피함을 당함

삼전도비(서울특별시 송파구): 병자호란이 끝나고 청나라 홍타이지가 인조의 항복을 받은 곳에, 그 공을 자랑하기 위해 세우게 한 것이다.

◀ 조공
때마다 예의를 갖추어 예물을 바치던 일 또는 그 예물

스토리 플러스 ╋　**한국의 11번째 유네스코 세계 유산, 남한산성**

2014년 6월, 남한산성이 드디어 11번째 유네스코 세계 유산으로 등재되었어요. 그동안 병자호란의 아픔을 간직한 곳으로 알려졌는데, 이제 세계에서 인정한 문화유산이 된 거죠.

남한산성은 조선 시대에 나라의 큰 일이 있을 때를 대비해 만든 곳이었어요. 그래서 임시 수도의 기능을 하도록 종묘와 사직이 있는 행궁을 갖추고 있었죠. 또한 이곳은 조선의 성곽 건축 기술과 방어 체계를 보여주는 곳이기도 합니다.

현재 남한산성에는 주민들이 살고 있으며, 수많은 관광객들이 아름다운 경치와 문화유산을 보기 위해 이곳을 찾고 있지요.

남한산성 수어장대

남한산성 행궁 외행전

◀ 행궁　임금이 도성 밖으로 이동할 때 머물던 궁

연표로 보는 이 시대의 주요 사건

조선 전기

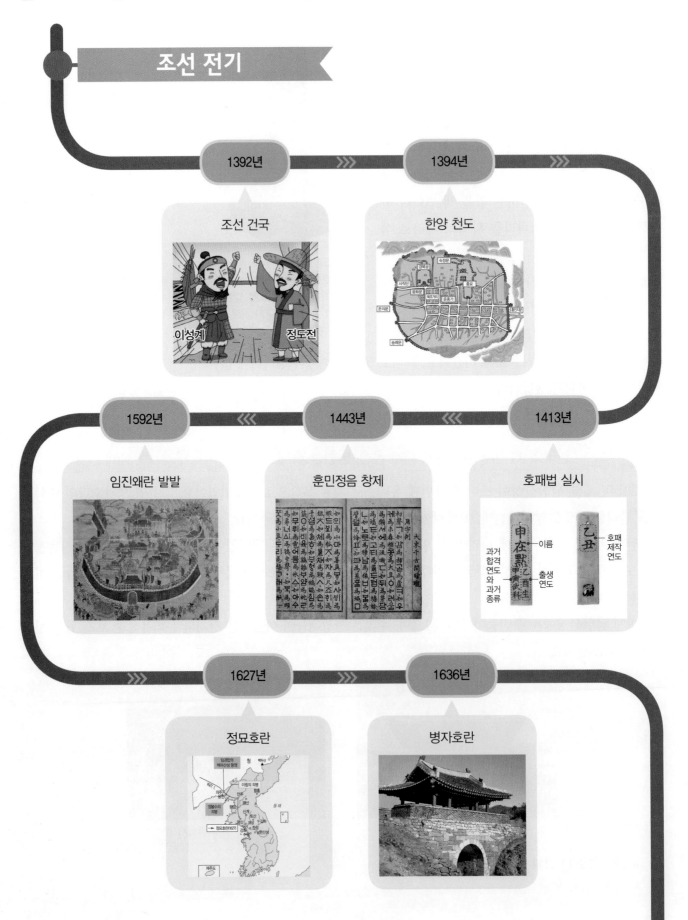

1392년

조선 건국

이성계 정도전

1394년

한양 천도

1592년

임진왜란 발발

1443년

훈민정음 창제

1413년

호패법 실시

이름
출생 연도
과거 합격 연도와 과거 종류
호패 제작 연도

1627년

정묘호란

1636년

병자호란

이성계

고려 말, 홍건적과 왜구를 물리치면서 백성들로부터 인정을 받게 되었어요. 위화도 회군을 통해 최영 등을 제거하고 허수아비 왕을 앉혀 실질적인 권력을 차지했지요. 이후 고려를 대신할 새 나라 건설을 원했던 정도전을 비롯한 일부 신진 사대부들과 손을 잡고 조선을 건국했어요. 한양을 도읍지로 삼고, 조선의 새 역사를 열었지요.

세종

조선의 4대 임금이에요. 뛰어난 재능과 노력 덕분에 맏아들이 아님에도 왕이 될 수 있었지요. 우리글인 한글을 창제하였고, 측우기와 자격루 등을 제작하게 하는 등 과학 기술을 발전시켰지요. 최윤덕과 김종서를 보내 4군과 6진을 개척해 오늘날 우리 영토의 경계를 완성하기도 했어요.

이순신

임진왜란 때 조선의 수군을 이끌며 일본군을 물리치는 데 큰 역할을 했어요. 전쟁이 일어나기 전부터 거북선을 만들고 수군을 훈련시키는 등 철저히 준비한 덕분에 가능했던 승리였어요. 한산도 대첩에서는 학익진 전법을 펼쳐 큰 승리를 거두기도 했어요. 안타깝게도 노량 해전에서 일본군의 총탄에 맞아 죽음을 맞았는데, 죽는 순간에도 자신의 죽음을 알리지 말라고 했어요.

MEMO

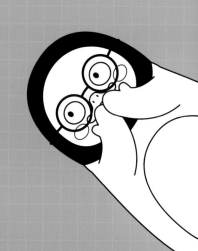

https://on.ebs.co.kr

★ ★ ★ ★ ★

초등 공부의 모든 것

EBS 초등 ON

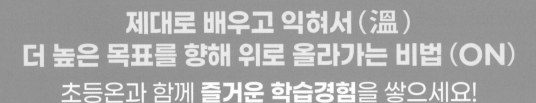

제대로 배우고 익혀서 (溫)
더 높은 목표를 향해 위로 올라가는 비법 (ON)
초등온과 함께 **즐거운 학습경험**을 쌓으세요!

초등 고학년을 위한

스토리 한국사 ①

(고대~조선 전기)

BOOK ② 활동 북

초등 고학년을 위한

스토리
한국사
①
(고대~조선 전기)

스토리 한국사 활용법

1단계 스토리 북으로 한국사의 흐름 익히기

외우기만 하는 한국사 공부는 이제 그만!
선생님이 들려주는 이야기처럼
친절한 스토리텔링을 따라 한국사의 흐름을 익혀 보세요.
만화와 삽화는 한국사를 더욱 쉽게
이해할 수 있게 할 것입니다.

2단계 강의로 생생한 한국사 공부하기

더욱 입체적인 한국사 학습을 하고 싶다면
'스토리 한국사' 강의를 활용해 보세요.
스토리 한국사는 EBS 초등 사이트에 강의로
탑재되어 있습니다.
선생님과 함께하는 생생한 강의를 통해
한국사를 더욱 쉽고 재미있게 공부할 수 있습니다.
EBS 초등 사이트 : http://primary.ebs.co.kr

3단계 활동 북으로 한국사 자신감 키우기

다양한 학습 활동이 담긴 활동 북으로 한국사 공부를 완성해 보세요.
한 장의 그림으로 압축된 시대상을 직접 색칠한다면
그 시대를 떠올리고 상상력을 키울 수 있을 것입니다.
한국사의 핵심까지 익혔다면 간단한 퀴즈부터
한국사능력검정시험 문제까지 풀면서 한국사의
자신감을 키워 보세요.
더불어 시대를 체험할 수 있는 역사 체험 학습도
수록했으니 주말이나 방학을 이용해 역사 탐방의
시간을 가져 보세요.

활동 북
차례

I 선사 시대 · 고조선 시대

다른 컬러링이 궁금하다면? 스토리 북을 참고하세요!

인류
사람을 다른 동물과 구별하여 이르는 말이다.

진화

생물이 여러 세대를 거치면서 환경에 적응하며 점차 변화해 온 것

선사 시대
문자를 사용하기 이전의 시대(역사 이전 시대)

청동기
구리에 주석을 섞어 만든 금속

여러 가지 뗀석기

주먹도끼   긁개

찍개   밀개

막집
일정한 틀이나 형태가 없이 지은 집으로 이동 생활의 거주 형태

1 인류의 등장과 진화

(1) 인류의 등장

    ① 지구의 역사: 약 46억 년 전 탄생, 여러 차례 빙하기와 간빙기 등장

    ② 인류의 등장: 약 390만 년 전, 아프리카에서 등장

    ③ 인류와 동물의 구분 기준: 두발로 서서 걷고, 간단한 도구 사용

(2) 인류의 진화

    ① 약 180만 년 전: 간단한 언어 사용, 불 사용

    ② 약 40만 년 전: 시체를 땅에 묻음

    ③ 약 4~5만 년 전: 현생 인류의 등장(현재 인류의 직접적인 조상), 동굴 벽화 등을 남김, 세계 각 지역의 환경에 따른 진화(황인종, 흑인종, 백인종)

2 시대 구분

시대 구분		구분 기준
선사 시대	역사 시대	문자 사용
석기 시대	청동기 시대	도구의 종류
구석기 시대	신석기 시대	돌 도구 제작 방법

3 구석기 시대

(1) 시기: 인류의 등장부터 약 1만 년 전까지

(2) 도구

    ① 나무, 동물의 뼈를 도구로 사용함

    ② 뗀석기 사용: 돌을 깨뜨리거나 떼어 내어 만든 석기 사용함

(3) 불의 사용: 추위와 동물로부터 보호, 음식을 익혀 먹음

(4) 생활 모습

    ① 짐승이나 물고기 사냥, 식물의 열매나 뿌리를 먹음

    ② 무리를 지어 이동 생활

(5) 주거지: 동굴이나 바위 그늘, 강가에 막집을 지어 생활함

(6) 유적: 경기도 연천 전곡리, 공주 석장리, 제천 점말 동굴 등

4 신석기 시대

(1) 시작: 약 1만 년 전부터

(2) 도구

① 간석기

• 돌을 갈아서 날카로운 석기를 만듦

• 돌창, 돌괭이, 돌그물추 등을 만들어 사용

② 토기 사용

• 음식을 저장하거나 요리하는 데 사용

• 우리나라 대표적인 토기: 빗살무늬 토기

(3) 생활 모습

① 농경과 목축의 시작

② 짐승이나 물고기 사냥, 식물의 열매나 뿌리를 먹음

③ 뼈바늘, 가락바퀴 등을 이용하여 옷을 만듦

(4) 주거지: 강가나 바닷가 근처에 정착하여 움집을 짓고 마을을 형성

(5) 유적지: 제주도 고산리, 서울 암사 유적 등

〈구석기 시대와 신석기 시대 비교〉

구분	구석기 시대	신석기 시대
시작	인류의 등장부터	약 1만 년 전부터
도구	뗀석기, 뼈 도구, 불 사용	간석기, 토기, 가락바퀴, 뼈바늘
생활	사냥, 채집, 고기잡이	농경과 목축의 시작
주거	무리 사회, 이동 생활	정착 생활
	동굴, 막집, 바위그늘	강가 · 바닷가의 움집

한국사 빈칸으로 확인하기

- ❶ ☐☐☐ 시대의 사람들은 동굴에서 생활하였다.

- 신석기 시대의 사람들은 ❷ ☐☐☐☐ 토기에 식량을 담아 보관하였다.

- 신석기 시대의 ❸ ☐☐☐☐ 은/는 실을 뽑는 데 사용된 도구이다.

- 신석기 시대 사람들은 ❹ ☐☐ 을/를 짓고 살았다.

간석기

돌을 갈아서 만든 도구

빗살무늬 토기

표면에 빗금친 무늬가 있으며 크기가 다양하고 그릇 밑바닥이 뾰족한 것으로 보아 강가나 바닷가의 모래에 꽂아서 이용하였던 것으로 보인다.

목축과 가축
개, 돼지, 소, 양과 같은 동물을 기르는 일을 목축이라고 하고, 집에서 기르는 동물을 가축이라고 한다.

움집

땅을 파고 기둥을 세운 다음 나뭇가지, 갈대 등을 덮어 만든 집

정답
❶ 구석기
❷ 빗살무늬
❸ 가락바퀴
❹ 움집

학습 활동

01 사람을 원숭이와 구별하는 기준에는 어떤 것이 있는지 쓰시오.

- _____
- _____
- _____

02 다음은 구석기 시대의 생활 모습을 그린 것입니다. 빈칸에 알맞은 말을 차례대로 쓰시오.

구석기 시대 사람들은 식량을 얻기 위해 ☐☐ 와/과 ☐☐ 활동을 하였고, 이동 생활을 하였다.
또한 ☐☐ 이나 바위 그늘에서 살았고, 도구로는 돌을 깨뜨려 만든 ☐☐☐ 을/를 사용하였다.

03 구석기 시대 인류의 생활은 불을 사용하게 되면서 큰 변화가 일어났습니다. 다음 그림은 불의 사용으로 달라진 생활 모습을 그린 것입니다. (가), (나), (다)에 들어갈 알맞은 내용을 쓰시오.

04 다음은 신석기 시대의 생활 모습입니다. 빈칸에 알맞은 말을 차례대로 쓰시오.

신석기 시대의 유적지는 주로 ☐☐ 나 ☐☐☐ 에서 발견된다. 이때에는 ☐☐ 와/과 목축이 시작되면서 사람들은 ☐☐ 을/를 짓고 정착 생활을 하게 되었다. 또한, 사람들은 음식을 조리하거나 보관하기 위하여 ☐☐ 을/를 만들어 사용하였다.

05 다음 그림은 신석기 시대의 도구와 그 쓰임새를 나타낸 것입니다. 빈칸에 도구의 이름을 쓰시오.

(가) (   )

돌그물추

(나) (   )

(다) (   )

(라) (   )

35회 초급 기출

1 (가)에 들어갈 내용으로 옳은 것은?

탐험! 구석기 시대 유물 찾기

박물관을 돌아보고 구석기 시대의 유물 사진 스티커를 찾아서 빈칸에 붙여 보세요.

(가)

슴베찌르개

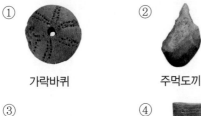

① 가락바퀴

② 주먹도끼

③ 반달 돌칼

④ 빗살무늬 토기

32회 초급 기출

2 (가) 시대의 생활 모습으로 옳은 것은?

이것은 연천 전곡리에서 출토된, (가) 시대에 만들어진 주먹도끼의 쓰임새를 보여 주는 그림입니다.

① 반달 돌칼로 곡식을 수확하였다.
② 가락바퀴를 사용하여 실을 뽑았다.
③ 빗살무늬 토기에 식량을 저장하였다.
④ 주로 동굴이나 바위 그늘에서 살았다.

40회 초급 기출

3 다음 축제에 전시되는 유물로 옳은 것은?

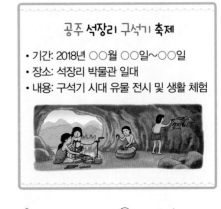

공주 석장리 구석기 축제

• 기간: 2018년 ○○월 ○○일~○○일
• 장소: 석장리 박물관 일대
• 내용: 구석기 시대 유물 전시 및 생활 체험

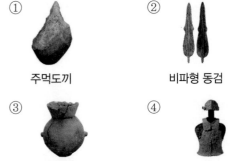

① 주먹도끼

② 비파형 동검

③ 미송리식 토기

④ 철제 판갑옷과 투구

25회 초급 기출

4 다음 화면의 유물이 널리 사용된 시대에 대한 설명으로 옳은 것은?

주먹도끼   슴베찌르개

① 철제 농기구를 사용하여 농사를 지었다.
② 민무늬 토기를 만들어 음식물을 저장하였다.
③ 사냥과 채집 등을 하면서 이동 생활을 하였다.
④ 많은 사람들이 고인돌을 만드는 데 참여하였다.

37회 초급 기출

5 (가)에 들어갈 문화유산 스탬프로 옳은 것은?

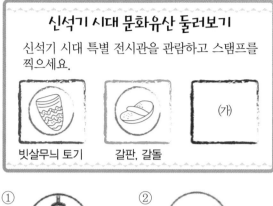

신석기 시대 문화유산 둘러보기

신석기 시대 특별 전시관을 관람하고 스탬프를 찍으세요.

빗살무늬 토기 / 갈판, 갈돌 / (가)

① 다보탑
② 천마도
③ 가락바퀴
④ 수막새

33회 초급 기출

6 (가) 시대에 만들어진 유물로 옳은 것은?

오늘 배운 (가) 시대에 대해 발표해 볼까요?

움집을 만들어 생활하기 시작했어요.

농사를 짓고 가축을 기르기 시작했어요.

실을 뽑아 옷감을 짜기 시작했어요.

① 청동 거울
② 철제 농기구
③ 농경문 청동기
④ 빗살무늬 토기

30회 초급 기출

7 (가)에 들어갈 도구로 옳은 것은?

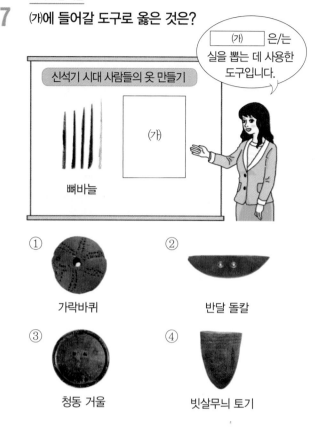

(가) 은/는 실을 뽑는 데 사용한 도구입니다.

신석기 시대 사람들의 옷 만들기

뼈바늘 / (가)

① 가락바퀴
② 반달 돌칼
③ 청동 거울
④ 빗살무늬 토기

27회 초급 기출

8 다음 축제에서 체험할 수 있는 활동으로 적절하지 않은 것은?

제○○회 부산 동삼동

신석기 문화 축제

• 기간: ○○○○년 ○○월 ○○일~○○일
• 장소: 부산 동삼동 선사 박물관 일대
• 내용: 신석기 시대 유물 전시 및 생활 체험

주최: ○○○선사 박물관

① 가락바퀴로 실 뽑기
② 돌보습으로 밭 갈기
③ 고인돌의 덮개돌 끌기
④ 갈판과 갈돌로 곡식 갈기

핵심 정리

2. 처음 세운 나라, 고조선

청동기

구리와 주석의 합금으로 더욱 단단하게 만들기 위해 아연과 납을 섞었다.

반달 돌칼

반달 돌칼은 구멍에 끈을 끼워 손에 쥐고 이삭을 훑거나 꺾는 데 사용하였다.

돌널무덤

돌을 다듬어서 널(관)을 만든 무덤

고조선 관련 문화 범위와 이를 알려 주는 유물 · 유적

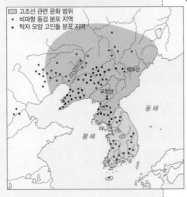

1 우리나라 청동기 시대

(1) 시기: 4000~3500년 전, 만주와 한반도에서 청동기 사용

(2) 청동기 시대의 유물

① 청동기: 청동검, 청동 거울, 청동 방울 등 ➡ 재료를 구하기 어려움 ➡ 지배 계급의 무기 또는 장신구, 제사를 지내는 도구로 사용

② 농기구: 돌과 나무 사용, 반달 돌칼(수확 도구)

③ 토기: 민무늬 토기 사용

민무늬 토기

2 청동기 시대 사람들의 생활

농업	벼농사 시작
주거	강을 끼고 있는 구릉지에 거주(농사와 방어에 유리함)
사회	농업 발달, 인구 증가 ➡ 빈부 격차 발생 ➡ 계급 발생
군장	정복 전쟁 ➡ 여러 부족을 통합한 지배자 등장 ➡ 국가로 발전
무덤	고인돌 제작(군장 권위 상징), 돌널무덤

3 우리나라 최초의 국가, 고조선

(1) 고조선 건국

① 단군왕검: 단군(제사장), 왕검(정치적 지배자) ➡ 제정일치 사회임을 보여 줌

② 청동기 문화를 바탕으로 등장한 우리나라 최초의 국가

(2) 고조선 건국 기록: 《삼국유사》의 단군 신화

4 고조선의 성장

(1) 고조선의 영역

① 중국의 만주와 요령 지역부터 한반도 서북부 지역까지

② 탁자식 고인돌, 비파형 동검, 미송리식 토기 출토 지역과 관련 있음

(2) 고조선의 발전

① 철기 전래: 기원전 5세기경 중국에서 전래됨

② 위만의 집권: 위만이 준왕을 몰아내고 왕위를 차지함(기원전 194년)

③ 고조선 성장: 철기 문화 확산, 중계 무역 발달 ➡ 중국의 한과 대립

미송리식 토기

(3) 고조선의 멸망

　① 멸망: 한의 침략 ➡ 지배층 분열로 왕검성이 함락되어 멸망(기원전 108년)

　② 영향: 고조선의 유민들은 남쪽으로 이주

5 고조선의 8조법

(1) 고조선의 법: 8조법(중국 《한서》에 기록, 현재 3개 조항만 전해짐)

(2) 8조법을 통해 본 고조선 사회

사람을 죽인 자는 사형에 처한다.	➡	생명 존중, 사회 질서가 매우 엄격함
남을 다치게 한 자는 곡식으로 갚아야 한다.	➡	농업 사회, 노동력 중시, 사유 재산 인정
도둑질한 자는 노비로 삼는다. 만일 도둑질한 사람이 죄를 벗으려면 많은 돈을 내야 한다.	➡	계급 사회, 화폐 사용

6 철기의 사용

(1) 철기 시대: 기원전 5세기경, 청동기보다 더 단단한 철기 등장

(2) 철기 사용으로 나타난 변화

　① 철로 만든 농기구: 농업 생산력 증가 ➡ 인구 증가

　② 철로 만든 무기: 부족 간의 정복 전쟁 ➡ 여러 부족을 통합한 국가로 발전

(3) 여러 나라의 등장

　① 만주와 한반도 북부: 부여, 고구려

　② 한반도 북부 동해안: 옥저, 동예

　③ 한반도 남부: 여러 소국으로 이루어진 마한, 진한, 변한

철로 만든 농기구

철로 만든 무기

여러 나라의 발전

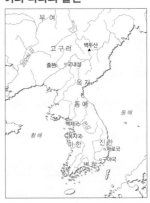

한국사 빈칸으로 확인하기

- 청동기는 지배 계급의 무기나 장신구, ❶ ☐☐ 지내는 도구를 만드는 데 주로 쓰였다.

- 청동기 시대에는 ❷ ☐ 농사가 시작되었고 계급이 발생하였다.

- 우리나라 최초의 국가는 ❸ ☐☐☐(이)다.

- 철기 시대에는 정복 전쟁을 통해 여러 부족이 통합되면서 점차 ❹ ☐☐(으)로 발전하였다.

정답
❶ 제사
❷ 벼
❸ 고조선
❹ 국가

학습 활동

01 다음 청동기 시대 유물, 유적의 이름과 용도(또는 의미)를 쓰시오.

• 이름: ( )	• 이름: ( )	• 이름: ( )
• 의미: ( )	• 용도: ( )	• 용도: ( )

02 다음은 박물관에 전시되어 있는 우리나라 청동기와 중국 청동기입니다. 그 차이점에 대해 쓰시오.

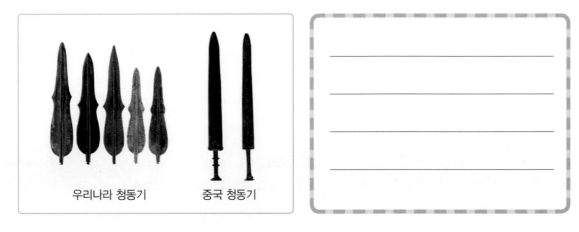

우리나라 청동기   중국 청동기

_____

_____

_____

_____

03 단군 신화를 통해 알 수 있는 역사적 사실을 바르게 연결하시오.

(1) 환웅은 비, 바람, 구름을 다스리는 신하를 데리고 왔다. •

(2) 곰은 사람으로 변해 환웅과 결혼하였다. •

(3) 단군왕검은 고조선을 건국하였다. •

•㉠ 곰을 섬기는 부족과 환웅 부족이 힘을 합쳐 나라를 세웠다.

•㉡ 당시 사람들은 농사를 매우 중요하게 생각하였다.

•㉢ 정치적 지배자가 제사도 담당하는 제정일치의 사회였다.

04 다음 고조선 관련 문화 범위를 추정할 수 있는 문화유산의 이름을 쓰시오.

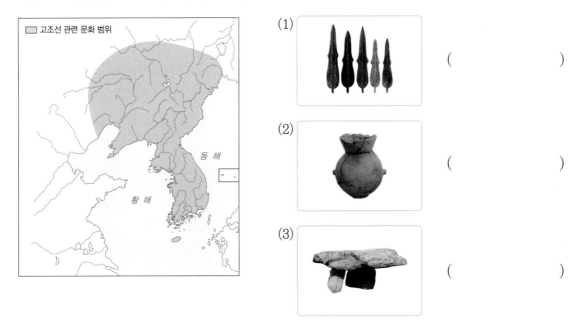

고조선 관련 문화 범위

동 해

황 해

(1) (　　　　　　)

(2) (　　　　　　)

(3) (　　　　　　)

05 다음 그림은 중국 《한서》에 기록된 고조선의 법입니다. 다음 법을 통해 알 수 있는 고조선 사회의 모습을
    보기 에서 골라 기호를 쓰시오.

보기
㉠ 신분 제도가 있었다.   ㉡ 농사를 중요하게 생각했다.   ㉢ 사람의 목숨을 중시했다.

(1) 사람을 죽인 자는 즉시 죽인다.
    (　　　　　　)

(2) 남에게 상처를 입힌 자는 곡식으로
    갚는다.
    (　　　　　　)

(3) 도둑질을 한 자는 노비로 삼는다.
    용서를 받으려면 많은 돈을 내야
    한다.
    (　　　　　　)

1 선생님의 질문에 대한 학생의 대답으로 가장 적절한 것은?

① 옷감을 짤 때 사용했어요.

청동기 시대에 제작된 이 도구는 주로 무엇을 할 때 사용했을까요?

② 곡식을 수확할 때 사용했어요.

③ 음식을 저장할 때 사용했어요.

④ 불을 피울 때 사용했어요.

2 다음 축제에서 전시될 유물로 적절하지 <u>않은</u> 것은?

제○○회
□□ 고인돌 축제

- 기간: ○○○○년 ○○월 ○○일
- 장소: □□ 역사 박물관 일대
- 내용: 청동기 시대 유물 전시 및 체험 활동

① ② ③ ④

3 다음 대화 속의 나라에 대한 설명으로 옳은 것은?

우리 역사상 최초의 나라이지.

청동기 문화를 배경으로 등장했어.

삼국유사에 건국 이야기가 실려 있지.

① 8조법이 있었다.

② 불교를 수용하였다.

③ 소도라는 신성 지역이 있었다.

④ 낙랑과 왜에 철을 수출하였다.

4 그림의 건국 이야기가 전해지는 나라에 대한 설명으로 옳은 것은?

첫 번째 장면

두 번째 장면

세 번째 장면

하늘에서 내려오는 환웅과 그 일행

마늘과 쑥을 먹는 곰과 호랑이

나라를 다스리는 단군왕검

① 우리나라 최초의 국가이다.

② 소도라는 신성 구역이 있었다.

③ 영고라는 제천 행사가 있었다.

④ 엄격한 신분 제도인 골품제가 있었다.

40회 초급 기출

5 선생님의 질문에 대한 학생의 대답으로 옳은 것은?

> 이 우표에는 곰에서 인간이 된 웅녀가 환웅과 결혼하여 단군왕검을 낳은 이야기가 그려져 있습니다. 이 단군왕검이 세웠다고 전해지는 나라에 대해 말해 볼까요?

① 대가야를 정복했어요.
② 낙랑과 왜에 철을 수출했어요.
③ 8조법으로 백성을 다스렸어요.
④ 동맹이라는 제천 행사를 열었어요.

33회 초급 기출

6 (가)에 들어갈 내용으로 옳은 것은?

조사 보고서
○○ 모둠

1. 주제: 우리 역사상 최초의 국가
2. 방법: 문헌 조사, 인터넷 검색
3. 내용
 − 단군왕검의 건국 이야기가 있다.
 − 홍익인간을 건국 이념으로 하였다.
 − [(가)]
4. 문화 범위를 알려 주는 유물

탁자식 고인돌　　비파형 동검　　미송리식 토기

① 대가야를 정복하였다.
② 22담로를 설치하였다.
③ 8조의 법으로 백성을 다스렸다.
④ 동맹이라는 제천 행사를 열었다.

25회 초급 기출

7 (가)~(다)의 위치에 있었던 나라 이름으로 옳은 것은?

고조선 이후 세워진 여러 나라

	(가)	(나)	(다)
①	동예	부여	진한
②	부여	동예	진한
③	부여	진한	동예
④	진한	부여	동예

27회 초급 기출

8 밑줄 그은 '이 나라'에 대한 설명으로 옳은 것은?

> 이 나라에는 지배층이 죽으면 껴묻거리와 많게는 100여 명에 이르는 사람들을 함께 묻는 순장의 풍습이 있었다. 또한 마가, 우가, 저가, 구가가 사출도를 다스렸다.

① 화랑도를 국가적 조직으로 만들었다.
② 12월에 영고라는 제천 행사를 열었다.
③ 8조법을 통해 사회 질서를 유지하였다.
④ 천군이 소도를 관할하며 종교 의식을 주관하였다.

◇ 구석기 시대의 대표 유물

돌과 돌을 서로 부딪쳐 깨뜨려 도구를 만들었어요.

사냥을 할 때나 가죽에 구멍을 뚫는 데 사용됐어요.

주먹도끼　　찍개　　긁개　　밀개　　슴베찌르개

자르고, 찍고, 땅을 파는 등 다양하게 사용한 도구예요.

◇ 신석기 시대의 대표 유물

돌을 갈아서 더 정교한 도구를 만들고, 흙으로 그릇을 만들었어요.

돌화살촉

곡식을 보관하거나 음식을 조리하는 데 사용됐어요.

간석기　　　　빗살무늬 토기

뾰족한 모양으로, 땅에 꽂아서 사용했어요.

◇ 청동기 시대의 대표 유물

금속인 청동으로 도구를 만들었는데, 청동은 귀하고 다루기 어려워서 주로 제사 도구, 무기, 장신구 등을 만드는 데 쓰였어요.

청동 거울

청동 검

청동 방울

농기구 등과 같은 생활 도구는 주로 돌이나 나무 등으로 만들었어요.

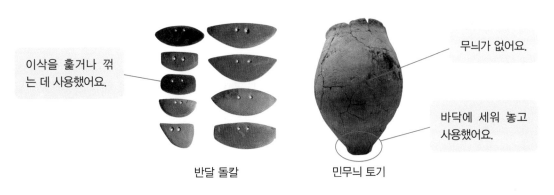

이삭을 훑거나 꺾는 데 사용했어요.

무늬가 없어요.

바닥에 세워 놓고 사용했어요.

반달 돌칼

민무늬 토기

◇ 철기 시대의 대표 유물

철은 무기뿐만 아니라 농기구 등 여러 생활 도구를 만드는 데 사용되었어요.

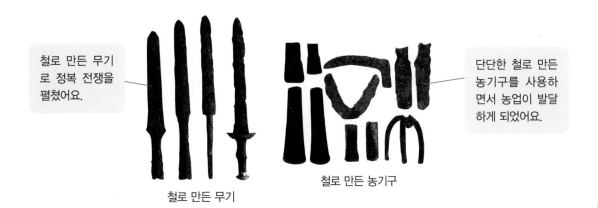

철로 만든 무기로 정복 전쟁을 펼쳤어요.

단단한 철로 만든 농기구를 사용하면서 농업이 발달하게 되었어요.

철로 만든 무기

철로 만든 농기구

세계 최대 고인돌 유적

화순 고인돌 유적지

우리나라에서 고인돌이 많이 발견되는 곳은 전남 화순군, 전북 고창군,
인천 강화 지역으로 유네스코 세계 유산으로 지정되어 있어요.
그중 전남 화순은 세계에서 가장 많은 고인돌이 모여 있는 곳이에요.
그럼 화순 고인돌 유적지를 찾아 떠나 볼까요?

⭐ 체험 포인트

❶ 고인돌이 만들어진 과정 알아보기
❷ 고인돌이 만들어진 이유 생각해 보기

한반도에는 전 세계 고인돌의 약 70%에 달하는 많은 고인돌이 있어요. 그중
에 전라남도 화순, 전라북도 고창, 인천 강화의 고인돌 유적지는 유네스코 세계
유산으로 지정되었어요. 그중 '화순 고인돌 유적지'에는 세계에서 고인돌이 가장
많이 모여 있어요. 화순군 도곡면 효산리와 춘양면 대신리를 잇는 계곡을 따라
596기의 고인돌이 있어요.

화순 고인돌 유적지의 중요한 특징은 개석식의 고인돌이 대부분이에요. 그래
서 잘 살펴보지 않으면 큰 돌들이 여기저기 흩어져 있는 것으로 착각하기 쉬워
요. 화순 고인돌 유적지에는 무게가 100톤 이상인 고인돌이 수십 개가 있어요.
그중 '핑매바위 고인돌'은 덮개돌의 길이가 7.6m, 폭 4.2m, 두께 4.1m로 무게
가 무려 290톤이나 되는 세계 최대 규모의 고인돌이에요.

이곳의 또 다른 특징은 돌을 캐는 채석장이 발견된다는 것인데 현재까지 8곳
이 확인되었어요. 채석장 주변에 채석하다 만 덮개돌 등이 남아 있어 고인돌을
채석하는 과정을 짐작해 볼 수 있어요.

유적지 주변에는 '고인돌 선사 체험장'이 있어요. 이곳에서는 청동기 시대 사
람들이 살았던 집과 농사, 사냥, 물고기잡이 등을 체험할 수 있어요.

● 주소 　　　전라남도 화순군 도곡면 효산리~춘양면 대신리 일원
● 홈페이지 　http://heritage.unesco.or.kr/whs/gochang-hwasun-and-ganghwa-dolmen-sites/
● 교통편 　　화순 군청에서 '콩닥콩닥 설렘 화순 버스 투어'가 운행중

화순 고인돌 유적지의 대표 고인돌

화순 고인돌 유적지에는 고인돌마다 부르는 별명과 이야기가 있어요. 달처럼 둥글다 하여 '달바위 고인돌', 마당처럼 넓다고 하여 '마당바위 고인돌' 등 각각의 고인돌 이야기를 알아보면 더 재미있는 답사가 될 거에요.

핑매바위 고인돌
세계에서 가장 큰 고인돌이에요.

다양한 형식의 고인돌이 분포되어 있어요.

대신리 고인돌 채석장
고인돌의 덮개돌만한 바위들이 여기저기에 있어요.

고인돌 문화 축제
고인돌 문화 축제에서 직접 고인돌을 끌어보는 체험을 하고 있어요.

답사 꿀팁!

화순 고인돌 유적지에서는 매년 주민 화합을 다지고 세계 유산을 홍보하기 위해 고인돌 문화 축제가 열려요. 이때를 맞추어 가면 더욱 재미있는 답사가 될 거예요.

Ⅱ 삼국 시대 · 남북국 시대

알에서 태어난 박혁거세

알에서 태어났다는 것은 신성한 존재임을 나타내는 것이다.

한강 유역의 의미
한강 유역은 넓은 평야로 이루어져 있어 농사짓기에 좋았고, 황해를 통해 중국의 발전된 문물을 쉽게 받아들일 수 있는 곳이었다. 따라서 삼국은 한강 유역을 차지하기 위해 치열하게 대립하였다.

백제의 전성기(4세기)

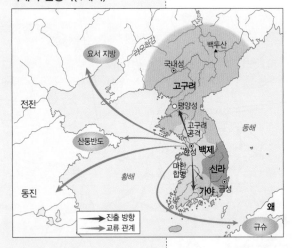

🔲 삼국과 가야의 건국

(1) 고구려, 백제, 신라, 가야의 건국 이야기

　① 고구려–주몽: 하늘 신의 아들인 해모수와 물의 신 하백의 딸 유화 사이에서 태어났으며 알에서 나옴, 졸본에 건국

　② 백제–온조: 주몽의 아들, 한강 유역 위례성에 건국 ➡ 고구려 계통 이주민 세력이 토착민과 함께 건국

　③ 신라–박혁거세: 알에서 나옴, 성은 박씨, 이름은 혁거세(사로국에서 출발 ➡ 박·석·김 씨가 돌아가며 왕이 됨)

　④ 가야–김수로: 금빛 상자에 들어 있는 여섯 알 중 가장 먼저 태어나 금관가야의 왕이 됨

(2) 건국 신화의 공통점과 의미

　① 공통점: 주몽, 박혁거세, 김수로 ➡ 모두 알에서 태어남

　② 의미: 건국 시조를 알에서 태어난 신비롭고 특별한 존재로 높임

🔲 백제의 성장과 발전

(1) 백제의 발전: 한강 유역의 넓은 평야를 바탕으로 농업 발달, 황해를 통해 중국의 발전된 문물을 받아들임 ➡ 삼국 중 가장 먼저 전성기

(2) 백제의 전성기: 4세기 근초고왕 때

　① 북쪽: 고구려 평양성 공격, 황해도 지역 차지

　② 남쪽: 마한 세력 정복 ➡ 남해안까지 영토를 넓힘

　③ 바다 건너 중국의 요서, 산둥반도와 왜의 규슈 지방까지 진출

🔲 고구려의 성장과 발전

(1) 고구려의 발전: 도읍을 졸본에서 국내성(중국 집안)으로 옮김 ➡ 주위에 작은 나라들을 정복하여 세력을 키워 나감

(2) 고구려의 전성기: 5세기 광개토 대왕과 장수왕 때

　① 광개토 대왕(5세기 전반): 백제를 공격하여 한강 이북 점령, 왜가 신라를 공격하자 신라를 도와 왜군을 물리침, 요동 지역과 만주 대부분을 차지

② 장수왕(5세기 중 · 후반): 도읍을 평양성으로 옮김(남진 정책), 한강 남쪽을 차지하여 신라와 백제 위협(신라와 백제가 동맹을 맺어 맞섬), 광개토 대왕릉비와 충주 고구려비를 세움

4 신라의 성립과 발전

(1) **신라의 발전:** 내물왕 때 김씨가 왕위를 독점적으로 세습함, 삼국 중 가장 늦은 6세기에 접어들면서 발전하기 시작

(2) **신라의 전성기:** 6세기 진흥왕 때

① 화랑도를 국가적인 조직으로 만들어 인재를 길러냄

② 한강 유역 지배 ➡ 중국과 바다를 통해 직접 교류, 삼국 통일 기반을 만듦

③ 대가야 정복

5 철의 나라, 가야

(1) **가야의 성장과 쇠퇴**

① 낙동강 하류 유역에서 가야 연맹 형성 ➡ 초기 금관가야가 이끎

② 벼농사 발달, 철제 농기구와 무기 생산 ➡ 중국, 왜 등과 활발한 교역

③ 4세기 말 고구려 광개토 대왕의 침공 ➡ 금관가야 쇠퇴

④ 5세기 후반 고령의 대가야가 가야 연맹 주도

(2) **가야 연맹의 멸망**

① 신라와 백제의 간섭과 압력 ➡ 가야 연맹의 분열

② 중앙 집권 국가로 발전하지 못함 ➡ 신라에 멸망

고구려의 전성기(5세기)

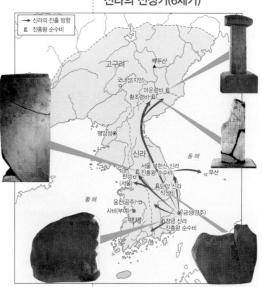

신라의 전성기(6세기)

한국사 빈칸으로 확인하기

• 백제의 전성기는 4세기 ❶ □□□ 왕 때이다.

• 고구려의 ❷ □□□ 대왕은 요동 지역과 만주 대부분을 차지하였고, ❸ □□□ 은/는 도읍을 평양성으로 옮기고 한강 남쪽을 차지하였다.

• 신라 진흥왕은 ❹ □□□ 을/를 국가 조직으로 만들어 인재를 길러냈다.

• 낙동강 하류 유역의 ❺ □□ 연맹은 철기 문화가 발달하였다.

정답
❶ 근초고
❷ 광개토
❸ 장수왕
❹ 화랑도
❺ 가야

01 다음 보고서의 빈칸에 들어갈 적절한 내용을 쓰시오.

○○○ 모둠의 조사 보고서

1. 조사 주제: 삼국과 가야의 건국 이야기
2. 조사 내용

고구려	백제	신라	금관가야
주몽 이야기	온조 이야기	박혁거세 이야기	김수로 이야기

3. 조사를 통해 알게 된 점
　① 고구려, 신라, 가야의 건국 시조는 모두 (　　　　　　　　　　　　　　　　　　　　　)
　② 온조는 주몽의 아들이다. 백제는 고구려 계통 사람들이 남하하여 세운 국가였다.

02 다음 삼국이 강력한 국가로 발전하는 과정에서 나타난 공통점 (가), (나)에 들어갈 알맞은 내용을 쓰시오.

(가) _____	(나) _____
영토 확장	왕위 세습 및 부자 상속제 확립
불교 수용	관등 · 관복 제정

03 다음 지도의 시기별 전성기를 이끈 국가와 왕의 이름을 빈칸에 쓰시오.

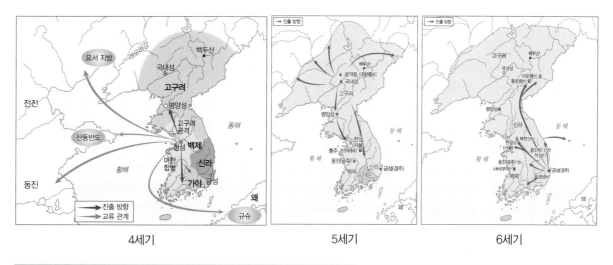

	4세기	5세기	6세기
국가			
왕			

04 다음 가상 박물관 (가), (나), (다), (라)에 알맞은 문화유산을 보기 에서 골라 기호를 쓰시오.

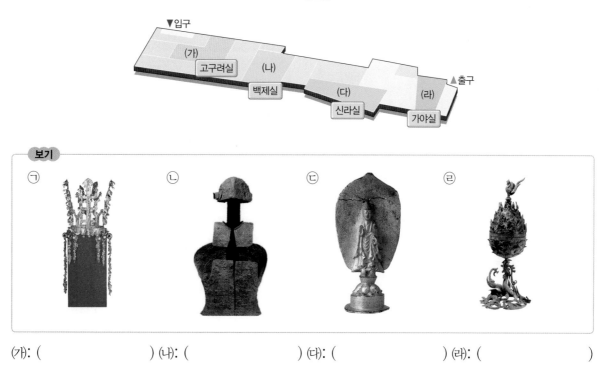

(가): (   ) (나): (   ) (다): (   ) (라): (   )

도전! 한국사능력검정시험

회 초급 기출

1 그림의 건국 이야기가 전해지는 나라에 대한 설명으로 옳은 것은?

첫 번째 장면	두 번째 장면	세 번째 장면
해모수와 유화 사이에서 아이가 태어남	어릴 때부터 활을 잘 쏘아 주몽이라 불림	주몽이 남쪽으로 내려와 나라를 세움

① 화랑도를 조직하였다.
② 진대법을 실시하였다.
③ 22담로를 설치하였다.
④ 낙랑군과 왜에 철을 수출하였다.

37회 초급 기출

2 그림의 건국 이야기가 전해지는 나라에 대한 설명으로 옳은 것은?

첫 번째 장면	두 번째 장면	세 번째 장면
고구려를 떠나는 비류와 온조 형제	정착할 곳을 살피는 비류와 온조 형제	한강 유역에 정착하여 나라를 세우는 온조

① 대가야를 정복하였다.
② 왜에 칠지도를 보냈다.
③ 화랑도라는 단체가 있었다.
④ 동맹이라는 제천 행사를 열었다.

33회 초급 기출

3 그림과 같은 건국 이야기가 전해지는 나라에 대한 설명으로 옳지 않은 것은?

천 년 역사의 시작을 알리다

첫 번째 장면	두 번째 장면	세 번째 장면

① 화백 회의를 열었다.
② 골품제를 운영하였다.
③ 우산국을 정복하였다.
④ 진대법을 실시하였다.

36회 초급 기출

4 (가) 나라에 대한 설명으로 옳은 것은?

이곳은 김수로왕이 건국했다고 전해지는 (가) 의 고분군으로, 토기 등 다양한 유물이 출토되었습니다.

김해 대성동 고분군

① 독서삼품과를 실시하였다.
② 낙랑과 왜에 철을 수출하였다.
③ 전성기에 해동성국이라 불렸다.
④ 화랑도라는 청소년 단체가 있었다.

36회 초급 기출

5 (가)에 들어갈 왕으로 옳은 것은?

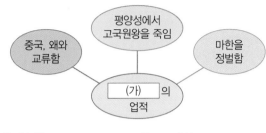

① 무왕　　　　　　② 고이왕

③ 의자왕　　　　　④ 근초고왕

40회 초급 기출

6 밑줄 그은 '나'의 업적으로 옳은 것은?

나는 광개토 대왕의 아들로 왕위에 올라 한강 유역을 차지하여 영역을 넓혔노라!

① 평양으로 천도하였다.

② 22담로를 설치하였다.

③ 경국대전을 편찬하였다.

④ 독서삼품과를 실시하였다.

38회 초급 기출

7 (가)에 들어갈 왕으로 옳은 것은?

이 비석은 신라의 (가) 이 한강 유역을 차지한 후 북한산에 세웠던 순수비입니다.

① 지증왕　　　　　② 진흥왕

③ 근초고왕　　　　④ 소수림왕

38회 초급 기출

8 (가) 나라에서 만든 문화유산으로 옳은 것은?

이곳은 (가) 의 고분군으로, 금동관 등 다양한 유물이 출토되었습니다.

고령 지산동 고분군

① 금동 대향로

② 광개토 대왕릉비

③ 정림사지 오층 석탑

④ 철제 판갑옷과 투구

2. 삼국 통일과 발해의 건국

을지문덕이 수의 장군 우중문에게 보낸 시

을지문덕이 수의 장군 우중문에게 보낸 시

> 신묘한 그대의 작전은
> 천문을 꿰뚫고
> 오묘한 전술은
> 지리를 통달하였도다.
> 전쟁에서 이겨서
> 공이 이미 높아졌으니
> 만족함을 알고
> 그만두기를 바라노라.

을지문덕은 수의 계책을 미리 알고 수의 장군에게 조롱하는 시를 보내어 놀라게 하였다.

정변
왕을 바꾸고 권력을 장악하려는 목적으로 일으키는 사건

나·당 동맹
신라와 당나라 간의 동맹

남북국 시대

발해가 건국됨으로써 북쪽의 발해와 남쪽의 신라가 함께 존재하는 남북국의 모습을 이루었다.

1 수나라와 당나라를 물리친 고구려

(1) 고구려와 수나라의 전쟁
　　① 수나라의 중국 통일 ➡ 고구려와 대립
　　② 살수 대첩: 수의 113만 대군이 고구려 침략 ➡ 을지문덕이 살수(청천강)에서 물리침

(2) 고구려와 당나라의 전쟁
　　① 연개소문이 정변을 일으켜 권력을 잡음 ➡ 당나라에 강경한 정책
　　② 당 태종의 침략 ➡ 안시성에서 물리침

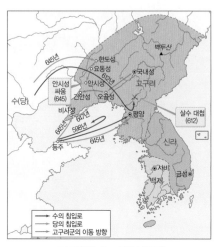
고구려와 수·당의 전쟁

2 신라의 삼국 통일

(1) 나·당 동맹 결성: 백제의 신라 공격 ➡ 신라 김춘추와 당 태종 간의 나·당 동맹 결성, 대동강 남쪽은 신라가, 북쪽은 당나라가 차지하기로 약속

(2) 백제와 고구려의 멸망
　　① 백제 멸망: 나·당 연합군의 백제 공격 ➡ 사비성 함락(660년)
　　② 고구려 멸망: 연개소문이 죽은 후 내부 분열 ➡ 나·당 연합군의 평양성 공격으로 멸망(668년)
　　③ 고구려·백제 부흥 운동: 내분으로 실패

(3) 나·당 전쟁
　　① 배경: 당나라가 한반도 전체를 지배하려 함
　　② 전개: 신라가 매소성과 기벌포에서 당군을 물리침
　　③ 결과: 대동강 이남 땅에서 당군을 몰아냄 ➡ 삼국 통일(676년)

(4) 삼국 통일의 의의와 한계
　　① 의의: 우리 민족 최초의 통일 ➡ 민족 문화 발전의 바탕 마련
　　② 한계: 당의 도움을 받음 ➡ 영토가 대동강 이남으로 축소됨

3 발해의 건국과 발전

(1) 발해의 건국
　　① 건국: 대조영이 동모산에서 건국(698년)

② 주민: 지배층은 고구려인, 피지배층은 말갈인이 다수 차지함

③ 남북국 시대: 북쪽의 발해, 남쪽의 신라가 공존하는 시대

(2) 발해의 발전

무왕	영토 확장 ➡ 당의 산둥반도 공격
문왕	당과 친선 관계 ➡ 문물 수용, 신라와 교류(신라도)
선왕	옛 고구려 영토의 대부분을 차지, 해동성국이라 불리며 전성기 이룸

(3) 발해의 고구려 계승 의식: 일본에 보낸 외교 문서에 고구려 왕이라 칭함, 불상 · 석등 · 무덤 · 온돌 등 고구려 양식 계승 발전

4 통일 신라 시대

(1) 불교 발달

① 초기 불교: 왕과 귀족들의 종교

② 대중 불교: 원효의 노력으로 일반 백성에게 전파

③ 불교 문화재: 불국사와 석굴암 등

불국사	불교의 이상 세계 표현, 다보탑, 석가탑
석굴암	돌로 쌓아 만든 인공 석굴 사원

(2) 해상 왕국을 세운 장보고

① 청해진 설치: 전라남도 완도 앞바다에 청해진을 설치하여 해적 소탕

② 해상권 장악: 당과 신라, 일본을 잇는 해상권을 장악

(3) 골품 제도의 변화

① 변화: 태종 무열왕(김춘추) 이후 진골이 왕위 계승

② 문제점: 능력보다 혈통이 중요 ➡ 6두품 세력의 불만

원효
원효는 누구나 '나무아미타불'을 외우면 극락 세계에 갈 수 있다는 신앙을 전파하여 글을 읽지 못하는 백성들도 불교를 받아들일 수 있게 하였다.

골품 제도

6두품들은 골품 제도로 인해 관직 승진에 제한을 받았기 때문에 높은 벼슬을 포기하고 승려나 학자가 되는 사람이 많았다. 이들은 골품 제도의 문제점을 비판하고 새로운 사회를 건설하고자 하였다.

한국사 빈칸으로 확인하기

• 살수 대첩은 고구려의 ❶ [　][　][　] 이/가 살수에서 수나라를 물리친 전쟁이다.

• 고구려, 백제, 신라의 삼국을 통일한 나라는 ❷ [　][　] 이다.

• 고구려 유민 대조영은 동모산 근처에서 ❸ [　][　] 을/를 건국하였다.

• ❹ [　][　][　] 은/는 전라남도 완도 앞바다에 청해진을 설치하여 해적을 소탕하고 해상권을 장악하였다.

정답
❶ 을지문덕
❷ 신라
❸ 발해
❹ 장보고

학습 활동

01 다음은 신라의 삼국 통일 과정을 나타낸 것입니다. (가), (나), (다) 시기와 관련 있는 사건을 보기 에서 골라 기호를 쓰시오.

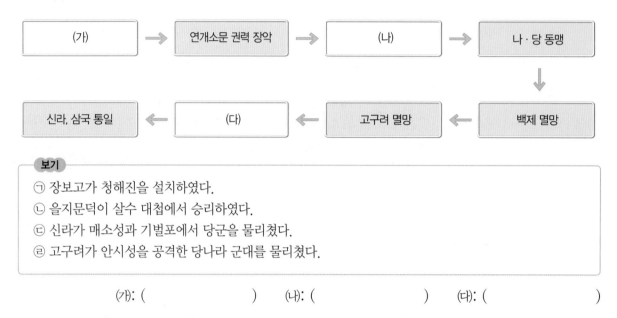

(가) → 연개소문 권력 장악 → (나) → 나·당 동맹

신라, 삼국 통일 ← (다) ← 고구려 멸망 ← 백제 멸망

보기
㉠ 장보고가 청해진을 설치하였다.
㉡ 을지문덕이 살수 대첩에서 승리하였다.
㉢ 신라가 매소성과 기벌포에서 당군을 물리쳤다.
㉣ 고구려가 안시성을 공격한 당나라 군대를 물리쳤다.

(가): (   )   (나): (   )   (다): (   )

02 다음 그림은 나·당 동맹 체결 과정을 그린 것입니다. (가), (나)에 알맞은 내용을 쓰시오.

우리 신라가 위험에 빠져 있으니 도와주길 바랍니다.

(가) _____

(나) _____

신라 김춘추   고구려 연개소문   당 태종

03 학생들이 삼국 통일에 대해 토론하고 있습니다. 부정적인 의견과 긍정적인 의견으로 팀을 나누어 토론을 진행할 때 (가)와 (나)에 알맞은 내용을 쓰시오.

(가) _____

신라는 외세의 도움을 얻어 같은 민족이 세운 나라를 멸망시켰으니, 어떤 이유로도 변명이 되지 않아요.

백제가 먼저 신라를 공격하였고, 고구려와의 협상도 이루어지지 않았으니, 신라로서도 어쩔 수 없는 선택이었어요.

(나) _____

부정적 의견

긍정적 의견

04 신라와 발해는 남북국을 형성하였습니다. 그림을 보고 발해가 우리나라 역사인 이유를 쓰시오.

상경성 온돌

돌사자상

국서를 잘 보시오. 우리 고구려 왕께서는 ……

발해 왕이 고구려 왕인가?

발해 기와   고구려 기와

〈발해가 우리나라 역사인 이유〉

_____

_____

_____

_____

_____

_____

_____

_____

39회 초급 기출

1 (가)에 들어갈 인물로 옳은 것은?

> (가) 장군이 이끄는 고구려군은 살수에서 수나라 군대와 싸워 큰 승리를 거두었습니다.

① 곽재우   ② 김유신
③ 연개소문   ④ 을지문덕

35회 초급 기출

2 (가)에 들어갈 전투로 옳은 것은?

> 이 그림은 고구려가 당의 침략을 물리친 (가) 를 그린 것입니다.
> 이 전투에서 당 태종은 성벽보다 높은 흙산을 쌓아 성 안쪽을 공격하려 했지만, 오히려 고구려군이 흙산을 빼앗아 당군을 물리치고 성을 지켰습니다.

① 관산성 전투   ② 안시성 전투
③ 황산벌 전투   ④ 기벌포 전투

38회 초급 기출

3 다음 학생이 생각하고 있는 인물로 옳은 것은?

> 당에 건너가 신라와 당의 연합을 이루어 냈지.
> 김유신의 도움을 받아 왕위에 올랐어.
> 진골 출신의 왕이었지.

① 견훤   ② 궁예
③ 김춘추   ④ 연개소문

37회 초급 기출

4 (가)에 들어갈 내용으로 옳은 것은?

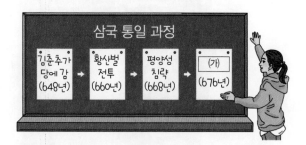

삼국 통일 과정

김춘추가 당에 감 (648년) → 황산벌 전투 (660년) → 평양성 침략 (668년) → (가) (676년)

① 고창 전투
② 기벌포 전투
③ 안시성 전투
④ 처인성 전투

39회 초급 기출

5 밑줄 그은 '나라'에 대한 설명으로 옳지 <u>않은</u> 것은?

자기 소개를 부탁드립니다.

고구려 장수였던 나는 당나라에 저항하던 고구려 유민 등을 이끌고 동모산 기슭에서 나라를 세웠습니다.

① 화랑도라는 단체가 있었다.
② 거란의 침입으로 멸망하였다.
③ 전성기에 해동성국이라 불렸다.
④ 상경을 도읍으로 삼기도 하였다.

40회 초급 기출

6 (가)에 들어갈 문화유산 스탬프로 옳은 것은?

해동성국으로 불린
발해의 문화유산 둘러보기

특별 전시관의 사진을 관람하고 스탬프를 찍으세요.

| 발해 석등 | 영광탑 | (가) |

① 이불병좌상
② 성덕 대왕 신종

③ 백자 청화 포도문 항아리
④ 금동 연가 7년명 여래 입상

34회 초급 기출

7 다음 지역에서 볼 수 있는 문화유산으로 옳지 <u>않은</u> 것은?

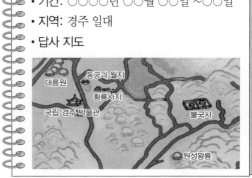

〈답사 계획서〉

• 주제: 신라의 천년 고도를 찾아서
• 기간: ○○○○년 ○○월 ○○일 ~○○일
• 지역: 경주 일대
• 답사 지도

① 첨성대
② 성덕 대왕 신종

③ 석굴암 본존상
④ 장군총

39회 초급 기출

8 다음 인물 카드 주인공의 업적으로 옳은 것은?

신라

• 활을 잘 쏘는 사람이라는 뜻으로 '활보'라 불렸다.
• 당나라에 건너가 장수로 활약하였다.
• 해상 무역을 주도하였다.

(앞면)　　(뒷면)

① 청해진을 설치하였다.
② 왜에 칠지도를 보냈다.
③ 삼국사기를 저술하였다.
④ 북한산 순수비를 세웠다.

◇ 백제, 고구려, 신라

백제, 고구려, 신라는 이웃 나라와 교류하거나 또는 경쟁하면서 경제와 문화를 발전시켰어요.

근초고왕 때 북쪽으로 황해도, 남쪽으로 남해안까지 차지했고, 중국의 요서, 산둥, 왜의 규슈 지방까지 진출했어요.

광개토 대왕 때는 요동과 만주 대부분을 차지했고, 장수왕 때는 한강 이남을 자지했어요.

진흥왕 때 북쪽으로 함경도까지 차지하였고, 대가야를 정복했어요.

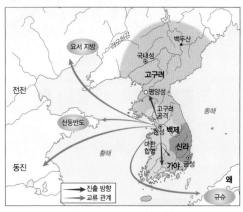

백제의 전성기(4세기)

고구려의 전성기(5세기)

신라의 전성기(6세기)

◇ 가야 연맹

가야 연맹은 강력한 국가로 발전하진 못했지만 철기 문화가 발달했으며 중국, 왜와도 활발히 교류했어요.

가야는 철이 풍부하였을 뿐만 아니라 철기를 만드는 기술도 뛰어났어요.

발달된 철기 문화

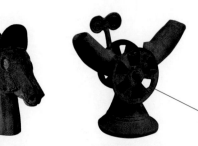

발달한 토기 문화

가야의 토기 제작 방식은 일본 토기에도 영향을 주었어요.

◇ 통일 신라

신라는 백제와 고구려를 차례로 무너뜨린 다음, 동맹국이었던 당나라까지 물리치고 삼국을 통일했어요.

백제의 계백과 신라의 김유신이 싸운 황산벌 전투에서 신라가 승리했어요.

신라와 당나라 연합군은 고구려를 공격해 도읍인 평양성을 함락시켰어요.

신라는 한반도 전체를 지배하려고 하는 당을 상대로 끝까지 싸워 물리쳤어요.

신라의 삼국 통일 과정

◇ 발해

고구려 유민인 대조영이 세운 발해는 고구려를 계승한 나라예요.

발해의 전성기

발해는 연해주와 요동 지방까지 영토를 넓혔어요. 중국인들은 이런 발해를 '해동성국'이라 불렀지요.

발해 수막새　　고려 수막새

발해의 수막새 모양이 고구려의 수막새 모양과 비슷해요. 이를 통해 발해가 고구려를 계승했음을 알 수 있어요.

불국토의 세상

불국사와 석굴암

경주 동쪽 토함산 기슭에는 우리나라에서
가장 먼저 유네스코 세계 유산으로 등록된 불국사와 석굴암이 있어요.
불국사와 석굴암은 신라인의 신앙과 예술, 과학 기술을 총동원하여 만든 부처 나라였어요.
자, 신라의 천년 숨결을 만나러 떠나볼까요?

★ 체험 포인트

❶ 불국사의 구조에 담긴 신라인의 꿈 생각해 보기
❷ 석굴암의 과학적 원리 알아보기

불국사는 청운교와 백운교 등의 건축물과 석가탑(불국사 삼층 석탑), 다보탑
등이 서로 조화를 이루어 불교의 이상 세계를 구현하였어요.

청운교와 백운교
푸른 구름다리와 흰 구름다리란 뜻이
에요. 다리(계단)를 오르면 부처의 나
라로 들어가는 문이 나와요. 일반의
세계와 부처 세계를 이어준다는 의미
로 만든 다리예요.

석가탑(불국사 삼층 석탑)
통일 신라 시대를 대표하는 탑으로
간결하면서 아름다운 탑이에요. 탑
안에서 나온 무구정광대다라니경은
세계에서 가장 오래된 목판 인쇄물이
에요.

다보탑
섬세하고 화려한 탑으로 지금의 10
원짜리 동전에 새겨져 있어요.

● 주소   경상북도 경주시 불국로 385
● 홈페이지   www.bulguksa.or.kr
● 전화번호   054)746-9913
● 교통편   경주역과 버스터미널에서 불국사행 버스(10, 11번)
● 관람 시간   2월: 07:30~17:30, 3월~9월: 07:00~18:00
           10월: 07:00~17:30, 11월~1월: 07:30~17:00
● 관람료   성인 5,000원 / 어린이 2,500원

불교 예술의 최고 걸작, 석굴암

석굴암은 불국사에서 나와 토함산 중턱으로 올라가면 있어요. 화강암을 다듬어 쌓아 만든 인공 석굴 사원인 석굴암은 신라인들의 뛰어난 과학 기술과 예술이 녹아 있는 불교 조각의 최고 솜씨를 보여 주고 있어요.

불상과 조각
석굴 안에는 한가운데 부처님을 모셔 놓고 주변에 다양한 불교 조각이 있는데 그 조각 솜씨가 아주 정교하고 뛰어나요.

돔 천장
360여 개의 돌을 다듬어 둥글게 쌓아 올리고, 천장에는 20톤 무게의 덮개돌로 눌렀어요. 마치 돌을 나무 다루듯 하여 인공으로 만든 석굴은 한 치의 흔들림도 없이 천년을 이어 내려왔어요.

- **주소**　　경상북도 경주시 불국로 873-243
- **홈페이지**　http://www.seokguram.org
- **전화번호**　054)746-9933
- **교통편**　불국사 앞 12번 셔틀버스(매시 40분 출발), 불국사에서 걸어서 약 50분 정도
- **관람 시간**　봄·가을 07:00~17:30, 여름 06:30~18:00, 겨울 07:00~17:00
- **관람료**　성인 5,000원 / 어린이 2,500원

답사 꿀팁!

경주 역사 문화 탐방 스탬프 투어가 있어요. 경주의 문화 명소를 방문하여 스탬프를 찍고 기념하는 이벤트에도 참가해 보세요. 참, 스탬프는 문화 해설사 부스에 방문하면 찍을 수 있어요. 그리고 문화 관광 해설사가 해설을 해 준답니다. 정해진 시간 또는 그때그때 요청하면 설명을 들을 수 있어요.

Ⅲ 고려 시대

다른 컬러링이 궁금하다면? 스토리 북을 참고하세요!

1 신라 말의 사회 혼란과 후삼국의 성립

신라 말의 사회 혼란

봉기
여러 사람들이 벌 떼처럼 떼지어 세차게 일어나는 상황을 가리키는 말이다.

6두품
진골 귀족과 같은 중앙 귀족이면서도 승진에 제한이 있었다. 그래서 당나라로 유학을 떠난 사람이 많았으며, 주로 학문과 종교 분야에서 활동하였다.

성주, 장군
성주는 성의 주인이라는 뜻이고, 장군은 군대의 지휘관을 가리킨다.

태봉
궁예는 나라 이름을 태봉으로 바꾸고 몇 년 뒤 도읍을 철원으로 옮겼다.

송악
송악은 왕건의 고향이었기 때문에 새 나라를 세우는 데 유리하였다. 개경이라 불리며 고려 시대 내내 도읍이었다.

(1) 신라 말의 사회 혼란
① 시기: 8세기 후반 혜공왕 이후
② 원인: 진골 귀족들의 치열한 왕위 다툼
③ 결과: 왕의 힘이 약해짐, 골품제가 흔들림, 지방을 다스리기 어려워짐

(2) 농민 봉기
① 배경: 진골 귀족들의 부패와 사치
② 직접적 계기: 진성 여왕이 관리를 보내 세금을 독촉함
③ 대표적 사건: 경상도 상주에서 원종과 애노가 일으킨 봉기

(3) 새로운 세력의 성장
① 6두품 세력: 진골 위주의 사회 체제에 반발 ➡ 유교를 바탕으로 새로운 사회를 세우려 함
② 호족: 성주 또는 장군이라 불리며 지방에서 독자적인 세력을 이룸

출신 배경	촌을 지배한 토착 세력가인 촌주 출신, 중앙에서 지방으로 내려온 세력, 해상 세력, 군사 세력
활동	• 세금을 거두며 농민들을 직접 다스림 • 진골 귀족 중심 사회에 도전함
대표 인물	견훤, 궁예, 왕건 등

(4) 후삼국의 성립

나라 이름	후백제	후고구려
세운 사람	상주 출신의 견훤	신라 왕족 출신의 궁예
도읍	완산주(전주)	송악(개성)
영토	전라도와 충청도 일대	경기도, 황해도, 강원도, 충청도 일부
발전	막강한 군사력을 키워 신라 압박	• 나라 이름을 태봉으로 바꿈 • 가장 넓은 영토를 차지함

2 고려의 건국과 후삼국의 통일

(1) 고려의 건국
① 배경: 궁예의 잘못된 정치에 신하들이 반발함
② 세운 사람: 궁예의 부하였던 왕건이 신하들의 추대를 받아 왕위에 오름
③ 건국: 국호를 고려로 정하고, 왕건의 고향이었던 송악으로 도읍을 옮김

(2) 후삼국의 통일 과정

918년		927년		930년		935년		936년
고려 건국	→	공산 전투	→	고창 전투	→	신라 멸망	→	후백제 멸망

(3) 태조 왕건의 통일 정책

① 세금을 생산량의 10분의 1만 내도록 줄여 줌

② 세력이 큰 호족의 딸과 결혼하거나 호족에게 높은 벼슬과 토지, 왕씨 성을 내려 줌

③ 고구려를 계승하여 옛 고구려의 영토를 되찾으려 함

④ 거란에 멸망한 발해의 백성들을 받아들임

(4) 고려의 후삼국 통일의 의의: 스스로의 힘으로 통일을 이룸, 실질적인 민족 통일을 완성함, 지배 세력이 진골 귀족에서 지방 호족으로 바뀜, 삼국의 문화를 받아들여 새로운 문화의 틀을 만듦

훈요 10조
태조 왕건은 죽기 전 후대 왕들이 꼭 지켜야 할 가르침을 만들어 전했는데, 이 교훈을 훈요 10조라고 한다. 불교를 장려하고 거란을 멀리할 것 등의 내용이 담겨 있다.

❸ 제도의 변화

(1) 광종의 왕권 강화

노비안검법 실시	호족들이 불법으로 차지하고 있던 노비들을 양인으로 해방시킴 ➡ 호족 세력 기반 약화, 국가 수입 증대
과거제 실시	유교적 소양을 갖춘 인재를 뽑아 국왕에게 충성하는 관리로 삼음

(2) 성종의 제도 정비

유교 정치 사상 채택	최승로의 건의를 받아들여 유교 정치 사상을 통치의 근본 이념으로 삼음
여러 제도 정비	중앙 정치 조직, 지방 행정 제도 등을 정비하여 중앙 집권 체제를 강화함

최승로
성종에게 개혁안으로 시무 28조를 제출하였다. 불교를 비판하는 내용이 많았으며, 지방관 파견, 학교 건립 등을 주장하였다.

한국사 빈칸으로 확인하기

- 신라 말 왕권이 약해진 틈을 타 지방에서 독자적인 세력을 이룬 ❶☐☐이/가 성장하였다.

- 후백제를 세운 사람은 ❷☐☐, 후고구려를 세운 사람은 ❸☐☐(이)다.

- ❹☐☐을/를 세운 왕건은 후삼국을 통일하였다.

- 고려 광종은 시험을 통해 관리를 뽑는 ❺☐☐☐을/를 실시하였다.

정답
❶ 호족
❷ 견훤
❸ 궁예
❹ 고려
❺ 과거제

01 다음 인물 카드의 주인공 이름을 쓰시오.

(1) 이름: ( )	(2) 이름: ( )	(3) 이름: ( )

호랑이 젖을 먹고 자랐다는 이야기가 전해질 만큼 힘이 셌다고 함. 완산주에 도읍을 정하고 후백제를 세움

신라 왕자 출신이라고 전하며 애꾸눈이었음. 송악에 도읍을 정하고 후고구려를 세움

궁예를 몰아내고 고려를 세움. 가장 늦게 성장하였으나 통일이라는 대업을 이룸

02 다음 장소와 관련 있는 내용을 바르게 연결하시오.

(1)

포석정

• ㉠ 후백제 견훤이 아들 신검에 의해 가둬진 곳

(2)

금산사

• ㉡ 견훤이 경주를 쳐들어왔을 때 경애왕이 신하들과 함께 잔치를 열었던 곳

03 다음 지도에 표시된 네 가지 사건을 일어난 순서대로 쓰시오.

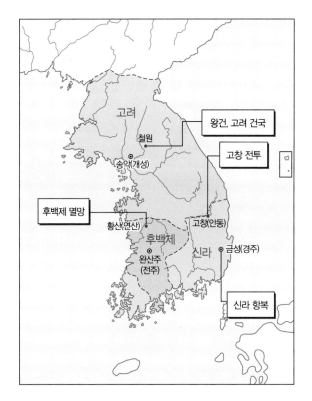

첫 번째 사건: (   )

↓

두 번째 사건: (   )

↓

세 번째 사건: (   )

↓

네 번째 사건: (   )

04 다음과 같은 업적을 남긴 고려 시대의 왕은 누구인지 쓰시오.

(1)   발해의 백성들을 받아들여 진정한 민족 통일을 이루다!   (   )

(2)   시험을 보아 인재를 뽑는 과거제를 처음으로 마련하다!   (   )

(3)   최승로의 건의를 받아들여 유교 정치 사상을 바탕으로 나라를 다스리다!   (   )

35회 초급 기출

1 밑줄 그은 '신분 제도'로 옳은 것은?

> 이 인물들은 신라의 6두품 출신으로 알려진 학자입니다. 신라에는 엄격한 <u>신분 제도</u>가 있어서 6두품은 진골에 비해 차별을 받았습니다.

설총   최치원

① 골품 제도   ② 음서 제도

③ 화랑 제도   ④ 화백 제도

26회 초급 기출

2 다음 가상 다큐멘터리에서 볼 수 있는 장면으로 적절한 것은?

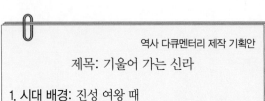

> 역사 다큐멘터리 제작 기획안
>
> 제목: 기울어 가는 신라
>
> 1. 시대 배경: 진성 여왕 때
> 2. 기획 의도: 신라 말기의 역사적 사건을 소재로, 당시의 혼란한 사회 모습을 파악할 수 있도록 한다.

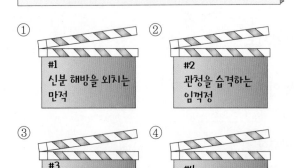

① #1 신분 해방을 외치는 만적

② #2 관청을 습격하는 임꺽정

③ #3 과도한 세금에 저항하는 원종과 애노

④ #4 관군에 맞서 싸우는 망이와 망소이

40회 초급 기출

3 다음 퀴즈의 정답으로 옳은 것은?

> 퀴즈 한국사
>
> 단계별로 제시된 힌트를 종합하여 알 수 있는 용어는 무엇일까요?
>
> 1단계 | 신라 말 지방에서 나타남.
> 2단계 | 스스로 성주 또는 장군이라고 칭함.
> 3단계 | 독자적으로 군대를 보유하고 백성에게 세금을 거둠.

① 양반   ② 중인

③ 호족   ④ 문벌 귀족

34회 초급 기출

4 (가)에 들어갈 사실로 옳은 것은?

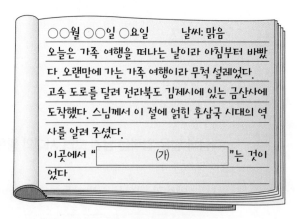

> ○○월 ○○일 ○요일   날씨: 맑음
>
> 오늘은 가족 여행을 떠나는 날이라 아침부터 바빴다. 오랜만에 가는 가족 여행이라 무척 설레었다. 고속 도로를 달려 전라북도 김제시에 있는 금산사에 도착했다. 스님께서 이 절에 얽힌 후삼국 시대의 역사를 알려 주셨다.
>
> 이곳에서 "   (가)   "는 것이었다.

① 서희가 외교 담판을 벌였다.

② 이성계가 회군하여 권력을 잡았다.

③ 견훤이 아들 신검에 의해 유폐되었다.

④ 몽골의 사신이 돌아가는 길에 피살되었다.

5
28회 초급 기출

(가)~(다)를 일어난 순서대로 옳게 나열한 것은?

후삼국의 통일 과정

(가) 고려 건국 / (나) 후백제 멸망 / (다) 신라 항복

① (가) - (나) - (다)
② (가) - (다) - (나)
③ (나) - (가) - (다)
④ (다) - (가) - (나)

6
38회 초급 기출

다음 인물 카드 주인공의 업적으로 옳은 것은?

(앞면) (뒷면)

· 고려를 세움.
· 후삼국을 통일함.
· 훈요 10조를 남겼다고 전함.

① 북진 정책을 추진하였다.
② 웅진으로 도읍을 옮겼다.
③ 노비안검법을 시행하였다.
④ 지방에 12목을 설치하였다.

7
39회 초급 기출

(가)에 들어갈 제도로 옳은 것은?

-알림-

(가) 의 실시

짐은 한림학사 쌍기의 건의를 받아들여, 시험을 통해 관리를 뽑기로 결정하였노라.
제술과와 명경과 등으로 나누어 실시하니 능력에 따라 선택하여 볼 수 있기를 바란다.

광종

① 골품제
② 과거제
③ 양천제
④ 음서제

8
37회 초급 기출

다음 가상 인터뷰에 등장하는 왕으로 옳은 것은?

그동안 고려의 왕으로서 하신 일에 대해 말씀해 주시겠습니까?

최승로의 건의를 받아들여 유교를 정치 이념으로 삼았고, 12목에 지방관을 파견하였습니다.

① 광종
② 성종
③ 공민왕
④ 문무왕

2. 세계 속의 고려

대장경
부처님의 말씀을 비롯하여 여러 가지 불교 경전이 들어 있다.

나전 칠기
광채가 나는 전복 껍데기 등을 얇게 붙여 장식한 뒤 옻칠을 해서 만든다.

화문석
물들인 왕골을 겹쳐가며 엮은 다음, 무늬에 따라 잘라낸 꽃돗자리이다.

COREA(꼬레아)
17세기에 이탈리아인이 만든 지도에 우리나라가 'COREA(꼬레아)'로 표기되어 있다.

1 활발한 국제 교류

(1) 배경: 국내 상업이 안정적으로 발전함, 거란과 전쟁을 치른 후 평화 체제를 수립함

(2) 국제 무역항, 벽란도

　① 위치: 개경 서쪽을 흐르는 예성강 하구에 있는 큰 항구

　② 장점: 개경과 가까움, 수심이 깊어 선박의 운행이 자유로움

　③ 송 상인, 일본 상인, 동남아시아 상인, 아라비아 상인까지 드나듦

2 송과의 교류

(1) 송나라와 가장 활발히 교류함

(2) 교류 목적

　① 고려는 송나라의 앞선 문물을 받아들이려 함

　② 송나라는 거란과 여진을 견제하기 위해 고려와 교류함

(3) 문화 교류

　① 송나라에 사신, 유학생, 유학승 파견

　② 송나라의 여러 제도, 대장경, 음악, 도자기 기술이 전래됨

(4) 교류 물품

　① 수입품: 비단, 자기, 약재 등 왕실과 귀족이 필요한 물품들

　② 수출품: 금, 은, 나전 칠기, 화문석, 인삼, 종이, 먹 등

3 거란, 여진, 일본과의 교류

교류 나라	고려의 수입품	고려의 수출품
거란, 여진	은, 말, 모피 등	농기구, 곡식, 문방구 등
일본	수은, 유황 등	인삼, 서적 등

4 아라비아와의 교류

(1) 교류 물품

　① 수입품: 수은, 향료 등

　② 수출품: 금, 비단 등

(2) 아라비아 상인들에 의해 고려가 유럽에 '코리아'로 알려짐

5 원과의 교류

(1) 몽골풍

뜻	고려에 널리 퍼진 몽골 문화
유행	• 몽골식 머리 모양, 옷 유행 • 몽골식 음식(설렁탕, 소주 등), 언어('마마', '수라', '무수리' 등) 등이 퍼짐

(2) 고려양

뜻	원나라에서 유행한 고려의 풍습
유행	몽골에 고려의 옷, 음식(고려떡, 쌈 등)이 전해짐

소줏고리

소주를 증류할 때 쓰는 도구이다. 소주 제조법은 몽골군이 머물렀던 개성, 안동, 제주도 등지에서 발달하였다.

6 국제 도시, 개경

(1) 개경의 구조

① 개경 바깥에 나성이 에워싸고 있음

② 송악산 남쪽 기슭에 궁궐이 있고, 다양한 관청과 절 등이 있음

(2) 상업 발달

① 다양한 외국 상인들이 드나듦

② 개경에 시전을 설치하고 감독 관청이 감독함

(3) 화폐 발행

① 건원중보, 해동통보, 은병 등 발행

② 화폐가 잘 사용되지 않고 쌀이나 옷감으로 거래함

시전
물건을 파는 가게로, 상점이 있던 거리를 가리켜 시전 거리라고 불렀다.

건원중보   은병

한국사 빈칸으로 확인하기

- 예성강 하구에 있었던 ❶ ▢▢▢ 은/는 고려의 국제 무역항이다.

- 고려는 ❷ ▢ 나라로부터 비단, 자기, 약재 등을 수입하고, 금, 은, 나전 칠기, 화문석, 인삼 등을 수출하였다.

- ❸ ▢▢ 이/가 아라비아 상인들에 의해 유럽에 '코리아'로 알려지게 되었다.

- 고려는 ❹ ▢▢ 중보, 은병과 같은 화폐를 발행하였으나 널리 사용되지는 못하였다.

정답
❶ 벽란도
❷ 송
❸ 고려
❹ 건원

학습 활동

01 다음 빈칸에 들어갈 알맞은 말을 쓰시오.

(1) 고려 시대 국제 무역항은 ☐☐☐이다.

(2) ☐☐☐☐ 상인들이 유럽에 고려를 '코리아'로 소개하였다.

(3) 원의 풍습이 고려에 전해져 유행한 것을 ☐☐☐이라고 한다.

02 다음 상인들에 대한 설명을 바르게 연결하시오.

(1)

송 상인

・

・㉠ 고려에 가장 많이 와서 비단, 자기, 약재 등을 주로 팔았음

(2)

여진 상인

・

・㉡ 고려에서 농기구와 곡식 등을 받고 은과 모피, 말 등을 보냄

(3)

일본 상인

・

・㉢ 수은, 유황을 가지고 와서 인삼, 서적 등을 받아감

03 다음 빈칸에 들어갈 알맞은 말을 쓰시오.

고려의 수도 개경에 대해 말해 볼까요?

(1) 개경 바깥에는 ☐☐(이)라고 하는 성곽이 에워싸고 있었어요.

(2) 개경에는 ☐☐☐(이)라고 불리는 궁궐터가 남아 있어요.

(3) 개경에서는 상인을 ☐☐☐☐(이)라고 불렀어요.

04 다음 빈칸에 들어갈 알맞은 화폐를 보기 에서 모두 골라 기호를 쓰시오.

고려에서는 쌀과 옷감으로 물품을 사고 팔았어.

쌀과 옷감을 대신해서 화폐를 만들었지만 많이 사용되지는 않았어.

보기

㉠ 건원중보

㉡ 은병

㉢ 상평통보

( )

29회 초급 기출

1 밑줄 그은 '이곳'을 지도에서 옳게 찾은 것은?

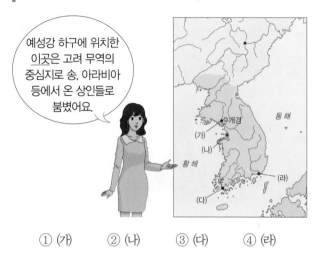

예성강 하구에 위치한 이곳은 고려 무역의 중심지로 송, 아라비아 등에서 온 상인들로 붐볐어요.

① (가)　　② (나)　　③ (다)　　④ (라)

38회 초급 기출

2 선생님의 질문에 대한 학생의 대답으로 옳지 <u>않은</u> 것은?

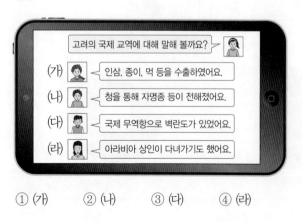

고려의 국제 교역에 대해 말해 볼까요?

(가) 인삼, 종이, 먹 등을 수출하였어요.

(나) 청을 통해 자명종 등이 전해졌어요.

(다) 국제 무역항으로 벽란도가 있었어요.

(라) 아라비아 상인이 다녀가기도 했어요.

① (가)　　② (나)　　③ (다)　　④ (라)

34회 초급 기출

3 (가)에 들어갈 물품으로 옳은 것은?

대식국 상인 100여 명이 와서 여러 가지 물품을 바쳤다고 하는구먼.

그들이 우리 고려에 가져온 것들 중에서 (가) 이/가 인기라고 들었어.

① 감자　　② 고추　　③ 인삼　　④ 향료

39회 초급 기출

4 다음 가상 대화가 이루어졌던 지역으로 적절한 것은?

예성강 하구에 있는 고려의 무역항에 오신 것을 환영합니다.

아라비아에서 수은과 향료를 가져왔어요.

인삼을 사러 송에서 왔습니다.

① 군산진　　　② 당항성
③ 벽란도　　　④ 제물포

32회 초급 기출

5 다음 가상 다큐멘터리에서 볼 수 있는 장면으로 적절하지 <u>않은</u> 것은?

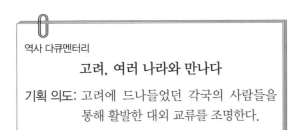

역사 다큐멘터리

고려, 여러 나라와 만나다

기획 의도: 고려에 드나들었던 각국의 사람들을 통해 활발한 대외 교류를 조명한다.

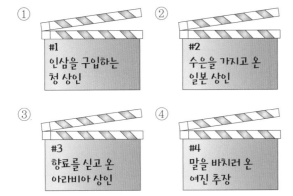

① #1 인삼을 구입하는 청 상인

② #2 수은을 가지고 온 일본 상인

③ #3 향료를 싣고 온 아라비아 상인

④ #4 말을 바치러 온 여진 추장

40회 초급 기출

6 선생님의 질문에 대한 학생의 대답으로 옳은 것은?

고려 시대의 대외 교류에 대해 말해 볼까요?

① 조사 시찰단을 파견했어요.

② 아라비아 상인과 교역했어요.

③ 새로운 작물로 고구마, 감자를 도입했어요.

④ 청해진을 설치하여 해상 무역을 주도했어요.

37회 초급 기출

7 (가)에 들어갈 내용으로 옳은 것은?

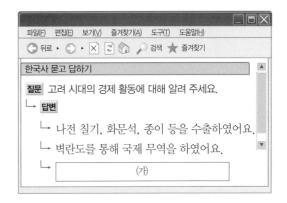

파일(F) 편집(E) 보기(V) 즐겨찾기(A) 도구(T) 도움말(H)

뒤로 · · × 검색 ★ 즐겨찾기

한국사 묻고 답하기

질문 고려 시대의 경제 활동에 대해 알려 주세요.

답변

└ 나전 칠기, 화문석, 종이 등을 수출하였어요.

└ 벽란도를 통해 국제 무역을 하였어요.

└ (가)

① 대동법이 시행되었어요.

② 만상이 청과 교역하였어요.

③ 모내기법이 전국적으로 보급되었어요.

④ 호리병 모양의 화폐인 은병을 사용하였어요.

36회 초급 기출

8 선생님의 질문에 대한 학생의 대답으로 옳지 <u>않은</u> 것은?

이 화폐를 만든 나라의 대외 교류에 대해 말해 볼까요?

건원중보   은병

① 아라비아 상인과 교류했어요.

② 장보고가 해상 무역을 주도했어요.

③ 벽란도를 통해 국제 무역을 했어요.

④ 송에 인삼, 나전 칠기 등을 수출했어요.

3. 외적의 침입과 극복

1 거란의 침입과 극복

(1) 거란의 1차 침입

    ① 목적: 송과 고려의 친선 관계를 끊기 위해서

    ② 서희의 담판: 고구려 계승을 내세움, 압록강 유역의 땅을 개척하도록 해 주면 거란과 교류하겠다고 약속함

    ③ 결과: 서희의 주장이 받아들여져 강동 6주 확보

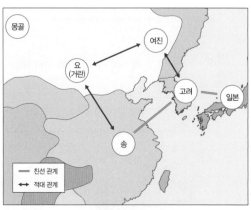

고려 전기 대외 관계

(2) 거란의 2차 침입

    ① 개경 함락, 현종이 나주까지 피란함

    ② 양규의 활약으로 거란군을 물리침

(3) 거란의 3차 침입

    ① 강감찬이 이끄는 고려군이 귀주에서 거란군에게 큰 승리를 거둠(귀주 대첩)

    ② 이후 고려와 거란의 전쟁 중단 ➡ 평화 유지

(4) 북방 민족 침략 대비책: 개경 바깥을 에워싸는 나성을 쌓음, 압록강 입구에서 동해안의 도련포까지 천리장성을 쌓음

2 고려와 여진의 관계

(1) 여진의 통일: 고려를 부모의 나라로 섬기던 여진이 부족을 통일하면서 세력 강화

(2) 윤관의 여진 정벌

    ① 윤관의 건의로 기병 부대 중심의 별무반 조직

    ② 여진을 몰아내고 동북 9성을 쌓음 ➡ 여진의 간청으로 다시 돌려줌

(3) 여진의 세력 확대: 금을 세우고 거란을 멸망시킴, 고려에게 큰 나라로 섬길 것을 강요함(고려 정부가 받아들임)

3 몽골의 침입과 고려의 저항

(1) 몽골의 침입

    ① 1차 침략: 몽골 사신이 살해된 것을 구실로 침입함 ➡ 강화를 맺음 ➡ 최우가 수도를 강화도로 옮김

강동 6주

압록강 동쪽에 쌓은 6성 지역으로 흥화진, 용주, 철주, 통주, 곽주, 귀주이다. 이곳은 정치적·군사적·경제적으로 중요한 지역이었다.

별무반

기병 중심의 여진족에 대비하여 윤관의 건의에 따라 만들어진 특별 부대. 기병 부대인 신기군, 보병 부대인 신보군, 승병 부대인 항마군으로 구성되었다.

② 몽골의 계속된 침입: 최씨 무신 정권이 무너짐 ➡ 몽골과 강화를 맺음 ➡ 무신 정권이 무너짐 ➡ 수도를 다시 개경으로 옮김

(2) 고려의 저항

① 박서: 1차 침입 때 귀주성을 지킴

② 김윤후: 처인성 전투, 충주성 전투 승리

③ 삼별초: 수도를 개경으로 옮기는 것에 배중손 등이 반대 ➡ 진도, 제주도로 이동하며 싸움

(3) 몽골과의 전쟁 결과

① 황룡사 9층 목탑, 초조대장경 등이 불탐

② 무신 정권이 무너지고 문신 세력이 다시 정치를 주도함

③ 삼별초의 항쟁이 진압되면서 80여 년 동안 원나라의 간섭을 받음

4 원의 간섭과 공민왕의 개혁 정치

(1) 원의 간섭

① 고려 왕은 원나라 공주와 혼인, 왕실의 호칭이 낮추어짐

② 정동행성 설치, 일본 원정에 동원

③ 매년 금, 은, 매 등을 바침

④ 일부 영토를 빼앗김

(2) 공민왕의 개혁 정치

배경	원나라의 힘이 점차 약해짐
내용	몽골풍 금지, 정동행성을 없앰, 영토를 되찾음, 친원파를 몰아냄

한국사 빈칸으로 확인하기

- 거란의 1차 침입 때는 ❶[   ]이/가 외교 담판을 벌여 강동 6주를 확보하였고, 거란의 3차 침입 때는 ❷[   ] 장군이 이끄는 고려군이 귀주에서 거란군을 크게 무찔렀다.

- 윤관은 ❸[   ]을/를 조직하여 여진을 몰아내고 동북 9성을 쌓았다.

- ❹[   ]은/는 강화도, 진도, 제주도로 근거지를 옮겨 가며 몽골(군)에 저항하였다.

- 원나라의 힘이 약해지자 ❺[   ]은/는 몽골풍을 금지하고 정동행성을 없애는 등 개혁 정치를 펼쳤다.

김윤후
처인성 근처 절에 살던 승려였는데 몽골군에 맞서 싸웠다. 처인성 전투 때 몽골 사령관 살리타를 죽였다. 이후 충주성 전투에서도 노비들에게 노비 신분에서 벗어나게 해 주겠다고 약속하여 사기를 올려 크게 승리하였다.

삼별초
최씨 무신 정권기에 설치된 야별초(밤에 도둑을 잡는 부대)에서 시작되어 커진 특수 군대로, 몽골에서 탈출한 군사들이 합해졌다.

정동행성
일본 정벌을 위해 만들어졌으나 이후에도 계속 남아 고려의 정치를 간섭하였다.

정답
❶ 서희
❷ 강감찬
❸ 별무반
❹ 삼별초
❺ 공민왕

학습 활동

01 다음 내용이 맞으면 ○표, 틀리면 ×표 하시오.

(1) 윤관은 삼별초를 이끌고 여진을 정벌한 뒤 동북 9성을 쌓았다.   (   )

(2) 김윤후는 처인성 전투에서 몽골 사령관 살리타를 죽였다.   (   )

(3) 원나라의 간섭을 받는 동안 고려의 왕은 원나라 공주와 결혼해야 했다.   (   )

02 다음 자료를 보고, 물음에 답하시오.

소손녕

고려는 신라 땅에서 일어났고, (㉠) 땅은 우리 거란의 것인데 왜 고려가 차지하고 있는가?

서희

아니다. 고려는 (㉠)의 후손이다. 그래서 나라 이름도 고려인 것이다. 어찌 빼앗았다고 하겠는가?

소손녕

고려는 거란과 맞닿아 있는데 어찌하여 바다를 넘어 송나라와 친하게 지내는 것인가?

서희

압록강 안팎을 (㉡)이/가 차지하고 있어 가지 못하는 것뿐이다. 만일 (㉡)을/를 내쫓고 길을 통하게 된다면 거란과 교류할 것이다.

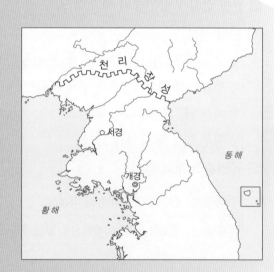

(1) 위 ㉠, ㉡에 들어갈 알맞은 말을 쓰시오.

㉠: (   ) ㉡: (   )

(2) 위 지도에 강동 6주를 표시해 보시오.

정답 및 해설 116쪽

03 다음 글자를 조합하여 몽골의 침입에 맞서 싸웠던 고려의 인물 2명을 쓰시오.

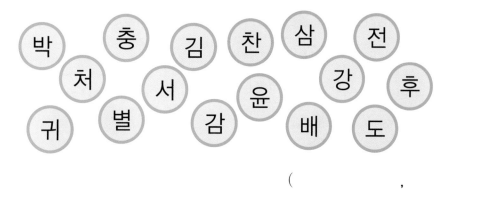

(,)

04 다음에서 공민왕과 관련된 것을 모두 골라 기호를 쓰시오.

ㄱ 강화도로 가자.

강화도로 수도 이동

ㄴ 몽골식 머리 금지

ㄷ 억울하게 뺏긴 땅을 돌려준대. 만세~!

토지 문제 해결 노력

ㄹ 되찾은 지역

영토 회복

( )

40회 초급 기출

1 밑줄 그은 '나'에 해당하는 인물로 옳은 것은?

나는 거란군 장수와 담판을 지어 이 지역을 확보하였습니다.

① 서희　　　　② 윤관
③ 김종서　　　④ 배중손

38회 초급 기출

2 다음 사건이 발생한 시기를 연표에서 옳게 고른 것은?

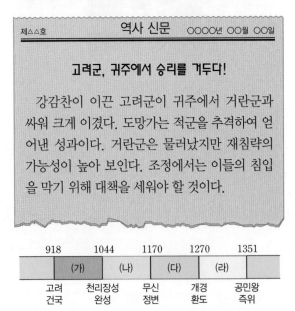

제△△호　　　　역사 신문　　○○○○년 ○○월 ○○일

고려군, 귀주에서 승리를 거두다!

강감찬이 이끈 고려군이 귀주에서 거란군과 싸워 크게 이겼다. 도망가는 적군을 추격하여 얻어낸 성과이다. 거란군은 물러났지만 재침략의 가능성이 높아 보인다. 조정에서는 이들의 침입을 막기 위해 대책을 세워야 할 것이다.

918	1044	1170	1270	1351
	(가)	(나)	(다)	(라)	
고려 건국	천리장성 완성	무신 정변	개경 환도	공민왕 즉위

① (가)　　② (나)　　③ (다)　　④ (라)

37회 초급 기출

3 다음 인물 카드 주인공의 업적으로 옳은 것은?

(앞면)

• 고려 문종 때 과거에 급제함
• 별무반 설치를 건의함
• 문하시중을 지냄

(뒷면)

① 원에서 목화씨를 들여왔다.
② 살수에서 수의 군대를 물리쳤다.
③ 여진을 정벌하고 동북 9성을 쌓았다.
④ 강우량을 재기 위해 측우기를 만들었다.

33회 초급 기출

4 다음 검색창에 들어갈 인물로 옳은 것은?

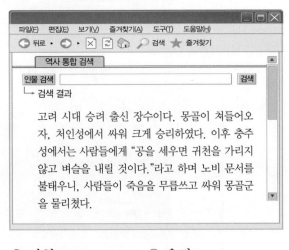

고려 시대 승려 출신 장수이다. 몽골이 쳐들어오자, 처인성에서 싸워 크게 승리하였다. 이후 충주성에서는 사람들에게 "공을 세우면 귀천을 가리지 않고 벼슬을 내릴 것이다."라고 하며 노비 문서를 불태우니, 사람들이 죽음을 무릅쓰고 싸워 몽골군을 물리쳤다.

① 서희　　　　② 윤관
③ 강감찬　　　④ 김윤후

32회 초급 기출

5 (가)에 들어갈 군사 조직으로 옳은 것은?

① 별기군
② 별무반
③ 삼별초
④ 훈련도감

40회 초급 기출

6 다음 가상 편지에 나타난 시기의 사실로 옳은 것은?

> 그리운 어머님께
> 산성으로 들어가셨다는 지난번 편지 잘 받았습니다. 조정이 천도하여 강화도로 들어온 지 오랜 시간이 지났지만, 몽골과의 전쟁은 끝날 듯하면서 계속 이어지고 있습니다.
> 그래도 부처님의 힘으로 전쟁을 끝낸다면 어머님을 다시 육지에서 뵐 수 있으리라 생각합니다. 그때까지 부디 무사하시기를 빌겠습니다.
> 다시 소식 올릴 때까지 건강하십시오.
>
> ○○○○년 ○○월 ○○일
> 큰아들 올림

① 비변사가 설치되었다.
② 홍경래가 난을 일으켰다.
③ 곽재우가 의병장으로 활약하였다.
④ 황룡사 구층 목탑이 불타 없어졌다.

35회 초급 기출

7 선생님의 질문에 대한 학생들의 대답으로 옳지 <u>않</u>은 것은?

① 강감찬이 귀주에서 거란군을 크게 무찔렀어요.
② 윤관이 별무반을 조직해 여진을 정벌했어요.
③ 김윤후가 처인성에서 몽골군을 격퇴했어요.
④ 권율이 행주산성에서 일본군을 크게 물리쳤어요.

36회 초급 기출

8 다음 역사 다큐멘터리의 제목으로 적절한 것은?

① 태조, 북진 정책을 추진하다
② 광종, 왕권 강화를 추구하다
③ 성종, 유교적 정치 이념을 채택하다
④ 공민왕, 반원 자주 정책을 실시하다

4. 고려 문화의 발전

고려의 성균관(개성)

고려는 성종 때 유학자 최승로의 건의를 받아들여 유학 교육 기관인 국자감을 정비하였다. 국자감은 이후 성균관으로 이름이 바뀌었다.

1 유학의 발전

(1) 교육 기관: 개경에 국자감, 지방에 향교 설치

(2) 역사서의 편찬: 《삼국사기》, 《삼국유사》 등

(3) 성리학의 수용

    ① 충렬왕 때 안향이 새로운 유학인 성리학을 들여옴

    ② 고려 말 개혁 세력에게 영향을 줌

2 고려 시대 불교의 발전

(1) 연등회와 팔관회

연등회	전국 곳곳에 연등을 다는 행사
팔관회	• 개경과 서경에서 열림 • 불교와 전통 신앙이 어우러진 가장 큰 행사 • 송·여진 등에서 사절이 와서 축하 선물을 바치고 무역을 하는 국제적인 행사였음

하남 하사창동 철조 석가여래 좌상

강한 이미지의 철을 이용하여 만든 불상이다.

(2) 불상 제작

    ① 왕실, 귀족을 비롯한 지방 세력도 앞장섬

    ② 규모나 형태면에서 매우 다양해짐

    ③ 대표적인 불상: 하남 하사창동 철조 석가여래 좌상, 논산 관촉사 석조 미륵보살 입상, 영주 부석사 소조여래 좌상 등

(3) 석탑 제작: 평창 월정사 8각 9층 석탑, 개성 경천사지 10층 석탑 등

(4) 불화 제작: 〈수월관음도〉 등

〈수월관음도〉

(5) 사찰 설립

    ① 종교적 중심지이자 지방 경제의 중심지

    ② 숙박 시설인 원 운영

    ③ 안동 봉정사 극락전, 영주 부석사 무량수전, 예산 수덕사 대웅전 등

속장경

대장경에는 부처의 말씀을 비롯하여 여러 가지 불교 경전이 들어 있다. 고려 시대에는 거란의 침입을 부처의 힘으로 막기 위해 처음으로 대장경을 만들었다. 의천은 처음 만든 대장경에 빠져 있는 불경을 모아 속장경을 간행하였다.

(6) 대각국사 의천의 활동

    ① 왕자 출신으로 승려가 됨

    ② 속장경을 간행함

    ③ 분열되어 있는 불교계를 통합하기 위해 노력함

    ④ 화폐(해동통보)를 만들어 사용할 것을 건의함

❸ 청자와 공예

(1) 고려청자

발달	청자 제작 ➡ 상감법을 개발하여 상감 청자 유행
용도	귀족들의 생활용품으로 많이 쓰임
대표 작품	청자 참외 모양 병, 청자 상감운학문 매병 등

(2) 공예

금속 공예	청동 표면을 파낸 후 실처럼 만든 은을 박아 장식하는 은입사 기법 발달
목공예	옻칠한 바탕에 자개를 붙여 무늬를 내는 나전 칠기 발달
대표 작품	청동 은입사 물가 풍경무늬 정병, 나전 국화 당초무늬 원형 합

❹ 고려 시대 과학 기술의 발달

(1) 목판 인쇄술의 발달

① 목판 인쇄: 책 내용을 목판에 그대로 새김

② 팔만대장경 간행: 부처의 힘으로 몽골군을 물리치려는 마음에서 만들었음

(2) 금속 활자 인쇄술의 발달

① 금속 활자 인쇄: 금속으로 만든 활자를 책 내용대로 조립함

②《직지심체요절》: 현재 남아 있는 가장 오래된 금속 활자 인쇄본

(3) 의생활의 발달: 문익점이 목화 씨앗을 들여와 목화 재배가 널리 퍼짐 ➡ 목화로 짠 무명천을 입어 겨울을 따뜻하게 지낼 수 있게 되었음

(4) 화약 무기의 발달: 최무선이 화약 개발에 성공하고, 화통도감에서 화약 무기를 만들었음 ➡ 진포 싸움에서 화포를 이용하여 왜구를 크게 물리침

상감법

그릇 표면에 문양이나 그림을 새기고, 그 자리에 다른 색의 흙을 정교하게 메워 색과 모양을 내는 기법이다.

청자 상감운학문 매병

몸통 전면에 구름과 학을 새겨 넣은 청자이다.

팔만대장경 목판

가로 약 70cm, 세로 약 24cm의 크기이다. 원래 이름은 고려대장경이지만, 목판이 약 8만 장이 넘어 팔만대장경이라고 부른다.

한국사 빈칸으로 확인하기

- 고려 시대 ❶ [　] 은/는 종교적 중심지이자 지방 경제의 중심지였다.

- 고려 시대에는 그릇 표면에 문양을 새기고 그 자리에 다른 색의 흙을 메워 색과 모양을 내는 ❷ [　][　] 청자가 유행하였다.

- 고려는 부처의 힘으로 몽골을 물리치려는 마음으로 ❸ [　][　][　][　][　] 을/를 간행하였다.

- ❹ [　][　][　][　][　] 은/는 현재 남아 있는 가장 오래된 금속 활자 인쇄본이다.

정답
❶ 절
❷ 상감
❸ 팔만대장경
❹ 직지심체요절

학습 활동

01 다음 ㉠, ㉡에 들어갈 알맞은 말을 쓰시오.

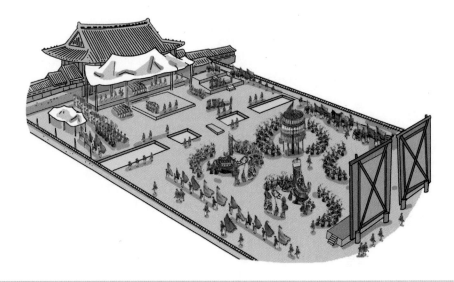

위 그림은 고려 시대에 국가적인 행사로 열린 (㉠)을/를 상상하여 그린 것이다. 이 행사는 불교 의식은 물론 다양한 종교와 사상이 어우러진 것으로, 매년 개경과 (㉡)에서 열렸다.

㉠: ( ) ㉡: ( )

02 다음 가상의 상장을 받은 인물을 각각 쓰시오.

(1)
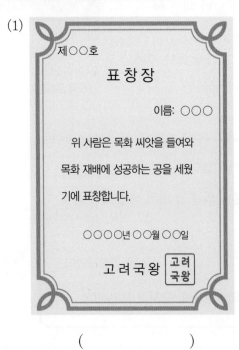

제○○호

표 창 장

이름: ○○○

위 사람은 목화 씨앗을 들여와 목화 재배에 성공하는 공을 세웠 기에 표창합니다.

○○○○년 ○○월 ○○일

고 려 국 왕 [고려국왕]

( )

(2)
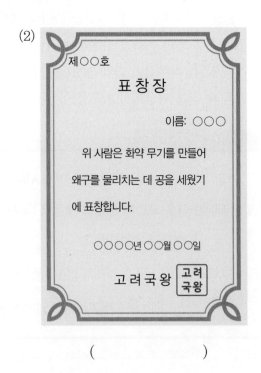

제○○호

표 창 장

이름: ○○○

위 사람은 화약 무기를 만들어 왜구를 물리치는 데 공을 세웠기 에 표창합니다.

○○○○년 ○○월 ○○일

고 려 국 왕 [고려국왕]

( )

03 다음 문화유산과 관련 있는 내용을 바르게 연결하시오.

(1) 청주 흥덕사 • • ㉠ 직지심체요절을 인쇄한 곳이다.

(2) 합천 해인사 • • ㉡ 고려 시대에 나무로 지어진 건축물이다.

(3) 영주 부석사 무량수전 • • ㉢ 팔만대장경을 보관하고 있는 장경판전이 있다.

04 다음 문화유산과 관련 있는 내용을 바르게 연결하시오.

(1)

청자 상감운학문 매병

• ㉠ 왕자 출신 승려 의천의 일생이 기록되어 있다.

(2)

논산 관촉사 석조 미륵보살 입상

• ㉡ 높이가 약 18m에 이른다.

(3)

영통사 대각국사비

• ㉢ 표면에 그림을 그려서 파낸 자리에 다른 흙을 메우고 유약을 발라 구웠다.

33회 초급 기출

1 다음 가상 인터뷰의 밑줄 그은 '이 책'으로 옳은 것은?

일연 스님, 이번에 저술하신 책 소개 부탁드립니다.

이 책에 불교 관련 내용과 전설, 설화, 풍속 등을 실었습니다. 그리고 고조선의 건국 이야기도 담았습니다.

① 동국통감　　② 동사강목

③ 삼국유사　　④ 제왕운기

35회 초급 기출

2 다음 퀴즈의 정답으로 옳은 것은?

퀴즈 한국사

제시된 단계별 힌트를 종합하여 알 수 있는 고려의 국가적 행사는 무엇일까요?

1단계	훈요 10조에 기록되어 있음.
2단계	토속 신앙과 불교가 결합된 종교 행사임.
3단계	송 상인과 여진의 사절이 와서 왕에게 선물을 바치고 행사에 참여하기도 함.

① 매향　　② 초제

③ 팔관회　　④ 향사례

34회 초급 기출

3 다음 주제에 해당하는 문화유산으로 옳지 <u>않은</u> 것은?

주제: 사진으로 보는 고려의 불교 예술

| (가) | (나) | (다) | (라) |
| 금동 미륵보살 반가 사유상 | 진관사 동종 | 월정사 팔각 구층 석탑 | 수월관음도 |

① (가)　② (나)　③ (다)　④ (라)

30회 초급 기출

4 다음과 같은 방식으로 제작된 문화유산으로 옳은 것은?

흙을 반죽하여 모양을 만든다.

겉면에 무늬를 파내고 흰 흙이나 붉은 흙을 바른다.

겉면에 바른 흙을 긁어내고 초벌구이를 한다.

유약을 발라 다시 구워낸다.

① 　② 　③ 　④

5 밑줄 그은 '이 인물'에 대한 설명으로 옳은 것은?

이 비석은 고려 문종의 아들로 승려가 되어 활동한 이 인물을 기리기 위한 것입니다. 그는 해동 천태종을 창시하였습니다.

영통사 대각국사비

① 영주 부석사를 건립하였다.
② 몽골식 풍속을 금할 것을 건의하였다.
③ 혼일강리역대국도지도를 제작하였다.
④ 화폐를 만들어 사용할 것을 주장하였다.

6 (가)에 들어갈 문화유산으로 옳은 것은?

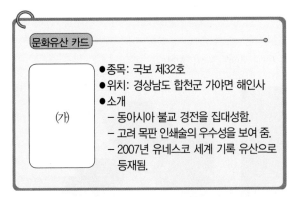

문화유산 카드

● 종목: 국보 제32호
● 위치: 경상남도 합천군 가야면 해인사
● 소개
  – 동아시아 불교 경전을 집대성함.
  – 고려 목판 인쇄술의 우수성을 보여 줌.
  – 2007년 유네스코 세계 기록 유산으로 등재됨.

(가)

①  동의보감
② 직지심체요절
③  팔만대장경판
④ 무구정광대다라니경

7 (가)에 들어갈 인물로 옳은 것은?

여기는 우리나라에서 처음으로 목화를 재배한 곳이에요. 목화씨는 (가) 이/가 원나라에서 고려로 가져왔어요.

① 김부식 ② 김윤후
③ 문익점 ④ 최무선

8 (가)에 들어갈 내용으로 가장 적절한 것은?

〈역사 다큐멘터리 제작 기획안〉

최무선, 국난을 극복하다

■ 기획 의도
고려 말 왜구를 격퇴하고 백성을 지키기 위해 노력한 최무선의 삶을 조명함.

■ 구성
• 제1부: (가)
• 제2부: 진포 대첩에서 활약하다

① 계유정난을 주도하다
② 고창 전투에서 승리하다
③ 훈련도감 설치를 건의하다
④ 화통도감에서 화포를 제작하다

◇ 후삼국 통일

통일 신라 말에 후백제, 후고구려가 등장하여 후삼국 시대가 전개되었지만, 고려의 왕건이 다시 통일하였어요.

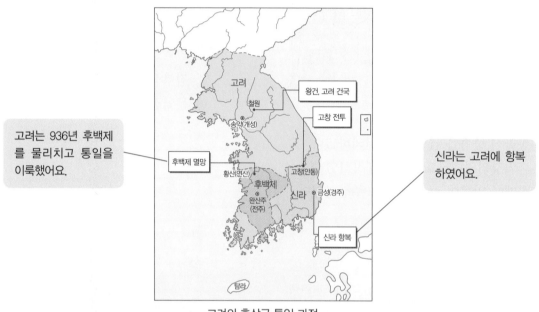

고려는 936년 후백제를 물리치고 통일을 이룩했어요.

신라는 고려에 항복하였어요.

고려의 후삼국 통일 과정

◇ 고려의 문화

고려 문화를 불교문화라고 할 만큼 불교가 사회 전체에 영향을 미쳤어요.

진관사 동종

〈수월관음도〉

높이가 18m에 이르며, 머리가 매우 커요.

논산 관촉사 석조 미륵보살 입상

고려는 독특한 상감 기법의 청자를 만드는 등 도자기를 만드는 기술이 뛰어났어요. 또한 목판 인쇄뿐만 아니라 금속 활자를 개발하여 인쇄하는 등 인쇄술이 발달했어요.

청자 상감운학문 매병

해인사 장경판전에 보관된 대장경판

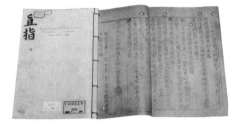

금속 활자 인쇄본인 《직지심체요절》

◇ 고려의 경제

고려는 무역항인 벽란도를 중심으로 다른 나라와 적극적으로 교류하였어요.

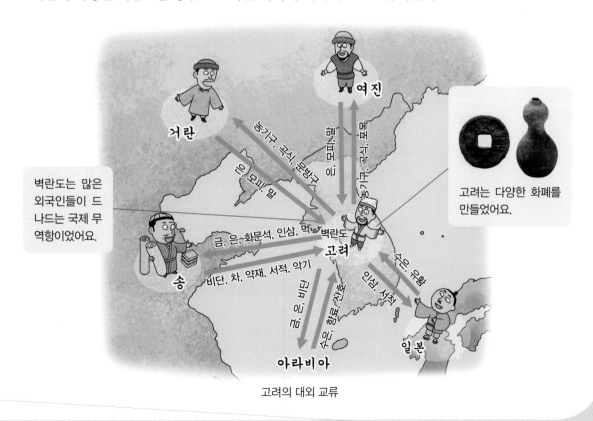

고려의 대외 교류

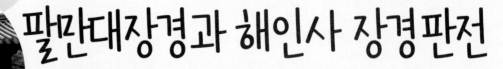

한국의 유네스코 세계 유산

팔만대장경과 해인사 장경판전

경남 합천 해인사에는 세계가 인정한 팔만대장경과 이를 보관하고 있는 장경판전이 있어요. 각각 유네스코 세계 기록 유산과 세계 유산으로 등재되었어요. 우리의 위대한 문화유산이 있는 해인사로 떠나 볼까요?

★ 체험 포인트

❶ 팔만대장경이 만들어진 이유 알아보기
❷ 팔만대장경이 잘 보존될 수 있었던 이유 알아보기

팔만대장경은 몽골이 침입해 오자 이를 부처의 힘으로 막기 위해 만들기 시작하여 16년 만에 8만 장이 넘는 목판이 완성되었어요. 글자 수는 5천 2백만 자가 넘는데 마치 한 사람의 솜씨인 듯 고르고 정확하게 판각되어 있어요. 팔만대장경은 강화도 선원사에 보관되었다가 조선 초에 해인사로 옮겨졌어요.

그런데 팔만대장경이 750여 년이 지난 오늘날까지 그 모습을 그대로 간직하고 있다는 것이 놀랍지 않나요? 그 비밀은 팔만대장경을 보관하고 있는 건물인 장경판전에 있어요. 해인사에서 가장 높은 위치에 자리 잡은 장경판전은 가야산 아래에서 불어오는 바람을 자연 환기에 활용하였어요. 장경판전 건물 앞뒷면 위아래에는 창문이 설치되어 있는데 위아래 창문의 크기가 달라요. 습기가 많은 바람은 적게 들어오고 빨리 나가도록 하기 위한 것이에요. 그리고 건물 바닥에 숯과 횟가루, 소금, 모래 찰흙을 차례로 다져 넣어 습기를 조절하도록 하였어요. 이와 같은 자연환경과 과학적인 건물 구조로 대장경판은 지금까지 잘 보존될 수 있었어요.

● 주소   경남 합천군 가야면 해인사길 122
● 홈페이지   www.haeinsa.or.kr
● 전화번호   055) 934-3000
● 교통편   대구 서부 시외 버스터미널에서 해인사행 버스 승차
● 관람 시간   하절기 08:30~18:00, 동절기 08:30~17:00
● 관람료   성인 3,000원 / 어린이 700원

팔만대장경과 해인사 장경판전

팔만대장경
경판은 가로 약 70cm, 세로 약 24cm
예요. 경판 앞뒷면에 각각 14자씩 세
로로 23줄이 새겨져 있는데, 종이에
쓴 불교의 경전을 뒤집어 붙인 뒤 세
밀하게 새겼어요.

장경판전 내부
밑에서 올라오는 습기를 막기 위해 바닥과 판가 사이
에 공간을 두었어요.

〈뒷면〉   〈앞면〉

장경판전의 과학
장경판전은 해인사 건물 중 가장 오래되었어요. 창의 크기를 서로 다르게 하여 골
짜기에서 불어오는 습한 바람은 빨리 지나가고, 건조한 산에서 불어오는 바람은
천천히 지나가도록 하였어요.

답사 꿀팁!

해인사에서는 매년 4월 '고려팔만대장경의 날' 행사를 열어요. 이때에는 목판에 먹을 묻혀 직접 한지에
찍어 보는 체험과 팔만대장경 인쇄본을 햇볕에 말리는 행사, 그리고 팔만대장경판을 머리에 이고 해인사
를 도는 행진 등이 있어요. 이때를 맞추어 가면 뜻깊은 답사가 이루어지겠죠!

Ⅳ 조선 전기

다른 컬러링이 궁금하다면? 스토리 북을 참고하세요!

핵심 정리

1. 조선의 건국

이성계가 요동 정벌을 반대한 4가지 이유(4불가론)
• 첫째, 작은 나라가 큰 나라를 거스르는 일은 안 될 일임
• 둘째, 농사철이라 군사를 동원하는 것은 무리임
• 셋째, 명과 싸우는 사이 왜구가 침범해 올 것임
• 넷째, 장마철이라 활의 아교가 녹아내려 무기를 사용하기 어렵고, 전염병이 유행할 것임

정도전
조선 건국에 큰 공을 세운 인물로 《삼봉집》을 남겼다.

선죽교
고려 말 정몽주가 이방원의 부하에게 죽임을 당한 곳으로 전해진다. 원래 이름은 '선지교'였으나, 정몽주가 죽은 후 대나무가 자라나 '선죽교'로 불리게 되었다.

종묘 제례
조선 시대 역대 왕과 왕비의 신위를 모신 종묘에서 지내는 제사이며, 유네스코 세계 무형 유산에 등재되어 있다.

1 조선의 건국 과정

(1) 요동 정벌
   ① 명나라는 원나라가 다스리던 철령 이북 땅을 요구
   ② 최영은 요동 정벌을 주장하였으나, 이성계는 4불가론을 들어 반대

(2) 위화도 회군: 이성계가 위화도 회군(1388년)을 통해 정권을 차지

(3) 토지 제도 개혁(과전법 실시, 1391년)
   ① 권문세족의 농장을 빼앗아 원래 주인에게 돌려줌
   ② 신진 사대부의 경제적 기반을 마련

(4) 조선 건국(1392년)
   ① 신흥 무인인 이성계와 정도전 등의 신진 사대부가 중심이 되어 건국
   ② 새로운 왕조를 반대하는 정몽주 등을 제거하고 조선을 건국

(5) 나라 이름: 조선(우리 역사상 최초의 국가인 고조선을 계승한다는 의미)

2 조선의 수도, 한양

(1) 한양을 새로운 수도로 정함(1394년에 수도를 옮김) – 나라의 중앙에 위치해 있으며, 자연적인 요새로 교통이 편리

(2) 정도전은 유교 원리에 따라 한양을 설계

(3) 경복궁을 세우고, 경복궁의 왼쪽에 종묘, 오른쪽에 사직단을 세움

(4) 경복궁(큰 복을 누린다는 의미), 근정전(부지런히 나라를 다스린다는 의미)

(5) 4대문의 이름과 담긴 뜻

인(仁)	흥인지문(동대문): 어진 마음을 흥하게 한다.	지(智)	숙정문(소지문, 북대문): 엄숙하게 다스린다.
의(義)	돈의문(서대문): 옳은 마음을 북돋운다.	신(信)	보신각: 믿음을 널리 퍼뜨린다.
예(禮)	숭례문(남대문): 예를 높인다.		

3 나라의 기틀 정비

(1) **정도전**: 신하 중심의 정치를 펴고자 함

(2) **이방원**: 왕권을 강화하고자 함

(3) **왕자의 난**: 이방원이 형제들과 정도전을 제거하고 정권을 잡음

(4) 태종의 왕권 강화 정책

① 사병을 없앰: 공신들이 개인적으로 거느린 병사를 없앰

② 전국을 8도로 나누고 지방관 파견

③ 왕이 나라의 중요한 일을 6조에서 직접 보고받고 처리

④ 호패법 실시: 세금을 거둘 대상, 군역을 담당할 대상을 쉽게 파악

④ 교육과 과거 제도

(1) 교육 기관

① 초등 교육 기관: 서당(사립 학교)

② 중등 교육 기관: 지방의 향교, 중앙의 4부 학당(국립 학교)

③ 성균관: 조선 최고의 교육 기관으로 성균관에서 공부가 끝나면 문과 시험을 볼 수 있음, 공자의 제사를 지내는 대성전, 학생들이 공부하는 명륜당, 기숙사인 동재와 서재 등으로 구성

(2) 과거 제도: 원칙적으로 양인이면 누구나 과거에 응시할 수 있었으나 현실적으로 불가능함

문과	• 문반 관리가 되기 위한 시험으로 주로 양반 자제들이 응시 • 유교 경전을 외우거나 문장을 짓는 시험
무과	• 무반 관리가 되기 위한 시험으로 주로 양반, 서얼, 상민들이 응시 • 말타기, 활쏘기 등으로 평가
잡과	• 의학, 통역, 천문학을 맡아보는 기술관을 뽑는 시험 • 주로 중인들이 응시

호패
16세 이상의 남자가 차고 다녔으며, 신분에 따라 그 재질과 모양이 달랐다.

호패 제작 연도

과거 합격 연도와 과거 종류 — 申在黙 — 이름

출생 연도

乙丑

(앞면) (뒷면)

한국사 빈칸으로 확인하기

• 이성계는 ❶ ☐☐☐에서 회군하여 정권을 장악하였고, 이후 ❷ ☐☐을/를 세웠다.

• 정도전은 ❸ ☐☐ 원리에 따라 한양을 설계하였다.

• 조선 태종은 전국을 8도로 나누고 지방관을 파견하였으며, 16세 이상 남자에게 ❹ ☐☐을/를 차게 하였다.

• 조선의 과거 제도에는 문인을 뽑는 문과, 무인을 뽑는 무과, 기술관을 뽑는 ❺ ☐☐이/가 있었다.

정답
❶ 위화도
❷ 조선
❸ 유교
❹ 호패
❺ 잡과

학습 활동

01 다음 두 인물은 나라를 다스리는 방법에 대한 생각이 서로 달랐습니다. 각 인물의 생각이 드러나도록 알맞은 내용을 쓰시오.

이방원

정도전

02 다음은 조선의 도읍 한양의 모습입니다. 각 건물의 위치를 파악하고 빈칸에 알맞은 이름을 쓰시오.

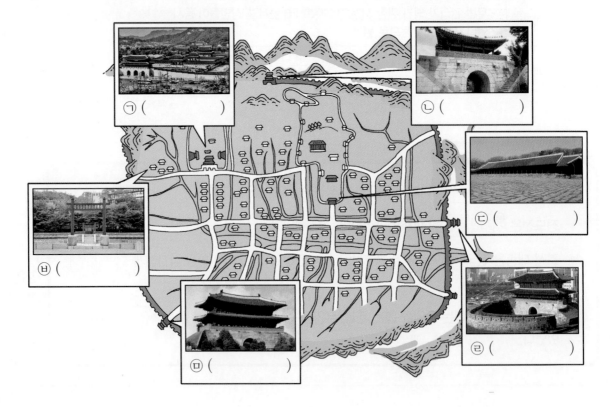

ㄱ (　　　　　)

ㄴ (　　　　　)

ㄷ (　　　　　)

ㅂ (　　　　　)

ㅁ (　　　　　)

ㄹ (　　　　　)

03 다음은 한양이 새로운 도읍으로 적당했던 까닭입니다. 빈칸에 알맞은 말을 쓰시오.

(1) 한양이 나라의 ☐☐에 위치하고 있어 어디로든 갈 수 있었어.

(2) ☐☐이/가 편리하여 수로와 육로를 이용해 물건을 실어 나르기도 편했지.

(3) 주변이 ☐(으)로 둘러싸여 외적의 침입을 막기 쉬웠어.

04 다음과 같은 조선의 최고 교육 기관은 무엇인지 쓰시오.

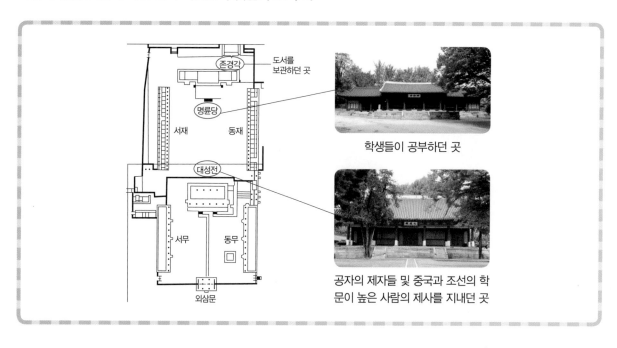

도서를 보관하던 곳

학생들이 공부하던 곳

공자의 제자들 및 중국과 조선의 학문이 높은 사람의 제사를 지내던 곳

(   )

1 (가)~(다)의 사건을 일어난 순서대로 옳게 나열한 것은?

조선의 건국

위화도에서 회군하다. (가)

정몽주가 피살되다. (나)

이성계가 즉위하다. (다)

① (가) — (나) — (다)

② (가) — (다) — (나)

③ (나) — (가) — (다)

④ (다) — (가) — (나)

34회 초급 기출

2 (가) 인물에 대한 설명으로 옳은 것은?

이곳은 고려 시대 인물인 (가) 의 무덤입니다. 그는 이방원과 정치적으로 대립하였고, 단심가를 지었다고 합니다.

① 4군 6진을 개척하여 영토를 넓혔다.

② 불씨잡변을 지어 불교를 비판하였다.

③ 인내천을 내세우며 동학을 창시하였다.

④ 조선 건국을 반대하다 죽임을 당하였다.

32회 초급 기출

3 (가)에 들어갈 인물로 옳은 것은?

이 력 서

인적 사항

	이름	(가)
	호	삼봉
	출생 연도	1342년

주요 경력

연도	내용
1362년	과거에 급제함
1392년	조선 건국을 주도함
1395년	새 궁궐의 이름을 경복궁으로 지음

① 이색

② 조준

③ 정도전

④ 정몽주

25회 초급 기출

4 다음 궁궐에서 볼 수 있는 문화유산으로 옳은 것은?

이곳은 '왕과 백성이 태평성대를 누릴 큰 복을 빈다.'라는 뜻을 지닌 궁궐입니다. 임진왜란 때 불에 탔지만, 이후 흥선 대원군이 다시 세웠지요.

①

경회루

②

인정전

③

종묘

④

흥인지문

37회 초급 기출

5 밑줄 그은 '이곳'에 해당하는 문화유산의 이름으로 옳은 것은?

이곳이 조선 시대 역대 왕과 왕비의 신주를 모신 사당이구나.

가상 현실 체험

① 종묘   ② 경복궁

③ 보신각   ④ 사직단

38회 초급 기출

7 선생님의 질문에 대한 학생의 대답으로 옳은 것은?

조선 태종이 왕권 강화를 위해 실시한 정책을 말해 볼까요?

① 균역법을 시행했어요.

② 경국대전을 완성했어요.

③ 수원 화성을 건설했어요.

④ 왕족과 공신들의 사병을 없앴어요.

39회 초급 기출

6 (가)에 들어갈 내용으로 옳은 것은?

이것이 무엇이지?

이것은 호패야. 호패는 조선 시대에 (가)

① 과거에 급제한 사람에게 주었던 증서야.

② 16세 이상의 남자에게 발급했던 신분증이야.

③ 관원이 역에서 말을 빌리는 데 사용했던 증표야.

④ 국가의 재정을 보충하기 위해 팔았던 관직 임명장이야.

40회 초급 기출

8 밑줄 그은 '이곳'으로 옳은 것은?

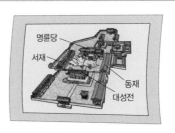

명륜당
서재
동재
대성전

이곳은 조선 시대 한양에 설립한 최고 교육 기관으로 오늘날의 국립 대학에 해당합니다. 이곳에서는 인재 양성을 위하여 유학 교육을 실시하였습니다.

① 서원   ② 향교

③ 성균관   ④ 배재 학당

2. 조선의 문화와 과학의 발전

집현전

고려 시대와 조선 초에 궁중에 설치했던 학문 연구 기관이다. 임금에게 유교의 경전과 역사를 강의하는 경연과 세자를 교육하는 서연을 담당하였다.

1 세종의 업적

(1) **세종**: 조선 4대 임금, 태종 때 마련된 여러 가지 제도를 바탕으로 과학과 문화를 꽃피움

(2) **다양한 업적**

　① 집현전을 통해 인재 등용: 정인지, 신숙주, 성삼문 등

　② 훈민정음 창제 및 반포

　③ 여러 가지 과학 기구 발명

　④ 다양한 편찬 사업 진행: 《용비어천가》, 《삼강행실도》, 《농사직설》 등

　⑤ 영토 확장: 4군 6진 개척

훈민정음 해례본

훈민정음 해설서로 유네스코 세계 기록 유산으로 등재되었다.

2 훈민정음 창제 및 반포

(1) **뜻**: 백성을 가르치는 바른 소리

(2) **만든 사람**: 세종이 집현전 학사들과 함께 만듦

(3) **만든 이유**: 중국 한자가 어려워서 배우지 못한 일반 백성이 억울한 일을 당하는 경우가 많았음

(4) **창제 원리**

　① 기본 자음인 ㄱ, ㄴ, ㅁ, ㅅ, ㅇ은 발음 기관인 목구멍 모양을 본떠 만듦

　② 기본 모음은 세상을 구성하는 '천, 지, 인'에서 따옴

(5) **반포**: 1443년에 창제하여 1446년에 반포

(6) **훈민정음의 우수성**

　① 과학적이고 독창적인 문자로 배우기 쉬움

　② 모든 소리를 문자로 나타낼 수 있음

(7) **훈민정음 창제에 대한 양반의 입장**: 어려운 한자를 쓰는 것을 자신들만의 특권으로 생각했던 양반의 반대가 심했음

(8) **사용 계층**: 처음에는 평민이나 부녀자들이 주로 사용

(9) **창제 의의**: 우리 문자가 생겨 양반이 아닌 일반 백성도 글을 쓸 수 있게 되었음

용비어천가

한글 창제 이후 처음으로 편찬한 책이다. 조선 건국의 정당성을 알리기 위해 편찬되었다.

농사직설

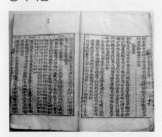

세종의 명을 받은 정초가 각지의 경험 많은 농부들로부터 농업 기술을 들은 후 그 내용을 기록하였다.

3 과학 기술의 발달

(1) 세종은 장영실과 집현전 학사 등에게 과학 기구를 만들게 함

(2) 다양한 과학 기구의 발명으로 농사 및 백성의 일상생활에 도움을 주었음

(3) 세종 때 만들어진 과학 기구

　① 측우기: 비의 양을 재는 기구

　② 수표: 물의 높이를 재는 기구

　③ 앙부일구: 해의 그림자로 시각을 알 수 있는 시계

　④ 혼천의: 천체의 운행과 위치를 관측하는 기구

　⑤ 간의: 혼천의를 간소화하여 만든 기구

　⑥ 자격루(물시계): 물의 변화량에 따라 스스로 시각을 알려 주는 자동 시계

측우기

앙부일구

혼천의

자격루

4 인쇄 기술의 발달과 편찬 사업

(1) 계미자, 갑인자 등 금속 활자가 만들어짐

(2) 한꺼번에 많은 책을 찍어낼 수 있게 됨

(3) 《조선왕조실록》, 《경국대전》, 《악학궤범》, 《동국여지승람》 등 다양한 편찬 사업이 활발하게 이루어짐

5 조선 초기의 대외 관계

(1) 사대교린 외교 실시

(2) 대마도 토벌: 세종 때 이종무가 대마도를 토벌하고 왜구를 물리침

(3) 4군 6진 설치: 세종 때 압록강과 두만강 유역의 여진족을 몰아내고 최윤덕이 4군, 김종서가 6진을 설치함

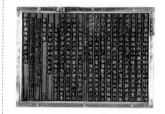
갑인자

조선왕조실록
조선 시대 역대 왕의 역사적 사실을 연대 순으로 기록한 역사책이다. 유네스코 세계 기록 유산에 등재된 조선의 대표적인 기록 문화유산이다.

4군 6진

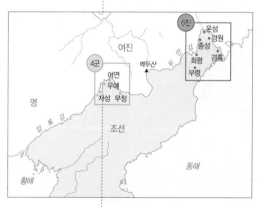

한국사 **빈칸**으로 **확인**하기

● 세종 때 농업을 장려하기 위해 전국의 경험 많은 농부들로부터 들은 농업 기술을 정리한 ❶ ☐☐☐☐ 을/를 편찬하였다.

● ❷ ☐☐☐☐ 은/는 백성을 가르치는 바른 소리라는 뜻으로 세종이 창제하였다.

● 세종 때 만들어진 ❸ ☐☐☐☐ 은/는 해시계, ❹ ☐☐☐ 은/는 물시계이다.

● 세종 때 압록강과 두만강 유역의 여진족을 몰아내고 ❺ ☐ 군 ❻ ☐ 진을 설치하였다.

정답
❶ 농사직설
❷ 훈민정음
❸ 앙부일구
❹ 자격루
❺ 4
❻ 6

학습 활동

01 다음은 훈민정음 서문의 내용입니다. 이 내용을 참고하여 세종이 훈민정음을 창제한 까닭을 쓰시오.

> 우리의 말이 중국과 달라 서로 뜻이 통하지 아니하니, 백성이 말하고자 하는 바 있어도 제대로 이야기 하지 못한다. 내 이를 가엾게 여겨 스물여덟 글자를 만드니, 모든 사람들로 하여금 쉽게 익혀서 날마다 쓰는 데 편하게 하고자 할 따름이다.

_____

_____

02 다음 문화유산에 대한 설명과 사진 자료를 바르게 연결하시오.

(1) 앙부일구 •

(2) 측우기 •

(3) 혼천의 •

(4) 자격루 •

• (가) 천체의 운행과 위치를 관측하던 기구

• (나) 물의 변화량에 따라 스스로 시각을 알려 주는 자동 시계

• (다) 비의 양을 재던 기구

• (라) 해의 그림자로 시각을 알 수 있는 시계

• ㉠

• ㉡

• ㉢

• ㉣

03 다음 지도에서 중국, 조선, 일본을 찾아 ○표 하고, 중국을 크게 그린 이유와 일본을 작게 그린 이유를 쓰시오.

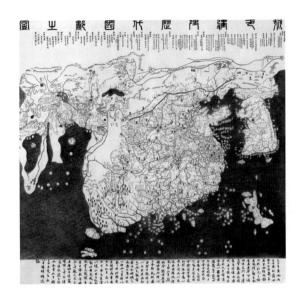

(1) 중국을 크게 그린 이유: _____

(2) 일본을 작게 그린 이유: _____

04 다음 지도에서 ㈎, ㈏ 지역에 설치된 것을 쓰고, 그 결과 조선의 국경선이 어떻게 변화하였는지 쓰시오.

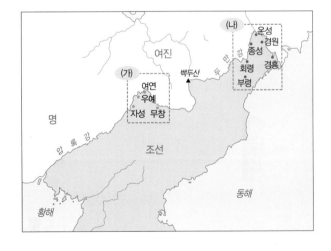

(1) ㈎: (   )   ㈏: (   )

(2) 결과: _____

32회 초급 기출

1 다음 왕의 업적으로 옳은 것은?

새로 만든 글자를 훈민정음이라 하고, 널리 보급하도록 하시오.

① 훈요 10조를 남겼다.
② 측우기를 제작하였다.
③ 균역법을 실시하였다.
④ 백두산 정계비를 세웠다.

37회 초급 기출

2 밑줄 그은 '이 왕'의 업적으로 옳은 것은?

영릉

이곳은 조선 제4대 왕과 왕비가 묻힌 곳입니다. 이 왕은 훈민정음을 창제하고 농사직설을 편찬하였습니다.

① 집현전을 운영하였다.
② 경국대전을 편찬하였다.
③ 목민심서를 저술하였다.
④ 백두산 정계비를 세웠다.

40회 초급 기출

3 (가)에 들어갈 기구로 옳은 것은?

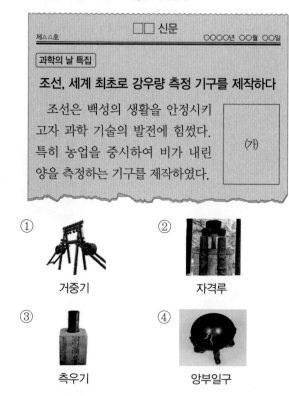

□□ 신문
제△△호　　　　　　　　○○○○년 ○○월 ○○일

과학의 날 특집

조선, 세계 최초로 강우량 측정 기구를 제작하다

조선은 백성의 생활을 안정시키고자 과학 기술의 발전에 힘썼다. 특히 농업을 중시하여 비가 내린 양을 측정하는 기구를 제작하였다.

(가)

① 거중기
② 자격루
③ 측우기
④ 앙부일구

4 (가)에 들어갈 문화유산으로 옳은 것은?

문화유산 카드

(가)

- 세종 때 장영실 등이 처음 제작함.
- 물의 흐름을 이용하여 종, 북, 징을 자동으로 쳐서 시간을 알려 줌.
- 날씨에 상관없이 시간을 알 수 있음.

① 간의
② 자격루
③ 측우기
④ 앙부일구

38회 초급 기출

5 다음 탐구 주제에 대한 모둠별 발표 제목으로 적절한 것은?

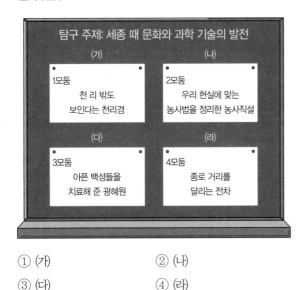

탐구 주제: 세종 때 문화와 과학 기술의 발전

(가)
1모둠
천 리 밖도
보인다는 천리경

(나)
2모둠
우리 현실에 맞는
농사법을 정리한 농사직설

(다)
3모둠
아픈 백성들을
치료해 준 광혜원

(라)
4모둠
종로 거리를
달리는 전차

① (가)　　　　② (나)
③ (다)　　　　④ (라)

30회 초급 기출

6 (가)에 위치할 문화유산으로 옳은 것은?

그림자로 시간을 알려 주는 도구야.

이것은 무엇에 쓰는 도구일까?

동지나 하지와 같은 절기도 알 수 있어.

(가)

① 자명종
② 측우기
③ 혼천의
④ 앙부일구

36회 초급 기출

7 다음 퀴즈의 정답으로 옳은 것은?

이 지도는 조선 초기에 그려진 세계 지도로, 조선과 중국은 물론 아프리카와 유럽까지 그려져 있습니다. 이를 통해 당시의 세계관을 알 수 있습니다. 이 지도의 이름은 무엇일까요?

① 대동여지도
② 동국대지도
③ 곤여만국전도
④ 혼일강리 역대국도지도

37회 초급 기출

8 (가)에 들어갈 제목으로 적절한 것은?

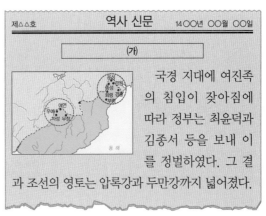

제△△호　　　역사 신문　　　1400년 ○○월 ○○일

(가)

국경 지대에 여진족의 침입이 잦아짐에 따라 정부는 최윤덕과 김종서 등을 보내 이를 정벌하였다. 그 결과 조선의 영토는 압록강과 두만강까지 넓어졌다.

① 청해진을 설치하다
② 4군 6진을 개척하다
③ 강동 6주를 획득하다
④ 요동 지방에 진출하다

핵심 정리

3. 유교의 전통과 생활

경국대전

성종 때 완성된 법전으로 유교 국가 조선을 다스리는 기준이 되었다.

1 유교를 나라의 근본으로 삼은 조선

(1) 유교를 근본으로 삼은 배경: 신진 사대부는 고려 말 불교가 타락했다고 생각함, 성리학을 바탕으로 고려의 문제점을 해결하려고 함 ➡ 불교를 멀리하고 유교를 숭상하는 정책을 펼침

(2) 《경국대전》 편찬: 나라를 다스리는 기준으로 삼음(성종 때 완성) - 성종 때 조선 왕조의 통치 제도와 법 체계가 완성됨

2 유교 가르침의 실천

(1) **왕의 생활**: 효를 중시하여 아침 일찍 왕실의 웃어른께 문안 인사를 드림, 나랏일을 결정할 때 백성을 먼저 생각함

(2) **백성의 생활**: 백성도 집안의 행사를 유교의 예에 따라 치름

관례	• 성년식, 15세가 넘으면 어른이 되었음을 알리는 의식을 치름 • 남자는 '관례', 여자는 '계례'라고 함
혼례	혼인을 하는 것(혼례 날은 신부 집에서 정함)
상례	• 죽은 사람을 하늘로 떠나보내는 의식 • 자식은 3년 동안 상복을 입고 부모의 묘소를 지킴
제례	• 부모가 돌아가신 후에 효도하는 마음으로 제사를 지냄 • 부모, 조부모, 증조부모, 고조부모까지 제사를 지냄(4대 봉사) • 조상이 돌아가신 날에 지내는 제사(기제사), 명절에 지내는 제사(차례)가 있음

사당
양반은 조상에게 제사를 지내기 위해 사당을 따로 짓고, 집안에 중요한 일이 생기면 조상에게 알렸다.

(3) **삼강오륜**: 삼강오륜을 실천하기 위해 노력함

① 삼강: 군위신강(신하는 임금을 섬겨야 함), 부위자강(아들은 아버지를 섬겨야 함), 부위부강(아내는 남편을 섬겨야 함)

② 오륜: 군신유의(임금과 신하 사이에는 의리가 있어야 함), 부자유친(부모와 자식 사이에는 친함이 있어야 함), 부부유별(부부 사이에는 구별이 있어야 함), 장유유서(어른과 아이 사이에는 차례가 있어야 함), 붕우유신(친구 사이에는 믿음이 있어야 함)

3 조선 시대 사람들의 생활 모습

(1) 엄격한 신분제 사회

① 태어나면서부터 신분이 정해졌고, 부모의 신분을 물려받음

② 신분은 크게 양인과 천민으로 나뉨(양천제)

삼강행실도

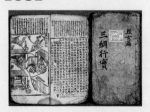

유교의 세 가지 핵심 윤리인 삼강을 백성이 잘 이해할 수 있도록 그림을 곁들여 설명한 책이다.

③ 양인은 다시 양반, 중인, 상민으로 나뉨

(2) 신분에 따른 생활 모습: 신분에 따라 사람들의 생활 모습이 매우 다름

양반	• 유교 경전을 공부하여 과거를 통해 관리가 되어 나랏일에 참여 • 재산(땅, 노비)을 가지고 있어 여유로운 생활을 함
중인	• 양반과 상민의 중간 신분 계층 • 병을 고치는 의관, 외국어 통역을 하는 통역관, 양반을 도와 관청에서 일하는 사람 등
상민	• 농업, 어업, 상공업에 종사함 • 군대에 가서 나라를 지키고 세금을 냄
천민	• 대부분 노비였고 주인을 위해 여러 가지 일을 함 • 백정, 광대, 무당, 기생도 천민에 속함

(3) 주생활: 양반은 기와집, 상민은 초가집에서 살았음

(4) 식생활: 신분에 따라 먹는 음식이 다름, 세시 음식을 먹음

4 여가 생활

(1) 신분이나 성별에 따라 다른 여가 생활

양반	• 남자는 시 짓기, 활쏘기, 바둑, 장기, 승경도놀이를 함 • 여자는 수를 놓거나 책을 읽음
상민	• 남자는 짚 등으로 물건을 만들고, 여자는 베로 옷감을 짜며 시간을 보냄 • 씨름, 윷놀이, 고누 등을 즐김

(2) 민속놀이: 줄다리기, 강강술래, 고싸움 등을 즐김

노비 문서
노비임을 알려 주는 문서로, 이 문서를 통해 노비를 사고팔거나 자식에게 물려줄 수 있었다.

세시 음식
세시 음식은 계절이나 명절에 먹는 음식이다.

승경도놀이
놀이판에 벼슬 이름이 적혀 있어 관리로 나가고 싶은 양반의 바람이 담겨 있다.

한국사 빈칸으로 확인하기

- ❶ ☐☐☐☐은/는 조선 성종 때 완성된 법전으로 유교를 바탕으로 나라를 다스리는 기준이 되었다.

- 백성은 관례, 혼례, 상례, 제례 등 집안의 행사를 ❷☐☐의 예에 따라 치러야 했다.

- 조선 시대의 신분제는 크게 양인과 천민으로 나누는 ❸☐☐☐였으나 실제로는 양반, 중인, 상민, 천민으로 나뉘었다.

- 조선 시대에는 ❹☐☐(이)나 성별에 따라 여가 생활 모습이 달랐다.

정답
❶ 경국대전
❷ 유교
❸ 양천제
❹ 신분

학습 활동

01 다음은 삼강행실도에 소개된 효자 '서적'의 이야기입니다. 효의 모습을 엿볼 수 있는 ㉠~㉢에 들어갈 알맞은 내용을 쓰시오.

서적의 효도 1		서적의 효도 2	
	청년으로 자란 서적은 아침과 저녁으로 어머니께 (㉠) 인사를 드렸어요.		아버지의 상을 치르며 슬퍼했어요.
서적의 효도 3		서적의 효도 4	
	(㉡) 시험을 보러 갈 때도 어머님을 수레에 태워 함께 모시고 갔어요.		어머니가 돌아가신 후에는 (㉢) 앞을 떠나지 않고 지켰어요.

㉠: (   )   ㉡: (   )   ㉢: (   )

02 다음 신분에 속하는 직업을 보기 에서 골라 기호를 쓰시오.

보기
㉠ 마을 잔치에서 줄을 타는 광대   ㉡ 아픈 사람들의 병을 고쳐 주는 의관
㉢ 성균관에 입학하여 공부하는 학생   ㉣ 중국 사신을 안내하며 통역하는 관리
㉤ 소와 돼지를 잡는 백정   ㉥ 장터에서 물건을 파는 상인

(1) 양반	(2) 중인	(3) 상민	(4) 천민
( )	( )	( )	( )

03 다음 설명에 해당하는 민속놀이의 이름과 사진 자료를 바르게 연결하시오.

(1) 음력 대보름에 마을 사람들이 두 편으로 나뉘어 '고'를 서로 부딪쳐 승부를 겨루는 놀이이다.

• • (가) 강강술래 • • ㉠

(2) 추석 전후에 행해지던 여성들의 대표적인 놀이이다. 임진왜란 때 이순신 장군이 전술로 사용했다는 이야기도 전해진다.

• • (나) 고싸움 • • ㉡

(3) 정월에 마을 사람들이 모여 볏짚으로 줄을 만들고, 두 편으로 나뉘어서 줄을 끌어당기는 놀이이다. 이긴 편의 마을에 풍년이 든다고 믿었다.

• • (다) 줄다리기 • • ㉢
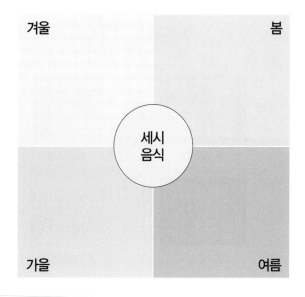

04 조선 시대 사람들이 계절이나 명절에 따라 먹은 세시 음식을 왼쪽 표에서 찾아 쓰시오.

생	떡	국	팥	김	치	자
선	진	굴	죽	사	탕	장
구	달	카	레	피	자	면
이	래	고	추	감	나	국
말	꽃	삼	계	탕	물	햄
첩	전	진	공	감	초	버
반	상	문	송	편	장	거

겨울 / 봄 / 가을 / 여름 — 세시 음식

39회 초급 기출

1 (가)에 들어갈 내용으로 옳은 것은?

한국사 퀴즈 대회

세조 때 만들기 시작하여 성종 때 완성된 조선의 기본 법전입니다. 이것은 무엇일까요?

(가)

① 경국대전　　② 대전통편

③ 대전회통　　④ 조선경국전

36회 초급 기출

2 (가)에 해당하는 책으로 옳은 것은?

임금님의 명으로 백성들이 유교의 가르침을 잘 실천할 수 있도록 책을 만들었다는군.

(가) 말인가? 나도 보았네. 우리나라와 중국의 충신, 효자, 열녀 이야기를 글과 그림으로 소개하고 있었네.

①
동의보감

②
의방유취

③
삼강행실도

④
화성성역의궤

27회 초급 기출

3 다음 학습 주제에 대한 발표 내용으로 옳지 <u>않은</u> 것은?

학습 주제: 조선 시대 중인

① 아픈 사람을 치료하는 의관이 있습니다.

② 외국 사신이 왔을 때 통역하는 역관이 있습니다.

③ 도화서에서 그림을 그리는 화원이 있습니다.

④ 가축을 잡아 고기를 파는 백정이 있습니다.

36회 초급 기출

4 다음 대화에 나타난 세시 풍속으로 옳은 것은?

조선 시대 4대 명절 중 하나로, 동지로부터 105일째 되는 날이지.

이날에는 불을 금하고 찬 음식을 먹는 풍습이 있어.

① 설날　　② 한식

③ 단오　　④ 추석

34회 초급 기출

5 다음 자료에 해당하는 민속놀이로 옳은 것은?

> 민속놀이 소개
>
> • 목적: 주로 정월 대보름에 마을의 단합과 풍년을 기원함
> • 방법: 사람들이 두 편으로 나뉘어 볏짚으로 만든 줄을 마주 잡고 당겨 승부를 겨룸
> • 전승: 삼척, 창녕, 당진 등지의 이 놀이가 2015년에 유네스코 인류 무형 문화유산으로 등재됨

①
널뛰기

②
그네뛰기

③
줄다리기

④
차전놀이

40회 초급 기출

6 (가)에 들어갈 세시 풍속으로 옳은 것은?

> (가)
>
> 음력 7월 7일은 헤어져 있던 견우와 직녀가 만나는 날이라고 전해집니다. 이 날 여자들은 별을 보며 바느질 솜씨가 좋아지게 해 달라고 빌었습니다. 또한 조선 시대에는 유생들을 대상으로 특별히 과거를 실시하기도 하였습니다.

① 단오
② 동지
③ 추석
④ 칠석

27회 초급 기출

7 다음에서 설명하는 민속놀이로 옳은 것은?

> 민속놀이 소개
>
> | 놀이 유래 | 놀이 방법 |
> |---|---|
> | 이순신 장군이 임진왜란 당시 적에게 우리 군사가 많은 것처럼 보이기 위해 부녀자에게 남자 옷을 입혀 산을 돌게 했다는 데서 유래되었다는 이야기가 있습니다. | 여러 사람이 손을 잡아 둥근 원을 만들고, 목청 좋은 사람이 먼저 노래를 부르면 나머지 사람들이 후렴을 부르면서 빙빙 돌며 춤을 춥니다. |

①
널뛰기

②
강강술래

③
그네뛰기

④
놋다리밟기

33회 초급 기출

8 다음 자료에 해당하는 민속놀이로 옳은 것은?

> 이달의 민속놀이
>
> | 놀이 소개 | 놀이 장면 |
> |---|---|
> | 예로부터 내려오는 우리나라의 놀이이다. 우리 조상들은 특히 단오에 이 놀이를 즐겼다. 두 사람이 샅바나 바지의 허리춤을 잡고 힘과 기술을 겨루어, 상대를 먼저 땅에 넘어뜨리는 사람이 승자가 된다. | |

① 씨름
② 고싸움
③ 널뛰기
④ 강강술래

명나라의 상황
정치적 혼란과 농민들의 반란으로 황제의 권위가 약해지고 나라의 질서가 흔들리고 있었다.

거북선
거북선은 판옥선 위에 튼튼한 덮개를 씌운 배이다.

칠백의총

임진왜란 때의 의병장 조헌을 비롯한 700명의 유골을 모신 곳이다.

1 임진왜란

(1) **조선**: 200여 년 동안 평화로운 시기를 보내면서 군사 조직과 전투력이 약해져 있었음

(2) **일본**: 일본 내 혼란을 수습한 도요토미 히데요시가 지방 세력가들의 힘을 모아 대륙을 침략하려 함

(3) **전쟁의 시작**: 1592년 일본군 20여만 명이 부산 앞바다로 쳐들어옴

2 임진왜란의 전개 과정

(1) **한성 함락**
　① 동래성 함락: 일본군에 맞서 백성들이 싸움을 도왔으나 함락됨
　② 한성 함락: 일본군이 한성 점령 후 평양을 거쳐 함경도까지 침략함
　③ 명에 지원군 요청: 명나라에 군대를 보내 줄 것을 요청함

(2) **이순신과 수군의 활약**
　① 전쟁 대비: 식량을 저장해 두고 군함을 갖추며 무기를 보강함
　② 경상도 옥포에서 일본군과 싸워 큰 승리를 거둔 후 잇달아 벌어진 해전에서 모두 승리함
　③ 한산도 대첩: 학이 날개를 펼치는 모습으로 적을 에워싸는 학익진 전술로 큰 승리를 거둠

(3) **의병의 활약**
　① 곽재우를 비롯한 의병들이 스스로 일어나 일본군과 전투를 벌임
　② 관군과 협력하여 진주성(김시민)과 행주산성(권율)에서 큰 승리를 거둠

(4) **일본의 철수**: 노량 해전을 마지막으로 조선에서 완전히 철수하였고, 7년에 걸친 전쟁이 끝남

3 임진왜란 이후

(1) **임진왜란 이후 상황**
　① 조선: 많은 백성이 죽고 농민들의 생활 터전이 황폐화됨, 경복궁을 비롯한 주요 문화재들이 불탐, 귀중한 문화유산들을 일본에 많이 빼앗김
　② 일본: 조선에서 도공(도자기 기술자)과 유학자를 데려가 문화가 발달함
　③ 여진족: 세력을 키워 후금을 세우고 명나라와 싸우기 시작함

(2) 광해군의 복구 사업: 토지와 인구를 조사하여 국가 재정 회복에 힘씀,《동의 보감》편찬

(3) 광해군의 중립 외교: 명나라가 후금을 물리치기 위해 조선에 군사를 요청하 자 광해군은 중립 외교를 펼침

(4) 인조반정: 중립 외교를 반대한 신하들이 광해군을 내쫓고 인조를 왕으로 세움

광해군 묘(경기도 남양주)

광해군은 중립 외교 정책을 펼쳤 다. 이에 반대하는 신하들이 인 조반정을 일으켜 그를 쫓아냈다.

4 병자호란

(1) 정묘호란(1627년)

원인	인조반정 이후 명나라를 가까이 하고 후금을 멀리하는 '친명배금' 정책 실시
과정	후금이 3만 명의 대군을 이끌고 조선에 침입
결과	조선과 후금이 형제의 나라로 지내자는 약속을 하고 전쟁을 끝냄

(2) 병자호란(1636년)

원인	후금이 조선에 자신을 임금으로 섬기라고 요구했으나, 조선은 여전히 명나라 와 친하게 지내고 후금을 멀리함
과정	• 후금이 나라 이름을 '청'으로 바꾸고 조선을 다시 침략함 • 6일 만에 한성이 함락되고 인조와 신하들은 남한산성으로 피신함 • 조선은 40여 일 동안 싸웠지만 청나라에 굴욕적인 항복을 함(삼전도의 굴욕)
결과	• 조선과 청나라는 신하와 임금의 관계를 맺음 • 소현 세자와 봉림 대군을 비롯한 많은 사람들이 인질로 끌려감 • 청나라에 진귀한 물건을 바치고(조공), 명나라를 칠 때 지원군을 보내기로 함

남한산성 수어장대

남한산성에서 가장 높은 곳에 위 치하여 주변을 잘 살펴볼 수 있 는 곳이다.

삼전도비
병자호란에서 승리한 청나라 태 종이 자신의 공덕을 기록하여 세 우도록 한 비석이다.

한국사 빈칸으로 확인하기

- 1592년 일본군이 부산 앞바다로 쳐들어왔는데, 이를 ❶ ☐☐☐☐(이)라고 한다.

- ❷ ☐☐☐ 장군은 한산도 대첩에서 학익진 전술로 큰 승리를 거두었다.

- 명나라가 후금을 물리치기 위해 조선에 군사를 요청하자 광해군은 ❸ ☐☐ 외교를 펼쳤다.

- 1636년 후금이 나라 이름을 청으로 바꾸고 조선을 다시 침략한 전쟁을 ❹ ☐☐☐☐ (이)라고 한다.

정답
❶ 임진왜란
❷ 이순신
❸ 중립
❹ 병자호란

01 다음 사다리타기 놀이의 (가)~(다)에 들어갈 알맞은 말을 보기 에서 골라 쓰시오.

보기

한산도 대첩   진주 대첩   행주 대첩

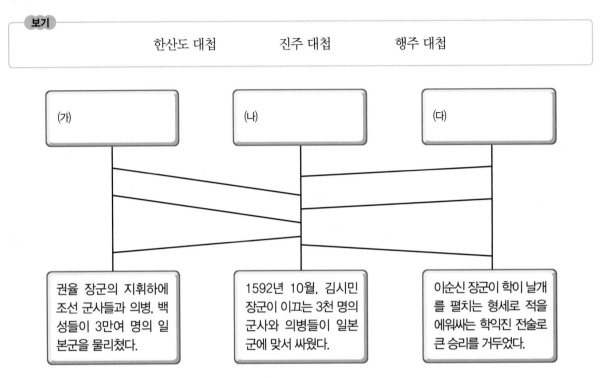

| (가) | (나) | (다) |

권율 장군의 지휘하에 조선 군사들과 의병, 백성들이 3만여 명의 일본군을 물리쳤다.

1592년 10월, 김시민 장군이 이끄는 3천 명의 군사와 의병들이 일본군에 맞서 싸웠다.

이순신 장군이 학이 날개를 펼치는 형세로 적을 에워싸는 학익진 전술로 큰 승리를 거두었다.

02 다음 설명에 해당하는 전투를 지도에서 골라 쓰시오.

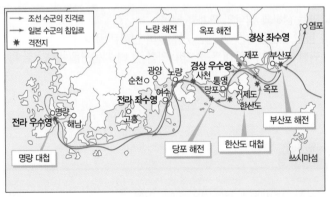

(1) 이순신이 이끄는 수군이 첫 승리를 거둔 전투입니다.   (   )

(2) 울돌목의 물살을 이용해 승리를 거둔 전투입니다.   (   )

(3) 이순신 장군이 최후를 맞은 전투입니다.   (   )

03 다음 질문에 대한 알맞은 답을 아래 글자를 조합하여 쓰시오.

(1) 병자호란이 일어날 당시 조선의 왕은 누구입니까?　　　　　　　　　(　　　　　)

(2) 한성이 함락되자 왕이 피신한 곳은 어디입니까?　　　　　　　　　　(　　　　　)

(3) 조선의 왕이 청나라 황제에게 항복한 곳은 어디입니까?　　　　　　(　　　　　)

04 임진왜란과 병자호란 당시 활약한 조선의 인물 한 명을 선정하여 업적을 쓰고, 그 업적을 칭찬하는 상장을 만들어 보시오.

(1) 내가 선정한 인물은 누구입니까?

_____

(2) 그 인물을 선택한 이유를 쓰시오.

_____

(3) 인물의 업적에 대해 책이나 인터넷을 이용하여 찾아 쓰시오.

_____

_____

제 　　호

상 장

이름 :

위 사람은 _____

_____ 했기에

이 상장을 줌

년　월　일

○○ 초등학교 학생 □□□

32회 초급 기출

1 다음 가상 영화에 나올 수 있는 장면으로 적절하지 않은 것은?

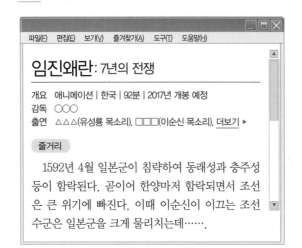

① 남한산성으로 피란 가는 인조
② 의령에서 의병을 이끄는 곽재우
③ 행주산성에서 전투를 지휘하는 권율
④ 진주성에서 일본군을 무찌르는 김시민

38회 초급 기출

2 다음 가상 인터뷰의 주인공으로 옳은 것은?

① 계백
② 곽재우
③ 최무선
④ 을지문덕

35회 초급 기출

3 (가)에 들어갈 장소로 옳은 것은?

① 공산성
② 진주성
③ 남한산성
④ 정족산성

33회 초급 기출

4 밑줄 그은 '이 전투'를 지도에서 옳게 찾은 것은?

① (가)
② (나)
③ (다)
④ (라)

39회 초급 기출

5 밑줄 그은 '이 전쟁' 중에 있었던 사실로 옳은 것은?

여기는 옥연정사입니다. 유성룡은 이 전쟁에서 드러난 문제점을 반성하고 훗날을 대비하기 위하여 이곳에서 징비록을 썼습니다.

증강 현실로 만난 역사

① 이사부가 우산국을 정벌하였다.
② 강감찬이 귀주에서 거란을 물리쳤다.
③ 권율이 행주산성에서 크게 승리하였다.
④ 김좌진이 청산리에서 일본군을 격퇴하였다.

26회 초급 기출

6 다음 대화가 이루어진 시기의 대외 정책으로 옳은 것은?

출정하더라도 명과 후금 사이에서 상황에 맞게 신중하게 대처하시오.

전하의 분부를 받들겠나이다.

강홍립

광해군

① 북벌 정책을 추진하였다.
② 개화 정책을 실시하였다.
③ 중립 외교 정책을 펼쳤다.
④ 통상 수교 거부 정책을 전개하였다.

27회 초급 기출

7 밑줄 그은 '이 전쟁' 중에 있었던 사실로 옳은 것은?

전하! 청에 항복하지 말고 끝까지 맞서 싸워야 합니다.

아니 되옵니다. 전하! 청과 강화를 맺어 이 전쟁으로 고통받는 백성들을 구해야 합니다.

① 충주성에서 승리를 거두었다.
② 행주산성에서 적을 격파하였다.
③ 남한산성에서 적과 맞서 싸웠다.
④ 처인성에서 적의 침입을 막아냈다.

40회 초급 기출

8 밑줄 그은 '이 성'에 해당하는 문화유산으로 옳은 것은?

이 성은 병자호란 때 인조가 머무르며 청에 대항하던 장소입니다. 유네스코 세계 유산으로서 동아시아의 축성 기술을 잘 보여 주고 있습니다.

오늘 소개할 문화유산에 대해 설명해 주세요.

① 공산성
② 남한산성
③ 정족산성
④ 수원 화성

◇ 한양 도성 건설

조선은 도읍을 한양으로 정하고, 유교 이념에 따라 도성을 만들었어요.

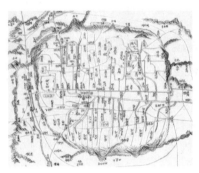

도성도

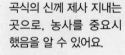

사직단

곡식의 신께 제사 지내는 곳으로, 농사를 중요시 했음을 알 수 있어요.

첫 번째로 만들어진 조선의 궁궐이자 정궁이에요.

역대 왕과 왕비에게 제사 지내는 곳으로, 효를 강조 했음을 알 수 있어요.

종묘

경복궁

◇ 나라의 기틀 마련

행정, 법, 교육 등의 제도를 정비하여 나라의 기틀을 다졌어요.

조선의 8도

호패

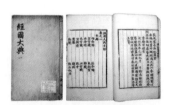

《경국대전》

전국을 8도로 나누어 관리하고, 16세 이상 남자에게 신분증과 같은 호패를 차게 하여 인구를 파악하고 세금 등을 내게 했어요.

성균관

♦ 훈민정음 창제

세종은 백성을 위하여 세상의 모든 소리를 표현할 수 있는 글자, 훈민정음을 만들었어요.

훈민정음을 만든 원리와 사용하는 방법을 정리해 놓은 책이에요.

《훈민정음 해례본》

♦ 문화와 과학 발달

세종은 백성이 생활하는 데 필요한 여러 책을 편찬하고 다양한 과학 기구를 만들었어요.

우리 현실에 맞는 농사법을 정리한 책이에요.

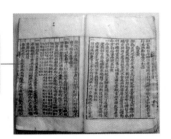

《농사직설》

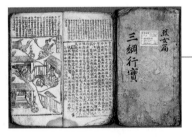

《삼강행실도》

유교를 잘 실천할 수 있도록 정리한 책이에요.

혼천의

앙부일구

자격루

측우기

600년 서울의 울타리

서울 한양 도성과 경복궁

서울은 조선 시대 한양이라고 불렀어요.
태조 이성계가 수도를 한양으로 정하고 정도전은 한양을 설계했어요.
조선의 수도 한양은 어떤 모습인지 우리 함께 시간을 거슬러 떠나 볼까요?

★ 체험 포인트

❶ 조선의 수도 한양은 어떤 모습인지 관찰하기
❷ 한양의 건물과 4대문을 조사해 보기

이성계는 조선 왕조를 열고 한양을 도읍으로 삼았어요. 한양은 한반도의 중앙에 위치하고 한강이 흐르고 있어 교통이 편리하였어요. 또한 한양은 뒤로는 북악산, 앞으로는 남산이 있으며, 한복판에 청계천이 흐르는 명당이에요. 도읍이 정해지자 정도전은 한양을 설계했어요. 북악산 아래 왕이 머물며 나라를 다스리는 경복궁을 지었어요. 경복궁은 '만년토록 빛나는 큰 복을 지닌 궁궐'이라는 의미에요. 동쪽에는 왕실의 제사를 지내는 종묘, 서쪽에는 토지신과 곡물신에게 제사를 올리는 사직단을 두었어요. 그리고 경복궁의 정문인 광화문 앞쪽 큰길에는 여러 관청을 두어 6조 거리를 조성하였어요.

한양의 경계를 두고 외부의 침입으로부터 방어하기 위해 북악산, 낙산, 남산, 인왕산의 능선을 잇는 성곽을 쌓았어요. 그리고 성곽을 따라 흥인지문(동대문), 돈의문(서대문), 숭례문(남대문), 숙정문(북대문) 4개 문을 세웠어요. 이것은 유교에서 중요시하는 '인의예지'의 글자와 뜻을 담아 이름을 지은 것이에요. 즉 한양은 유교 이념을 담아 세워졌음을 알 수 있어요.

[한양 도성 박물관]

● 주소　　　서울특별시 종로구 율곡로 283 서울디자인지원센터 1~3층
● 홈페이지　http://www.museum.seoul.kr/scwm/NR_index.do
● 전화번호　02)724-0243
● 교통편　　서울 지하철 1·4호선 동대문역 1번 또는 10번 출구 이용
● 관람 시간　평일 09:00~19:00, 토·일·공휴일 09:00~19:00(3~10월),
　　　　　　09:00~18:00(11~2월)
● 휴관일　　매주 월요일, 1월 1일

돋보기

한양 도성 한눈에 보기

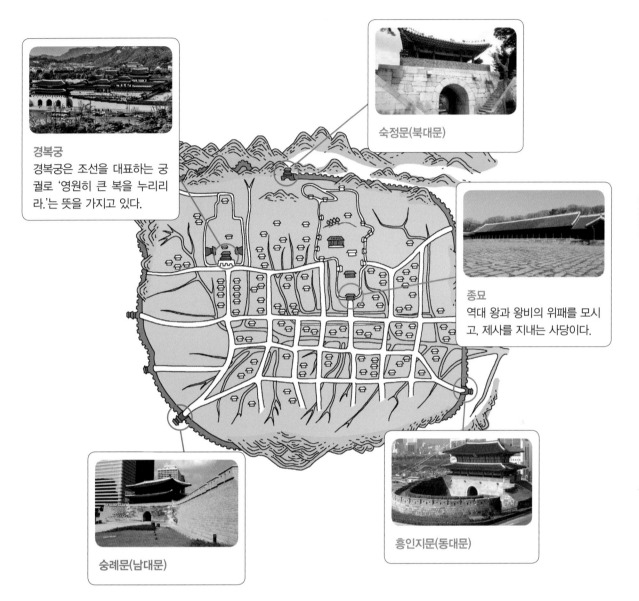

경복궁
경복궁은 조선을 대표하는 궁궐로 '영원히 큰 복을 누리리라.'는 뜻을 가지고 있다.

숙정문(북대문)

종묘
역대 왕과 왕비의 위패를 모시고, 제사를 지내는 사당이다.

숭례문(남대문)

흥인지문(동대문)

답사 꿀팁!

한양 도성 스탬프 투어가 있어요. 한양 도성을 돌아보는 것을 '순성'이라고 해요. 총 12.8km이지요. 그래서 사람들은 4개 구간으로 나누어 한 구간씩 돌며 전체를 돌아보는 계획을 세우기도 한답니다. 그리고 4개 구간을 돌면서 스탬프를 찍어 오면 기념으로 순성 뱃지를 받을 수 있어요. 자, 신발 끈을 꽉 묶고 떠나 볼까요?

MEMO

스토리 한국사 ❶ 정답 및 해설

정답 및 해설

I

선사 시대 · 고조선 시대

1 선사 시대의 생활 모습

학습 활동
활동 북 8~9쪽

01 두 발로 서서 걸었다, 말을 하였다, 도구와 불을 사용하였다. 등

02 채집, 사냥(또는 수렵), 동굴(또는 막집), 뗀석기

03 (가) 예 고기를 구워먹으니 연하고 맛있네!
   (나) 예 불을 피워 놓으니 동물들이 접근을 못하네. 안심하고 자자!
   (다) 예 불을 피워 놓으니 따뜻하고 환해. 너의 얼굴도 보여!

04 강가, 바닷가(해안가), 농경, 움집, 토기

05 (가) 돌보습 (나) 돌괭이 (다) 가락바퀴 (라) 갈돌, 갈판

01 인류의 특징

인류는 진화하면서 두 발로 서서 걸어 다니게 되었고, 도구를 사용하기 시작하였어요. 차츰 지혜가 발달하면서 좀 더 다양한 도구와 불을 다룰 줄 알게 되었고 언어를 사용하였어요.

02 구석기 시대의 생활 모습

구석기인들은 무리를 지어 생활하면서 동물을 사냥하였고, 식물의 뿌리나 나무 열매를 따서 먹었어요. 해가 지면 채집과 사냥에 나섰던 사람들이 동굴로 모여들었지요. 동굴 한 가운데 피워 놓은 불 주위에 둘러앉아 추위를 녹이고, 사냥한 고기도 구워 먹으며 하루를 마무리하였어요. 당시 사람들은 돌을 깨뜨려 생활에 필요한 도구를 만

들어 썼는데, 이것을 뗀석기라고 해요. 뗀석기를 만드는 방법은 점점 발전하여, 나중에는 용도에 따라 찍개, 주먹도끼, 긁개 등을 만들어 썼어요.

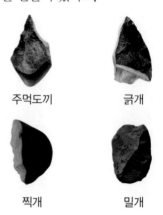

주먹도끼   긁개

찍개   밀개

03 불의 사용

인간은 불을 이용하게 되면서 추위를 피하고 짐승의 공격을 막을 수 있었어요. 또한 불에 익힌 음식을 먹으면서 영양이 더욱 풍부해져 두뇌가 발달하게 되었다고 해요.

04 신석기 시대의 생활 모습

신석기 시대 사람들은 돌을 갈아서 만든 간석기를 사용하였어요. 또한 토기를 만들어 음식을 조리하거나 저장하였지요. 이 시기에는 조, 피 등을 재배하는 농경 생활이 시작되었고, 짐승을 기르는 목축이 시작되었어요. 농경과 목축이 시작되었다고 해도 사냥과 채집, 물고기잡이는 여전히 식량을 얻는 중요한 수단이었어요. 그래서 물고기잡이 등에 유리한 강가나 바닷가에 정착하여 움집을 짓고 마을을 이루었지요.

05 신석기 시대의 도구

신석기 시대 사람들은 농사를 짓기 위해 농기구를 사용하였어요. 돌괭이, 돌보습 등을 사용하여 땅을 일구어 조, 피 등의 씨를 뿌리고 곡식을 재배하였지요. 곡식을 수확할 때가 되면 돌낫, 뼈낫과 같은 날카로운 도구로 곡식의 이삭을 잘라 추수를 하였어요. 이렇게 거두어들인 곡식은

갈판에 올려놓고 갈돌로 밀어서 껍질을 벗기고 가루를 낸 뒤, 토기에 담아 찌거나 물과 함께 끓여 먹었어요. 고기 잡이 도구로는 낚시 바늘과 그물추가 있었어요. 낚시 바늘은 뼈를 갈아서 만들었고요. 그물추는 돌을 갈아서 그물 끝에 매달아 그물이 쉽게 물속으로 가라앉도록 만들었어요. 그물추가 사용되었다는 것은 그물을 만들 실을 뽑아 낼 줄 알았다는 것이지요. 가락바퀴는 가운데 구멍에 막대를 꽂아 회전시켜 실을 뽑는 도구예요. 이렇게 뽑은 실로 옷감을 짜고, 동물의 가죽 등을 활용하여 뼈로 만든 바늘로 옷을 지어 입었어요.

간석기

빗살무늬 토기

도전! 한국사능력검정시험

활동 북 10~11쪽

1 ②	2 ④	3 ①	4 ③
5 ③	6 ④	7 ①	8 ③

1 구석기 시대의 유물

(가)에 들어갈 알맞은 유물은 구석기 시대의 유물이에요. 정답은 ② 주먹도끼예요.

`오답 거르기`

① 가락바퀴는 신석기 시대의 도구, ③ 반달 돌칼은 청동기 시대의 농기구, ④ 빗살무늬 토기는 신석기 시대를 대표하는 토기예요.

2 구석기 시대의 생활 모습

그림에서 주먹도끼를 사용하고 있으므로 (가)는 구석기 시

대입니다. 구석기 시대 사람들은 이동 생활을 했기 때문에 주로 동굴이나 바위 그늘에서 살았어요.

`오답 거르기`

① 청동기 시대의 생활 모습이고, ②와 ③ 신석기 시대의 생활 모습이에요.

3 구석기 시대의 유물

공주 석장리 구석기 축제이므로 구석기 시대의 유물인 ① 주먹도끼가 정답이에요.

`오답 거르기`

② 청동기 시대를 대표하는 비파형 동검, ③ 고조선 관련 문화 범위를 알 수 있는 미송리식 토기, ④ 가야의 철제 판갑옷과 투구예요.

4 구석기 시대의 생활 모습

제시된 문제는 구석기 시대의 생활 모습을 찾는 문제예요. 구석기 시대 사람들은 사냥과 채집 등을 하면서 이동 생활을 했어요.

`오답 거르기`

① 철기 시대, ②와 ④ 청동기 시대에 대한 설명이에요.

5 신석기 시대의 유물

(가)에 알맞은 신석기 시대 문화유산 스탬프는 실을 뽑는 도구인 ③ 가락바퀴예요. 신석기 시대에는 가락바퀴의 가운데 구멍에 막대를 꽂아 회전시켜 실을 뽑았어요. 가락바퀴는 깨진 토기 조각으로 만들거나 흙을 빚어서 만들었어요.

① 통일 신라의 탑이고, ② 신라 천마총의 천마도예요. ④ 수막새는 지붕의 처마 끝을 마감하는 기와예요.

6 신석기 시대의 유물

제시된 그림에서 선생님과 학생들이 신석기 시대의 생활 모습을 말하고 있어요. 따라서 (가)는 신석기 시대이고, 알맞은 유물은 ④ 빗살무늬 토기예요.

7 신석기 시대의 의생활

제시된 그림을 보고 신석기 시대 옷을 만드는 도구를 찾는 문제예요. 신석기 시대에는 ① 가락바퀴를 이용하여 실을 뽑았고 뼈바늘을 이용하여 옷이나 그물 등을 만들었어요.

② 청동기 시대 곡물을 수확하는 농기구인 반달 돌칼, ③ 청동기 시대 지배층의 상징인 청동 거울, ④ 신석기 시대 곡식을 저장하거나 요리하는 데 쓰인 빗살무늬 토기예요.

8 신석기 시대의 생활 모습

제시된 그림은 신석기 시대의 대표적인 유적인 부산 동삼동에서 열리는 신석기 문화 축제 포스터예요. ①, ②, ④의 내용은 신석기 시대에 이루어진 생활 모습이에요. 하지만 ③의 고인돌은 청동기 시대에 만들어졌어요.

---

2 처음 세운 나라, 고조선

학습 활동

활동북 14~15쪽

01 • 이름: 반구대 바위그림(반구대 암각화) • 의미: 고기 잡이와 사냥의 풍성함을 기원했던 것으로 추측됨
• 이름: 고인돌 • 용도: 지배자의 무덤
• 이름: 반달 돌칼 • 용도: 이삭을 훑거나 꺾는 데 사용(추수용 농기구)

02 예 우리나라 청동 검은 칼날의 모양이 비파를 닮았으며, 칼날과 손잡이를 따로 제작하여 조립한 것이 특징이에요.

03 (1) ㉡ (2) ㉠ (3) ㉢

04 (1) 비파형 동검 (2) 미송리식 토기 (3) 탁자식 고인돌 (북방식 고인돌)

05 (1) ㉢ (2) ㉡ (3) ㉠

01 청동기 시대의 유물과 유적

반구대 바위그림에는 사슴, 고래, 거북, 호랑이, 물고기, 멧돼지, 사람 등 다양한 모습이 새겨져 있는데, 고기잡이와 사냥이 잘 이루어지기를 바라는 당시 사람들의 마음이 나타나 있어요.

청동기 시대에 등장한 고인돌은 규모에 따라 무덤 주인의 세력을 추측하는 데 이용되기도 하는데, 규모가 큰 것은 군장을 비롯한 권력자의 무덤으로 추정하고 있어요. 청동기 시대 곡식을 수확하는 도구인 반달 돌칼은 구멍에 끈을 끼워 손에 쥐고 이삭을 훑거나 꺾는 데 사용하였어요.

02 우리나라의 청동기

한반도와 만주에서 널리 발견되는 비파형 동검은 비파 모양의 검 날 가운데에 줄기가 있어요. 또 우리나라 청동 검은 칼날과 손잡이를 따로 제작하여 조립한 것이 특징이에요. 반면 중국의 청동 검은 날이 곧바르고 좁으며 칼날과 손잡이가 하나로 이루어져 있어요. 이것은 만주와 한반도 지역이 중국과는 다른 청동기 문화권이었음을 보여 주는 것이에요.

03 단군 신화

하늘에서 내려온 환웅이 바람과 구름, 비를 주관하는 신하들을 둔 것은 고조선이 농업 사회를 기초로 건국되었음을 알 수 있는 부분이에요. 곰이 사람이 되어 환웅과 결혼하였다는 것은 앞선 문화를 가진 부족이 이주해 와서 곰을 숭배하는 토착 세력과 연합하여 국가를 세웠다는 것을 알려 주고 있어요. 단군왕검은 제사장을 뜻하는 '단군'과 정치적 지배자인 '왕검'이 합쳐진 말로, 고조선 초기에 정치 지도자가 제사도 담당하는 제정일치의 사회였음을 보여 주는 것이지요.

04 고조선 관련 문화 범위

고조선은 우수한 청동기 문화를 바탕으로 만주 지역의 여러 세력을 정복하고 한반도의 서북 지방까지 세력을 넓혔어요. 당시 고조선 관련 문화 범위는 비파형 동검과 탁자식 고인돌, 미송리식 토기의 분포를 통하여 짐작할 수 있어요.

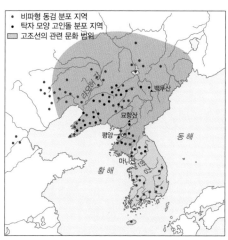

고조선 관련 문화 범위

05 고조선의 8조법

고조선의 8조법을 통해 고조선이 노동력을 중시하고, 사

람의 생명을 존중하는 사회였음을 알 수 있어요. 또한, 농경이 발달한 사회로 사유 재산을 인정하고 노비가 존재하는 신분제 사회였음을 짐작할 수 있지요.

〈8조법을 통해 본 고조선 사회〉

사람을 죽인 자는 사형에 처한다. ➡	생명 존중, 사회 질서가 매우 엄격함
남을 다치게 한 자는 곡식으로 갚아야 한다. ➡	농업 사회, 노동력 중시, 사유 재산 인정
도둑질한 자는 노비로 삼는다. 만일 도둑질한 사람이 죄를 벗으려면 많은 돈을 내야 한다. ➡	계급 사회, 화폐 사용

도전! 한국사능력검정시험   활동 북 16~17쪽

1 ②	2 ④	3 ①	4 ①
5 ③	6 ③	7 ②	8 ②

1 청동기 시대 농기구

제시된 반달 돌칼은 곡식을 수확하는 농기구예요. 반달 돌칼의 구멍에 끈을 끼워 손에 쥐고 이삭을 훑거나 꺾는 데 사용하였어요.

2 청동기 시대의 유물

제시된 그림은 고인돌 축제 포스터예요. 고인돌은 청동기 시대를 대표하는 유적이에요. ① 비파형 동검, ② 반달 돌칼, ③ 민무늬 토기는 청동기 시대 유물이에요. ④ 철기 시대에 제작된 철제 농기구예요.

3 우리나라 최초의 국가 고조선

제시된 대화 내용은 고조선에 대한 설명이에요. 고조선에

서는 8조법을 만들어 나라를 다스렸는데, 우리는 이를 통해 고조선 사회를 이해할 수 있어요.

오답 거르기

② 불교는 삼국 시대에 전래되었고, ③ 소도는 삼한의 천군이 머무는 신성한 지역이에요. ④ 낙랑과 왜에 철을 수출한 나라는 가야예요.

4 고조선의 건국과 단군 신화

제시된 그림과 글은 고조선의 건국을 알려 주는 단군 신화의 내용이에요. 고조선은 청동기 문화를 기반으로 등장한 우리나라 최초의 국가예요.

오답 거르기

② 삼한, ③ 부여, ④ 신라에 대한 설명이에요.

5 고조선 사회

제시된 자료는 단군 신화의 내용을 그린 우표예요. 단군 신화는 고조선의 건국과 관련 있기 때문에 정답은 ③이에요.

오답 거르기

① 대가야를 정복한 나라는 신라이고, ② 낙랑과 왜에 철을 수출한 나라는 가야예요. ④ 고구려는 동맹이라는 제천 행사를 열었어요.

6 고조선의 8조법

제시된 자료는 고조선에 대한 조사 보고서예요. 따라서 정답은 ③이에요. 고조선에서는 8조법으로 백성을 다스렸어요.

오답 거르기

① 신라, ② 백제, ④ 고구려와 관련 있는 내용이에요.

7 만주와 한반도의 여러 나라

제시된 지도는 고조선 멸망 후 만주와 한반도에 등장한 나라예요. 만주에는 부여와 고구려가 나타났으며, 한반도에는 옥저와 동예, 삼한이 등장했어요. 그중 (가) 부여,

(나) 동예, (다) 진한이에요.

8 철기 시대의 생활

제시된 자료는 부여에 대한 글이에요. 부여는 고조선에 이어 가장 먼저 세워진 나라로 만주 쑹화강 유역의 평야지대에 위치하였어요. 부여는 매년 12월 영고라는 제천행사를 열었는데, 이때에는 노래와 춤을 즐겼고 죄수를 풀어 주기도 했어요.

오답 거르기

① 신라, ③ 고조선, ④ 삼한에 대한 내용이에요.

II
삼국 시대 · 남북국 시대

1 삼국의 건국과 발전

학습 활동
활동 북 26~27쪽

01 (예) 알에서 태어난 신성한 존재였다.

02 (가) (예) 정복 전쟁으로 영토를 넓히자!

(나) (예) 아들아, 네가 다음 왕이다!

03 • 4세기: 백제, 근초고왕

• 5세기: 고구려, 광개토 대왕, 장수왕

• 6세기: 신라, 진흥왕

04 (가) ⓒ (나) ㄹ (다) ㉠ (라) ⓛ

01 삼국과 가야의 건국
고구려와 신라, 가야의 건국 신화를 보면 나라를 건국한 인물이 알에서 태어났음을 알려 주고 있어요. 이것은 나라를 건국한 인물들이 신성한 존재라는 것을 보여 주기 위한 것이에요. 또한 자기 부족이 특별한 존재라는 것을 드러내기 위한 것이지요. 그러나 백제의 경우에는 고구려 계통의 사람들이 남하하여 한강 유역의 토착민과 연합하여 국가를 세웠다는 것을 알 수 있어요.

02 삼국의 발전
삼국은 발전하면서 각 부족을 다스리던 부족장들을 점차 중앙의 귀족이나 관료로 흡수하였고, 이 과정에서 신분 제도가 만들어졌어요. 이를 바탕으로 삼국은 정치 제도와 관료 조직을 갖추었어요. 또한 주변 지역을 정복하여 영토를 넓히고, 왕이 직접 지방을 지배하였어요. 이 시기에 들어온 불교는 왕권을 강화하고 백성을 하나로 통합하는 데 중요한 역할을 하였어요.

03 삼국의 전성기
삼국 중 가장 먼저 발달한 나라는 백제였어요. 한강 유역을 바탕으로 성장한 백제는 4세기 근초고왕 때 전성기를 이루었어요. 근초고왕은 활발한 정복 활동을 펼쳤는데, 남쪽으로 마한의 남은 세력을 정복하여 남해안까지 진출하였어요. 또한, 낙동강 유역 가야 연맹의 여러 나라를 영향력 아래에 두었어요. 근초고왕은 고구려 평양성을 공격하여 고구려의 왕을 죽이기도 했지요. 한편 밖으로는 중국의 요서와 산둥반도, 일본의 규슈까지 영향력을 미쳤어요. 5세기에 고구려가 광개토 대왕, 장수왕 때 전성기를 이루었어요. 광개토 대왕은 활발한 정복 활동을 벌여 고구려 북쪽으로는 요동 지방을 포함한 만주 지역 대부분의 땅을 차지하였고, 남쪽으로는 한반도 중부 지역까지 아우르는 대제국을 건설하였어요. 가장 늦게 발전한 신라는 6세기 진흥왕 때 전성기를 이루었어요.

04 삼국과 가야의 문화유산
삼국과 가야는 많은 문화유산을 남겼어요. 그중 고구려는 금동 연가 7년명 여래 입상(ⓒ)이 대표적인 유물이에요. 불상 뒷면에 '연가 7년'에 만들어졌다는 글씨가 새겨져 있어요. 연가 7년은 제작 연도를 나타내는 이름이에요.

백제 금동 대향로(ㄹ)는 1993년에 발견되었는데 백제인들의 뛰어난 공예 기술과 예술적 수준을 잘 보여 주고 있어요.

신라에서 가장 유명한 유물 중 하나는 금관(㉠)이에요. 이를 통해 신라 사람들이 금을 다루는 기술이 상당한 수준이었음을 알 수 있어요.

철을 많이 수출하였던 가야는 철로 만든 다양한 유물을 남겼는데 철제 판갑옷과 투구(ⓛ) 등이 있어요.

1 고구려

제시된 그림은 고구려의 건국 신화예요. 고구려는 고국천왕 때 흉년에 굶주린 백성에게 곡식을 빌려주고 가을 추수 후에 돌려받는 진대법을 실시하였어요.

오답 거르기

① 화랑도는 신라 청소년 단체이고, ③ 백제는 22개의 담로를 설치하여 전국을 다스렸어요. ④ 가야는 낙랑과 왜에 철을 수출하며 발전하였어요.

2 백제

제시된 그림은 백제의 건국 신화예요. 백제가 왜에 보낸 칠지도에는 백제 왕세자가 왜왕을 위하여 하사한다는 내용이 적혀 있어요. 근초고왕 때 만들어진 것으로 추정되고 있어요.

오답 거르기

①과 ③ 신라, ④ 고구려와 관련 있어요.

3 신라

제시된 그림은 신라의 건국 신화예요. ④ 진대법은 고구려의 제도로 흉년에 굶주린 백성에게 곡식을 빌려주고 가을 추수 후에 돌려받는 제도예요.

4 가야

제시된 자료는 금관가야의 대표적인 유적인 김해 대성동 고분과 가야 토기예요. 가야는 철기 문화가 발달하였으며 중국, 왜와 활발히 교류하였어요.

오답 거르기

① 독서삼품과는 신라 원성왕 때 실시한 제도이고, ③ 해동성국이라 불린 나라는 발해예요. ④ 화랑도는 신라의

제도예요.

5 백제의 성장

제시된 자료의 업적을 이룬 왕은 백제 근초고왕이에요. 근초고왕은 백제의 전성기를 이끌었던 왕으로, 남쪽으로는 마한을 정복하여 남해안까지 진출하였어요. 또한 중국의 혼란한 상황을 이용하여 요서와 산둥반도로 영향력을 미쳤으며, 왜의 규슈 지방까지 활동 무대를 넓혔어요.

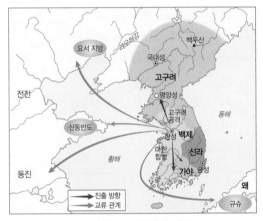

4세기 백제의 전성기 지도

6 고구려의 발전

제시된 그림은 장수왕에 대한 내용이에요. 광개토 대왕의 뒤를 이은 장수왕은 수도를 국내성에서 평양으로 옮겨, 왕권을 강화하고 적극적인 남진 정책을 추진하였어요. 장수왕은 백제의 수도를 함락시키고 한강 유역을 차지하였어요.

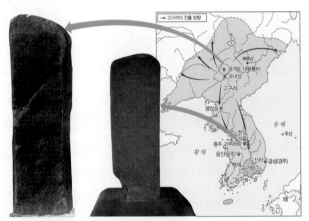

5세기 고구려 전성기 지도

오답 거르기

② 백제, ③ 조선 ④ 신라에 대한 내용이에요.

7 신라의 발전

제시된 자료는 서울 북한산 신라 진흥왕 순수비예요. 진흥왕은 한강 유역을 차지한 후 직접 돌아보고 기념비를 세웠어요.

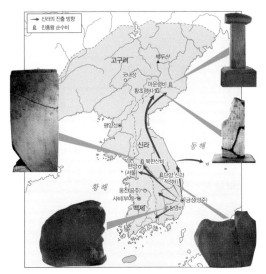

6세기 신라의 전성기 지도

8 가야의 문화유산

제시된 자료는 경상북도 고령군 지산리에 있는 대가야 시대의 고분군이에요. 지산동 고분군에서는 대량의 토기와 함께 금동관, 갑옷 및 투구, 긴 칼 등이 나왔어요. 학자들은 지산동 고분군을 대가야 지배층의 무덤이라고 생각하고 있어요.

오답 거르기

①과 ③ 백제, ② 고구려와 관련 있어요.

---

2 삼국 통일과 발해의 건국

학습 활동
활동 북 32~33쪽

01 (가) ㉡ (나) ㉣ (다) ㉢

02 (가) 예 신라가 안달이 났군. 이번 기회에 신라에 빼앗긴 고구려 땅을 찾아야지!

(나) 예 고구려를 무너뜨리려면 신라의 힘이 필요해. 그런 다음에 신라까지 차지하는 거야!

03 (가) 예 안타깝게도 고구려가 멸망함으로써 요동과 만주 땅을 잃고 우리 민족의 영토는 대동강 이남으로 줄어들었어요!

(나) 예 우리나라 최초의 통일로, 민족 문화 발전의 바탕이 되었다는 것을 명심해야 해요.

04 예 발해 외교 문서에서 스스로 고구려라고 쓰고 있다. 온돌은 우리 민족 고유의 난방 방식이다. 발해 땅에서 발견된 무덤이나 기와 등을 볼 때 고구려 양식을 계승하고 있다.

01 삼국의 통일 과정

고구려는 중국을 통일한 수나라의 침략을 받았어요. 무려 113만 대군이 고구려에 침입했으나, 을지문덕은 살수에서 이들을 크게 물리쳤어요. 수나라를 이은 당나라도 고구려를 침략하였어요. 당나라는 잘 훈련된 군사로 고구려의 성들을 차례로 항복시키면서 안시성까지 진격해 왔어요. 그러나 안시성의 성주와 백성은 끝까지 저항하였고 결국 당나라의 침략을 물리쳤어요. 한편 신라는 백제의 공격으로 위기에 처하자 당나라와 동맹을 맺었어요. 신라와 당나라는 먼저 백제를 멸망시키고 이어 고구려까지 멸망시켰어요. 백제와 고구려가 멸망한 후, 당나라는 신라마저 차지하려는 야심을 드러냈어요. 이에 신라는 매소성과 기벌포에서 당나라 세력을 몰아내고 삼국을 통일하였어요.

02 나 · 당 동맹의 결성

신라는 한강 유역을 차지한 후에 백제의 공격을 받아 여러 영토를 잃고 어려움에 처해 있었어요. 신라는 위기를 벗어나기 위해 김춘추를 고구려에 보내 도움을 요청하였으나 거절당하였어요. 신라는 다시 김춘추를 당에 보내 당나라와 동맹을 맺게 되었지요. 당나라는 혼자 힘으로 고구려를 정복할 수 없다는 생각에 신라와 손을 잡게 된 것이에요.

연개소문: 신라가 점령하고 있는 고구려 땅을 돌려준다면 군사를 내어 주겠다.

김춘추: 고구려와의 동맹은 어렵겠군.

김춘추: 군사를 보내 백제를 없애 주십시오.

당 태종: 고구려를 다시 칠 수 있겠군.

03 삼국 통일

신라의 삼국 통일은 외부 세력인 당의 도움을 받았고, 옛 고구려 땅을 대부분 잃었다는 한계를 갖고 있어요. 그러나 신라의 삼국 통일은 우리 민족이 이룬 최초의 통일로서, 민족 문화 발전의 바탕을 마련하였다는 점에서 의의를 찾을 수 있어요.

04 고구려를 계승한 발해

고구려가 멸망한 지 30년 만에 고구려 유민인 대조영이 고구려의 옛 땅에 발해를 건국했어요. 발해는 일본에 보낸 국서에서 '발해는 고구려의 옛 땅을 회복하고 부여의 풍습을 가졌다.'라고 말하였어요. 이후 일본에 간 사신들

의 편지에도 '발해 왕이 고려 국왕이다.'라고 표현함으로써 발해는 스스로 고구려를 계승한 나라라고 밝혔어요. 뿐만 아니라 옛 발해 땅에서 발견되는 무덤, 기와 등의 유물을 보면 고구려와 비슷한 점이 많아요. 특히 온돌은 고구려와 발해의 유적에서 공통적으로 발견되면서 발해가 고구려를 계승한 나라임을 보여 주고 있어요.

도전! 한국사능력검정시험			활동 북 34~35쪽
1 ④	2 ②	3 ③	4 ②
5 ①	6 ①	7 ④	8 ①

1 수의 침략을 물리친 고구려

제시된 자료는 을지문덕이 이끄는 고구려 군대가 살수(청천강)에서 수나라의 대군을 물리친 살수 대첩이에요.

2 당의 침략을 물리친 고구려

제시된 그림은 고구려가 당의 침략을 물리친 안시성 싸움을 그린 것이에요. 당나라는 고구려를 침략하여 요동성과 백암성 등을 차례로 무너뜨리고 안시성을 공격하였어요. 당나라 군대는 안시성을 3개월 동안 수십 차례에 걸쳐 공격하였어요. 그러나 안시성의 성주와 백성들은 힘을 합쳐 결국 당나라를 물리쳤어요.

3 신라와 당의 연합

신라는 백제 의자왕의 공격으로 40여 개의 성을 빼앗기는 등 위기에 처했어요. 이에 신라의 김춘추가 고구려에 가서 도움을 요청하였으나 연개소문은 이를 거절하였어요. 그러자 김춘추는 당으로 건너가 동맹을 제의하였어요. 수차례 고구려 침략에 실패한 당이 신라의 제안을 받아들여 나·당 동맹이 이루어졌어요. 그 후 김춘추는 김유신의 도움을 받아 왕이 되었어요.

4 삼국 통일

당나라는 백제와 고구려를 멸망시킨 뒤 신라마저 지배하려고 하였어요. 이에 신라는 매소성에서 당의 20만 대군을 물리치고 기벌포(금강 하구)에서 당의 수군을 물리쳤어요. 이로써 신라는 당을 몰아내고 삼국 통일을 이룩할 수 있었어요.

나·당 전쟁의 전개

5 발해의 성장

제시된 그림의 인물은 발해를 건국한 대조영이에요. 발해는 문왕 때 수도를 상경으로 옮기고, 선왕 때 중국으로부터 해동성국이라 불리며 전성기를 이루었어요. 그러나 귀족들의 권력 다툼으로 국력이 약해졌고, 결국 거란의 침략을 받아 멸망하고 말았어요.

발해의 영토

6 발해의 문화유산

제시된 발해 문화유산 중 (가)에 알맞은 스탬프 도장은 ① 이불병좌상이에요. 이불병좌상은 두 부처가 나란히 앉은 불상으로 형태와 연꽃의 표현 방식이 고구려의 전통을 계승한 발해의 대표적인 유물 중 하나예요.

오답 거르기
② 통일 신라, ③ 조선, ④ 고구려의 유물이에요.

7 신라의 문화유산

제시된 자료는 신라 천년의 수도 경주 답사 계획서예요. 따라서 경주에서 볼 수 없는 문화유산은 ④이에요. 중국 지린성 지안에 위치하고 있는 장군총은 돌무지무덤으로 장수왕의 무덤으로 추정되고 있어요. 7층의 계단식 피라미드로 되어 있으며, 높이는 13m로 아파트 5층 높이예요.

8 통일 신라의 발전

제시된 인물 카드의 주인공은 장보고예요. 장보고는 청해진을 중심으로 해적들을 소탕하고 당과 신라, 일본을 잇는 동아시아 해상 무역권을 장악하였어요.

오답 거르기
② 칠지도는 백제 근초고왕 때이고, ③《삼국사기》는 고려 시대 김부식이 쓴 역사책이에요. ④ 북한산 순수비는 신라 진흥왕이 세웠어요.

Ⅲ
고려 시대

1 후삼국 통일

학습 활동
활동북 44~45쪽

01 (1) 견훤 (2) 궁예 (3) 왕건

02 (1) ⓛ (2) ⓙ

03 왕건, 고려 건국 → 고창 전투 → 신라 항복 → 후백제 멸망

04 (1) 태조 (2) 광종 (3) 성종

01 후삼국 시대

후삼국 시대를 이끈 주요 인물은 견훤, 궁예, 왕건이에요. 견훤이 제일 먼저 완산주에 도읍을 정하고 후백제를 세웠어요. 그 다음은 궁예가 송악에 도읍을 정하고 후고구려를 세웠지요. 마지막으로 왕건이 궁예를 몰아내고 고려를 세웠어요.

02 후삼국 시대 주요 장소

포석정은 후백제의 견훤이 경주를 침입하였을 때, 경애왕이 신하들과 함께 잔치를 열었던 곳이에요. 금산사는 견훤이 큰 아들인 신검에 의해 가둬졌던 곳이에요.

03 후삼국 통일

고려를 세운 태조 왕건은 후백제와는 싸웠지만 신라와는 좋은 관계를 유지했어요. 고려는 후백제와의 고창 전투에서 크게 이겨 후삼국을 통일할 수 있는 바탕을 마련하였어요. 신라의 경순왕은 스스로 고려에 항복해 왔고, 다음 해 고려는 후백제를 멸망시켜 후삼국 통일을 완성하였답니다.

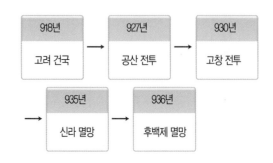

04 고려 초기 왕의 정책

태조 왕건은 거란에 멸망한 발해의 백성들을 따뜻하게 맞아 주어 진정한 민족 통일을 이루었어요. 광종은 왕권을 강화하기 위해 과거제를 처음 실시하여 능력 있는 인재를 뽑았어요. 성종은 최승로의 건의를 받아들여 유교 이념에 따라 나라를 다스렸어요.

도전! 한국사능력검정시험
활동북 46~47쪽

1 ①　　　2 ③　　　3 ③　　　4 ③

5 ②　　　6 ①　　　7 ②　　　8 ②

1 신라의 신분 제도

제시된 자료는 신라의 신분 제도인 골품 제도의 문제점을 나타낸 것이에요. 신라 말 6두품 세력은 골품 제도의 개혁을 요구하였으나 받아들여지지 않았어요. 이에 6두품 세력은 지방 세력과 결합하여 새로운 사회 건설을 추구하였어요.

2 신라의 상황

신라는 진성 여왕 때 정치가 혼란해지고 전염병까지 겹쳐 농민 중에는 고향을 떠나 떠돌거나 도적이 되는 자가 나타났어요. 원종과 애노의 봉기를 계기로 곳곳에서 농민 봉기가 일어나고, 지방 세력이 등장하면서 신라는 이제 더 이상 나라를 운영할 수 없는 상태에 이르렀어요.

신라 말의 사회 혼란

오답 거르기

①과 ④ 고려 시대, ② 조선 시대에 일어난 농민과 천민의 봉기예요.

3 지방 호족의 성장

퀴즈의 정답은 호족이에요. 신라의 중앙 정치가 혼란해지자 지방 세력이 성장하였는데, 이들은 성을 쌓아 근거지를 만들고 스스로 성주 또는 장군이라 부르면서 백성을 다스렸어요.

4 견훤

일기장에 나오는 금산사에는 후백제를 세운 견훤과 관련된 이야기가 있어요. 견훤이 아들 금강에게 왕위를 물려주려 하자, 장남 신검이 금강을 죽이고 아버지를 이곳에 가두었어요. 그 후 견훤은 고려의 왕건에게 갔어요.

5 고려의 후삼국 통일

고려는 후삼국의 주도권을 놓고 후백제와 대결하면서 신라와는 우호적인 관계를 유지하였어요. 결국 신라의 경순왕은 스스로 고려에 항복하였어요. 이후 고려는 후백제를 멸망시키고 후삼국을 통일하였어요.

6 고려 왕건의 북진 정책

제시된 인물 카드의 주인공은 고려를 건국하고 후삼국을 통일한 왕건이에요. 왕건은 고구려 계승을 내세우고 고구려의 옛 땅을 되찾기 위해 북진 정책을 추진하였어요.

오답 거르기

② 백제 문주왕, ③ 고려 광종, ④ 고려 성종이 실시한 정책이에요.

7 고려 광종의 정책

광종은 처음으로 과거 제도를 실시하여 유교 지식과 능력이 뛰어난 인재를 관리로 뽑았어요. 이들은 왕에게 충성하는 관리가 되어 왕권을 강화하는 역할을 하였어요.

오답 거르기

① 신라의 신분 제도, ③ 양인과 천민으로 구분하는 조선의 신분 제도예요. ④ 고려 시대 5품 이상 관리의 자손들을 과거 시험을 거치지 않고도 관직에 임명한 제도예요.

8 고려 성종의 정책

고려 성종은 최승로의 건의를 받아들여 유교를 바탕으로 한 정치를 추진하였어요. 또 통치 제도를 정비하여 지방 12목에 관리를 파견하였어요.

2 세계 속의 고려

학습 활동

활동 북 50~51쪽

01 (1) 벽란도 (2) 아라비아 (3) 몽골풍

02 (1) ㉠ (2) ㉡ (3) ㉢

03 (1) 나성 (2) 만월대 (3) 가게쟁이

04 ㉠, ㉡

01 고려 시대의 대외 교류

고려 시대 국제 무역항은 예성강 하구의 벽란도였어요. 고려에는 아라비아 상인까지 드나들었는데, 이들이 유럽에 고려를 '코리아' 또는 '코레아'로 알렸어요. 원의 풍습이 고려에 전해져 유행한 것을 '몽골풍'이라고 불렀어요.

02 고려의 무역 활동

송나라 상인은 고려에 비단, 자기, 약재 등을 팔고 인삼, 나전 칠기, 금, 은 등을 가져갔어요. 먹을 것이 부족했던 여진은 고려에서 농기구와 곡식 등을 가져가고 은과 모피, 말 등을 보냈어요. 몇 차례 다녀간 일본 상인은 수은, 유황 등을 가져와 인삼, 서적 등을 받아갔어요.

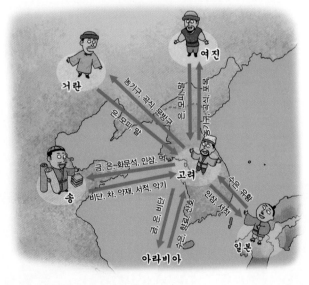

고려의 대외 교류

03 개경의 모습

고려의 수도 개경은 바깥에 약 23km에 달하는 나성이 에워싸고 있었어요. 고려의 궁궐은 지금 남아 있지 않지만 궁궐터인 만월대가 남아 있어요. 개경에서는 상인을 가게쟁이라고 불렀는데, 여기에서 깍쟁이라는 말이 나왔다고 해요.

04 고려 시대의 화폐

고려 시대에는 최초의 화폐인 건원중보를 비롯하여 은병, 해동통보 등의 화폐가 발행되었어요. 하지만 잘 사용되지 못하고 여전히 물품 거래는 쌀이나 옷감으로 하였답니다.

도전! 한국사능력검정시험

활동 북 52~53쪽

1 ①	2 ②	3 ④	4 ③
5 ①	6 ②	7 ④	8 ②

1 고려의 대외 교류

고려의 국제 무역항인 벽란도의 위치는 (가)예요. 예성강 입구에 위치한 벽란도는 수도인 개경과 가까워 송과 일본 상인은 물론 아라비아 상인까지 와서 거래를 한 국제 무역항이었어요. 벽란도는 '푸른 파도가 넘실대는 나루'라는 뜻이에요.

2 고려의 국제 무역

고려 시대에는 주변 나라들과 활발히 교류하였어요. 일본 상인들은 수은, 유황 등을 갖고 와서 인삼, 책 등을 사 갔으며 아라비아 상인들은 수은과 향료를 팔고 금과 비단, 그리고 인삼을 사 갔어요. (나)는 조선 후기의 사실이에요.

3 고려의 국제 무역

제시된 두 사람은 아라비아 상인과 고려의 국제 무역에 대해 대화하고 있어요. 여기서 대식국은 고려에 들어온 아라비아 상인을 일컬어요. 아라비아 상인들은 벽란도를 통해 개경에 들어와 수은과 향료를 팔고 금과 비단을 사 갔어요. 고려는 아라비아 상인들에 의해 '코리아' 또는 '코레아'라는 이름으로 세계에 알려지게 되었어요.

4 고려의 국제 무역항 벽란도

제시된 그림은 고려의 국제 무역항인 벽란도에 온 아라비아 상인과 송 상인의 모습이에요. 고려는 특히 송나라와의 교류가 활발했어요. 송의 상인들은 비단, 자기 등을 가지고 와서 인삼, 금, 은, 나전 칠기, 종이 등을 사 갔어요.

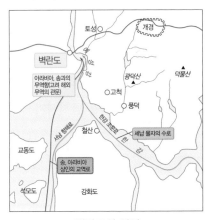

벽란도의 위치

5 고려의 국제 무역

고려에 온 일본 상인들은 수은과 유황 등을 갖고 와서 인삼, 책 등을 사 갔으며 아라비아 상인들은 수은과 향료를 팔고 금과 비단, 인삼을 사 갔어요. 여진은 말과 화살 등을 바치고 식량과 농기구 등 생활에 필요한 물건을 받아 갔어요.

6 고려의 대외 교류

고려 시대 대외 교류에 대한 선생님의 질문에 바르게 대답을 한 학생은 ②예요.

오답 거르기

① 조사 시찰단은 일본에 파견한 문물 시찰단이고, ③ 고구마, 감자는 임진왜란 이후에 우리나라에 들어왔어요. ④ 청해진을 통해 해상 무역을 주도한 시기는 신라 후기예요.

7 고려 시대의 경제 활동

고려 시대에는 외국과 무역이 활발해지고 상업이 발전하면서 처음으로 건원중보라는 화폐를 발행하였고, 은으로 만든 화폐(은병)도 만들었지요. 하지만 널리 사용되지는 못했어요.

오답 거르기

①, ②, ③ 조선 후기에 나타난 경제 활동이에요.

8 고려 시대의 경제 활동

제시된 화폐는 고려 시대에 만들어진 화폐예요. 고려 시대에는 주변 나라들과 활발히 교류하였어요. 국제 무역항인 벽란도는 송과 일본 상인은 물론 아라비아 상인까지 드나드는 국제 무역항으로 크게 발전하였어요. ② 장보고가 청해진을 통해 해상 무역을 주도했던 때는 통일 신라 시대예요.

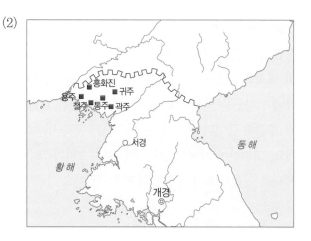

3 외적의 침입과 극복

학습 활동
활동 북 56~57쪽

01 (1) × (2) ○ (3) ○

02 (1) ㉠ 고구려 ㉡ 여진 (2) 해설 참조

03 박서, 김윤후

04 ㉡, ㉢, ㉣

01 외적의 침입과 극복

윤관은 별무반을 이끌고 여진을 정벌한 뒤 동북 9성을 쌓았어요. 김윤후는 처인성 전투에서 몽골 사령관 살리타를 죽였어요. 고려는 몽골과 화친을 맺은 이후 원나라의 정치 간섭을 받아야 했어요.

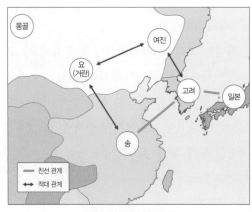

고려 전기 대외 관계

02 서희의 외교 담판과 강동 6주

(1) 서희는 거란이 고려를 침입한 진짜 이유가 고려와 송나라 간의 관계를 끊기 위해서라는 것을 알았어요. 그래서 거란 장수 소손녕과 만나 담판을 벌였지요. 그 자리에서 서희는 고려가 고구려를 계승한 나라임을 내세우고, 압록강 동쪽의 땅을 주면 송나라와 교류하지 않겠다고 약속했어요.

03 몽골과 고려의 전쟁

박서는 몽골이 맨 처음 침입하였을 때 귀주성을 지켜냈어요. 김윤후는 처인성과 충주성에서 두 번이나 몽골을 물리쳤어요.

04 공민왕의 업적

공민왕은 원나라의 간섭에서 벗어나 자주적인 나라를 세우고 싶었어요. 그래서 몽골풍을 금지시키고 원나라가 빼앗아간 영토를 되찾았어요. 그리고 토지와 노비 문제를 해결하여 백성들의 생활을 편안하게 하려고 노력했어요.

도전! 한국사능력검정시험
활동 북 58~59쪽

1 ①	2 ①	3 ③	4 ④
5 ③	6 ④	7 ④	8 ④

1 거란의 침입과 서희의 담판

고려가 거란을 배척하고 송과 가깝게 지내자, 거란은 고려를 침략해 왔어요. 거란의 1차 침입 때 고려의 서희는 거란의 소손녕과 담판을 벌였어요. 서희는 송과 관계를 끊기로 약속하고 그 대가로 강동 6주를 획득하였어요.

2 귀주 대첩

거란은 강동 6주를 돌려줄 것을 요구하며 또다시 침략해
왔어요(거란의 3차 침입). 이때에는 강감찬이 이끄는 고
려군이 귀주에서 거란군을 크게 물리쳤어요. 이후 고려는
북방 민족의 침입에 대비하여 개경에 성을 쌓고 북쪽 국
경 지방에는 천리장성을 쌓았어요. 따라서 귀주 대첩은 (가)
시기에 해당해요.

3 여진과 동북 9성

제시된 인물 카드의 주인공은 윤관이에요. 윤관은 별무반
을 이끌고 여진을 정벌하여 동북 지방에 9개의 성을 쌓고
고려의 영토로 삼았어요.

〈척경입비도〉: 윤관이 여진족을 물리
친 뒤 국경선을 표시하는 비석을 세우
는 것을 그린 그림이다.

오답 거르기

① 문익점, ② 을지문덕, ④ 장영실이에요.

4 몽골과 맞서 싸운 고려

제시된 인물은 김윤후예요. 몽골군이 침략했을 때 김윤후
는 백성들을 모아 몽골군과 싸워 크게 이겼어요. 그중 처
인성(용인) 전투에서 김윤후가 쏜 화살에 몽골군의 사령
관이 맞아 죽었어요.

5 몽골과 끝까지 싸운 삼별초

고려 정부가 몽골과 화친을 맺고 개경으로 돌아갔지만,
삼별초는 몽골과의 화친을 거부하고 진도로 내려가 성을
쌓고 몽골과의 전쟁을 계속하였어요. 그 후 진도가 함락
되자 삼별초는 제주도로 근거지를 옮겨 끝까지 싸웠으나
진압되고 말았어요.

삼별초가 이동한 경로

6 몽골에 맞선 항쟁

제시된 가상 편지는 몽골군의 침략으로 강화도에 간 큰아
들의 편지예요. 몽골의 침략으로 대구 부인사의 대장경과
황룡사 구층 목탑이 불타는 등 많은 피해를 입었어요.

오답 거르기

① 조선 시대에 여진족과 왜구를 막기 위해 설치한 기관
이에요. ② 조선 후기 평안도 지역의 차별에 반대하여 일
어난 봉기예요. ③ 임진왜란 때 활약한 의병 대장이에요.

7 고려 시대의 대외 항쟁

고려 시대의 대외 항쟁에 대한 선생님의 질문에 틀린 말을
한 학생은 ④이에요. 권율이 행주산성에서 일본군을 크게
물리친 사건은 조선 시대 임진왜란 때의 사실이에요.

8 공민왕의 개혁

제시된 역사 다큐멘터리의 제목으로 알맞은 것은 고려 공민왕과 관련된 내용이에요. 공민왕은 몽골식 머리 모양을 하거나 옷을 입는 것을 금지하고, 원나라가 설치하였던 정동행성도 없애고 원나라에 빌붙어 권세를 누리던 관리들도 과감히 처벌하였으며, 쌍성총관부를 공격하여 철령 이북의 땅을 되찾는 등 반원 정책을 실시하였어요.

4 고려 문화의 발전

학습 활동
활동 북 62~63쪽

01 ㉠ 팔관회 ㉡ 서경
02 (1) 문익점 (2) 최무선
03 (1) ㉠ (2) ㉢ (3) ㉡
04 (1) ㉢ (2) ㉡ (3) ㉠

01 팔관회

팔관회는 고려 시대 가장 큰 국가적인 행사였어요. 용신, 해신, 하늘신, 산신에게 제사를 지내며 나라의 평안을 빌었어요. 매년 개경과 서경에서 열렸는데, 송의 상인과 여진족 추장 등까지 참여하였어요.

02 고려 시대의 과학 기술의 발달

문익점은 처음으로 목화 씨앗을 들여와 목화를 재배하는 데 성공하였어요. 최무선은 고려에서 처음으로 화약 무기를 만드는 데 성공하여 왜구를 물리치는 데 큰 공을 세웠어요.

03 고려 시대의 문화유산

청주 흥덕사에서는 지금 남아 있는 가장 오래된 금속 활자 인쇄본인 《직지심체요절》을 간행하였어요. 합천 해인사 장경판전은 팔만대장경을 보관하기 위해 매우 과학적으로 설계된 곳이에요. 영주 부석사 무량수전은 안동 봉정사 극락전, 예산 수덕사 대웅전과 함께 고려 시대에 나무로 지어진 대표적인 건축물이에요.

04 고려 시대의 문화유산

청자 상감운학문 매병은 고려만의 독창적인 기법인 상감법으로 만들어졌어요. 논산 관촉사 석조 미륵보살 입상은 높이가 약 18m로 우리나라에서 가장 큰 불상이에요. 영통사 대각국사비는 불교계의 통합을 위해 노력한 의천의 일대기가 잘 기록되어 있어요.

도전! **한국사능력검정시험**　활동 북 64~65쪽

1 ③	2 ③	3 ①	4 ④
5 ④	6 ③	7 ③	8 ④

1 삼국유사

일연 스님은 《삼국유사》를 지어 단군의 고조선 건국부터 삼국 시대까지의 역사를 정리하였어요. 《삼국유사》에는 불교의 신앙을 중심으로 전설이나 설화, 풍속과 신화의 내용 등이 기록되어 있어요.

2 고려의 문화

팔관회는 불교 의식이었는데 하늘신, 산신 등 여러 신에게 제사를 지내고 국가와 왕실의 번영을 비는 행사로 발전하였어요. 이때 여러 나라의 상인과 사신이 참석하여 축하 인사와 특산물을 바쳤어요. 궁궐 안팎에서 광대들의 놀이가 펼쳐져 많은 백성이 함께 어울려 즐겼다고 해요.

3 고려의 불교문화

금동 미륵보살 반가 사유상은 삼국 시대 대표적인 불교 조각이에요. 왼쪽 다리 무릎 위에 오른쪽 다리를 올린 반가(半跏)한 자세에 오른 뺨에 오른쪽 손가락을 살짝 대어 마치 생각하는 자세를 취하고 있어요.

4 고려 상감 청자

제시된 그림은 고려 시대 상감 청자를 만드는 과정이에요.

오답 거르기 ▶

① 항아리, ② 조선 시대의 백자, ③ 조선 후기에 등장한 청화 백자예요.

5 불교의 발전

의천은 고려 문종의 넷째 아들로 태어나 승려가 되었어요. 그는 송나라에 가서 불교를 공부하고 많은 불교 관련 책을 가지고 돌아왔어요. 그 후 불교 관련 책을 모아 불경을 정리했어요. 또한 불교계를 통합하기 위해 많은 노력을 하였어요. 특히 그는 왕에게 화폐 사용을 건의하여 해동통보라는 화폐가 만들어지기도 하였어요.

6 팔만대장경

제시된 문화유산 카드는 팔만대장경에 대한 설명이에요.

오답 거르기 ▶

① 조선 시대에 허준이 쓴 의학책, ② 세계에서 가장 오래된 금속 활자로 인쇄된 책, ④ 세계에서 가장 오래된 목판 인쇄물이에요.

7 고려 시대의 의생활

제시된 자료와 관련 있는 인물은 문익점이에요. 문익점은 원나라에 사신으로 갔다가 고려로 돌아올 때 목화 씨앗을 가지고 왔어요. 3년간의 노력 끝에 목화 재배에 성공하여 목화씨를 나누어 줄 수 있었어요. 사람들은 목화로 옷을 지어 입고 목화솜으로 따뜻하게 이불도 만들 수 있게 되었어요.

8 화약을 만든 최무선

최무선은 화약의 중요한 원료를 만드는 기술을 배워 화약 제조법을 알아냈어요. 그리고 화약 무기를 만드는 관청을 만들자고 건의하여 화통도감이 만들어졌어요. 최무선은 화포, 불화살 등 여러 종류의 화약 무기를 만들어 냈어요. 그리고 진포 싸움에서 화포를 이용하여 왜구를 크게 물리쳤어요.

IV

조선 전기

1 조선의 건국

학습 활동 활동 북 74~75쪽

01 이방원: 예) 왕권이 강해야 해.

정도전: 예) 신하가 중심이 되어야 해.

02 ㉠ 경복궁, ㉡ 숙정문, ㉢ 종묘, ㉣ 흥인지문, ㉤ 숭례
문, ㉥ 사직단

03 (1) 중앙 (2) 교통 (3) 산

04 성균관

01 이방원과 정도전

이방원과 정도전은 나라를 다스리는 방법에 대한 생각이
서로 달랐어요. 이방원은 왕이 중심이 되어 나라를 다스
려야 한다고 생각했고, 정도전은 신하들이 중심이 되어
나라를 이끌어 가야 한다고 생각했어요.

02 한양의 모습

조선의 수도 한양에 있었던 궁궐의 이름(경복궁-조선 시
대에 첫 번째로 지은 궁궐)과 종묘(조선 시대 왕과 왕비의
신주를 모신 사당), 사직단(토지와 곡식의 신에게 제사
지내던 곳) 그리고 4대문의 위치와 이름을 알아보기 위한
문제예요. 4대문의 이름은 유교의 덕목인 '인, 의, 예, 지'
를 넣어 지었어요.

인(仁)	흥인지문(동대문): 어진 마음을 흥하게 한다.	예(禮)	숭례문(남대문): 예를 높인다.
의(義)	돈의문(서대문): 옳은 마음을 북돋운다.	지(智)	숙정문(소지문, 북대문): 엄숙하게 다스린다.

03 도읍의 조건

조선의 수도 한양은 국토의 중앙에 있어 어디든 쉽게 갈
수 있었고, 교통이 편리했어요. 또 주변이 산으로 둘러싸
여 외적의 침입을 막아내기에 안성맞춤이었어요.

04 성균관

조선의 최고 교육 기관인 성균관에는 공자의 위패를 모셔
놓고 제사를 지내는 대성전과 학생들이 모여 공부하던 강
당인 명륜당이 있었어요.

도전! 한국사능력검정시험 활동 북 76~77쪽

1 ①	2 ④	3 ③	4 ①
5 ①	6 ②	7 ④	8 ③

1 조선의 건국

고려 말 이성계와 신진 사대부 세력은 위화도 회군을 통
해 권력을 잡았어요. 이어 정몽주 등 새 왕조 수립에 반대
하는 세력을 제거한 후 이성계가 왕이 되어 새 왕조를 열
었어요. 나라 이름은 고조선을 계승한다는 뜻에서 조선이
라 하고 수도를 한양으로 정하였어요.

2 정몽주

제시된 사진은 정몽주의 묘예요. 정몽주는 새로운 왕조를
세우는 것을 반대하다 이방원의 부하에게 죽임을 당하였
어요. 그가 지은 '단심가'가 유명한데 '죽어서도 고려 임금
을 섬기는 마음을 바꾸지 않겠다.'는 내용을 담고 있어요.

오답 거르기

① 최윤덕과 김종서, ② 정도전, ③ 최제우와 관련 있어요.

3 정도전

제시된 이력서의 인물은 정도전이에요. 정도전은 조선이 왕이 아닌 신하가 중심이 되는 나라를 만들고자 노력하였어요. 그로 인해 강력한 왕권을 세워야 한다고 주장하는 이방원과 대립하다 죽임을 당하고 말았어요.

4 경복궁

제시된 사진은 경복궁이에요. 정도전은 한양에 새로 궁궐을 짓고 이름을 경복궁이라 했어요. 경복궁에는 중요한 의식을 치르는 근정전, 외국 사신을 만나고 임금과 신하들이 함께 연회를 여는 경회루 등이 있어요.

5 종묘

종묘는 조선 시대 역대 왕과 왕비들에게 제사를 지내는 곳이에요. 왕들이 종묘에 제사를 지내며 효를 실천하는 모습을 직접 백성에게 보여 주었어요. 조선 왕조는 궁궐을 세운 후 유교의 가르침에 따라 궁궐(경복궁) 왼쪽에는 종묘, 오른쪽에는 사직단을 세웠어요.

6 호패법

호패는 조선 시대 16세 이상의 남자들이 차고 다니는 일종의 신분 증명서예요. 태종 때 호패법이 실시되면서 누가 세금을 내야 하는지, 군대에 가야 하는지, 나라의 공사에 동원되어야 하는지 쉽게 파악할 수 있었어요. 호패는 신분에 따라 그 재질과 내용이 달랐어요.

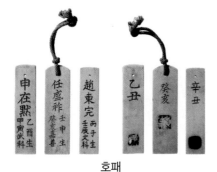

호패

7 태종의 왕권 강화

제시된 대화에서 조선 태종의 왕권 강화 정책을 바르게 말한 학생은 ④이에요. 태종은 공신과 왕자들의 사병을 모두 없애 군사권을 왕에게 집중시켜 왕권을 강화하였어요.

오답 거르기

① 영조, ② 성종, ③ 정조와 관련 있는 사실이에요.

8 성균관

제시된 자료는 조선의 최고 교육 기관인 성균관이에요. 조선 시대에 높은 관리가 되기 위해 꼭 다녀야 했던 학교예요. 이곳에서 일정 기간 공부하면 과거를 볼 수 있는 자격이 주어졌어요. 성균관에는 학생들이 모여 공부하는 강당이 있고, 공자의 위패를 모신 대성전도 있어요. 학생들은 대표를 뽑고 스스로 생활 규칙을 만들기도 했어요. 하지만 그들은 행동을 잘못하면 쫓겨나는 등 엄한 처벌을 받았어요.

2 조선의 문화와 과학의 발전

학습 활동

활동 북 80~81쪽

01 예 일반 백성이 어려운 한자를 배우지 못해 자신의 뜻을 잘 전달할 수 없었기 때문이다.

02 (1) – (라) – ⓒ (2) – (다) – ㉠ (3) – (가) – ㉣
(4) – (나) – ⓛ

03 중국, 조선, 일본의 위치: 해설 참조
(1) 예 중국이 세계의 중심이라고 생각함
(2) 예 조선보다 작은 나라라고 생각함

04 (1) (가) 4군, (나) 6진
(2) 예 조선의 국경선이 압록강에서 두만강까지 이르게 되었다.

01 훈민정음

제시된 내용은 훈민정음 서문의 일부예요. 세종은 글을 몰라 억울한 일을 당하는 백성이 없도록 하기 위해 훈민정음을 창제했어요.

02 세종 때 제작된 과학 기구

세종은 장영실을 비롯한 여러 신하에게 여러 가지 과학 기구를 만들도록 했어요. 특히 당시 만들어진 과학 기구들은 농사와 관련된 것들이었죠.

03 혼일강리역대국도지도

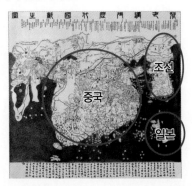

조선 초기에 제작된 〈혼일강리역대국도지도〉에는 중국은 세계 중심에 크게 그려져 있고, 일본은 작게 그려져 있어

요. 이를 통해 당시 조선 사람들의 생각을 엿볼 수 있어요.

04 4군 6진

최윤덕과 김종서는 세종의 명을 받고 북쪽으로 가 압록강과 두만강 주변의 여진족을 몰아냈어요. 그리고 그곳에 4군과 6진을 설치하고 군사들이 지키도록 했어요.

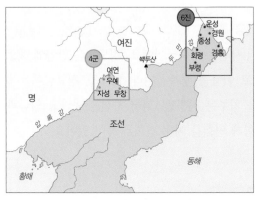

4군 6진

도전! 한국사능력검정시험

활동 북 82~83쪽

1 ②	2 ①	3 ③	4 ②
5 ②	6 ④	7 ④	8 ②

1 세종의 업적

세종은 훈민정음을 만들어 반포하였어요. 훈민정음은 우리말을 소리나는 대로 적을 수 있는 과학적인 문자예요. 또 비의 양을 재기 위해 측우기를 만들도록 했어요.

오답 거르기 ▶

① 고려 태조 왕건, ③ 조선 영조, ④ 조선 숙종 때의 사실이에요.

2 세종의 업적

제시된 자료는 세종 대왕과 소헌 왕후를 모신 영릉으로,

122 스토리 한국사 ❶권

경기도 여주에 있어요. 세종은 집현전을 학자 양성과 학문 연구를 위한 연구 기관으로 만들었어요. 그 후 집현전은 세종의 훈민정음 창제를 도왔고, 여러 가지 책을 만들어 내는 등 세종 때의 문화 발전에 큰 역할을 했어요.

3 조선의 과학

제시된 (가)에 알맞은 문화유산은 측우기예요. 비의 양을 재려면 물을 받는 그릇과 그 안에 고인 물의 깊이를 재는 자, 그리고 그릇을 놓을 수 있는 적절한 높이의 받침대가 있어야 해요. 이와 같은 세 가지 부품을 갖춘 측우기는 조선 세종 때 세계에서 처음으로 발명되어 사용되었어요.

4 자격루

제시된 (가)에 알맞은 문화유산은 자격루예요. 자격루는 세종의 명을 받아 장영실이 만들었어요. 자격루는 물의 변화량에 따라 스스로 시간을 알려 주는 자동 시계로 날씨와 상관없이 시간을 알 수 있어요.

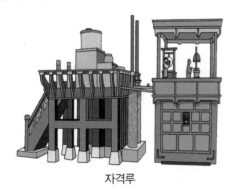

자격루

5 세종 때 문화와 과학 기술의 발전

세종의 명을 받은 정초는 우리나라 땅과 기후에 맞는 농사법을 담은 《농사직설》이란 책을 펴냈어요. 전국 각지의 경험 많은 농부들로부터 농업 기술을 들은 후 그 내용을 기록한 것이에요.

6 앙부일구

제시된 (가)에 알맞은 문화유산은 앙부일구예요. 앙부일구는 가마솥 모양의 해시계로, 해의 그림자를 이용하여 시각을 측정하였어요. 또한 가로줄에는 절기가 표시되어 있어요.

7 혼일강리역대국도지도

조선 초에 만들어진 세계 지도 〈혼일강리역대국도지도〉에는 중국이 세계의 중심으로 크게 그려져 있어요. 조선은 유럽과 아프리카를 합친 것과 비슷한 크기로 그려져 있고요. 하지만 일본은 작게 그려져 있어요. 이를 통해 조선이 자국을 크게 그릴 정도로 자부심이 강했음을 알 수 있어요. 또한 조선 초기 대외 관계도 엿볼 수 있어요.

8 4군 6진의 개척

세종은 최윤덕과 김종서를 각각 압록강과 두만강 유역으로 보내 여진족을 몰아내고 4군과 6진을 설치하였어요. 그리고 남쪽의 백성을 이곳으로 이주시켜, 오늘날의 국경선을 확정하게 되었어요.

오답 거르기

① 통일 신라 장보고, ③ 고려 서희, ④ 고구려 광개토 대왕과 관련 있는 사실이에요.

학습 활동

활동 북 86~87쪽

01 ㉠ 문안 ㉡ 과거 ㉢ 무덤
02 (1) ㉢ (2) ㉡, ㉣ (3) ㉤ (4) ㉠, ㉥
03 (1) – (나) – ㉢ (2) – (가) – ㉡ (3) – (다) – ㉠
04 봄: 진달래 꽃전, 여름: 삼계탕, 가을: 송편, 겨울: 팥죽, 떡국

01 삼강행실도

《삼강행실도》는 우리나라와 중국의 충신, 열녀, 효자의 이야기를 소개하는 책으로 그림까지 곁들여져 글을 잘 모르는 백성도 쉽게 이해할 수 있도록 했어요.

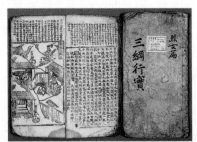

《삼강행실도》: 유교 윤리를 실천하는 모습을 글과 그림으로 설명하고 있다.

02 조선의 신분 제도

조선 시대에 법으로 정해진 신분은 크게 양인과 천민 두 가지였어요. 그러나 실제로는 양인은 양반, 중인, 상민으로 나뉘었고, 천민까지 포함하여 네 개의 신분이 있었어요.

03 민속놀이

조선 시대에 마을 사람들은 명절에 함께 모여서 민속놀이를 즐겼어요. 민속놀이를 통해 마을의 단합을 꾀하고, 한 해 농사가 잘되기를 기원했어요.

04 세시 음식

명절이나 절기마다 특별한 음식을 만들어 먹었어요. 이를 세시 음식이라고 해요. 대표적인 세시 음식으로는 추석에 먹는 송편, 동짓날에 먹는 팥죽 등이 있어요.

도전! 한국사능력검정시험

활동 북 88~89쪽

| 1 ① | 2 ③ | 3 ④ | 4 ② |
| 5 ③ | 6 ④ | 7 ② | 8 ① |

1 경국대전

조선은 유교를 바탕으로 나라를 다스리기 위해 정치, 경제, 사회, 문화의 규범을 담은 법전인 《경국대전》을 만들었어요. 《경국대전》은 백성을 다스리는 데 기준이 되었을 뿐만 아니라 유교적 질서를 유지하는 데 아주 중요한 역할을 하였어요.

〈경국대전의 내용〉

땅과 집을 사면 관청에 보고해야 함

혼인할 나이를 정해 놓음

부모가 많이 아프면 병역 면제를 받음

노비 여성의 출산 휴가는 90일임

2 삼강행실도

세종 때 우리나라와 중국의 충신, 열녀, 효자 이야기를

소개하는 《삼강행실도》를 펴냈어요. 《삼강행실도》는 그림까지 곁들여져 글을 잘 모르는 백성들도 쉽게 이해할 수 있도록 했어요. 덕분에 백성들은 유교 윤리를 배우고 실천할 수 있게 되었어요.

3 조선의 신분 제도

조선의 신분은 크게 양인과 천민 두 가지였어요. 그러나 실제로는 양반, 중인, 상민, 천민으로 네 개의 신분이 있었어요. 그중 병을 고치는 의관, 통역을 하는 통역관, 도화서에서 그림을 그리는 화원, 양반을 도와 관청에서 일하는 사람 등이 중인에 속했어요. ④ 백정은 천민이었어요.

4 조선의 명절

한식은 설날, 단오, 추석과 함께 4대 명절의 하나예요. 한식에는 음식을 만들어 조상의 묘에 가서 제사를 지내고 풀을 베거나(벌초) 무덤의 잔디를 새로 입히기도 해요.

5 민속놀이 줄다리기

제시된 민속놀이는 줄다리기예요. 줄다리기는 마을 사람들의 협동심을 길러 주었어요. 또한 이긴 편은 그 해 농사가 잘 된다고 믿었어요. 줄다리기는 대개 정월 대보름, 단오절, 한가위 때에 행해졌어요.

6 세시 풍속

제시된 (가)의 알맞은 세시 풍속은 칠석이에요. 칠석날 민간에서는 여러 가지 풍속이 행해졌어요. 서당에서는 학생들에게 시를 짓게 하였어요. 또 옷과 책을 햇볕에 말리는 풍속이 있었어요. 여름 장마철에 장롱 속의 옷가지와 책장의 책에 습기가 차면 곰팡이가 끼게 되므로 이를 막기 위한 것이었어요. 여인들은 과일을 상에 올려 놓고 절을 하며 바느질 솜씨가 늘기를 빌기도 했어요.

7 민속놀이 강강술래

제시된 민속놀이는 강강술래예요. 강강술래는 우리나라의 대표적인 명절인 설, 대보름, 단오, 백중, 추석에 행해졌는데, 특히 달이 가장 밝은 추석날 밤에 큰 판이 벌어졌어요. 주로 젊은 여성들이 참여했는데, 집 안에만 머물며 밖에 나가기 힘들었던 여인들이 자유롭게 사람들과 어울려 밤새도록 놀 수 있는 놀이가 바로 강강술래였지요.

8 민속놀이 씨름

제시된 그림은 유숙의 〈대쾌도〉에 나오는 씨름 장면이에요. 우리 민족은 절기마다 다양한 세시 풍속과 민속놀이가 있었어요. 그중에서도 단오에 씨름이 크게 벌어졌어요. 씨름은 오늘날 운동 경기로 발전하였어요.

4 임진왜란과 병자호란

학습 활동

01 (가) 진주 대첩 (나) 한산도 대첩 (다) 행주 대첩
02 (1) 옥포 해전 (2) 명량 대첩 (3) 노량 해전
03 (1) 인조 (2) 남한산성 (3) 삼전도
04 예 (1) 곽재우 (2) 임진왜란 때 의병장으로 활동함 (3) 붉은 옷을 입고 다녀 홍의 장군으로 불림

01 임진왜란
김시민의 진주 대첩, 이순신의 한산도 대첩, 권율의 행주 대첩은 임진왜란 당시 큰 승리를 거둔 전투로 유명해요.

02 이순신의 활약
육지에서 관군이 일본에 계속 패배한 것과 달리 바다에서는 승리를 거두었어요. 바로 이순신 장군과 수군의 활약 덕분이었어요.

03 병자호란
병자호란 당시 인조는 남한산성으로 피신하여 청나라에 맞서려고 하였어요. 하지만 삼전도에서 굴욕적인 항복을 하였어요.

04 역사 속 인물
임진왜란 당시 큰 활약을 한 인물을 찾아 상장을 주는 활동을 통해 역사적 인물에 대한 평가를 해 볼 수 있어요. 위인들뿐만 아니라 일반 백성들의 활약에 대해 찾아보아도 좋아요.

도전! 한국사능력검정시험

| 1 ① | 2 ② | 3 ② | 4 ④ |
| 5 ③ | 6 ③ | 7 ③ | 8 ② |

1 임진왜란
조선은 임진왜란으로 큰 위기를 맞이했어요. 하지만 곽재우를 비롯한 수많은 의병과 이순신이 이끄는 수군의 활약으로 불리한 전세를 바꾸어 놓았어요. 이밖에도 김시민은 진주성에서, 권율은 행주산성에서 일본군을 물리쳤어요. 임진왜란을 배경으로 만든 영화에 나올 수 없는 장면은 ①로 병자호란 때 사실이에요.

2 곽재우
임진왜란이 일어나자 곽재우가 붉은 옷을 입고 동에 번쩍 서에 번쩍 나타나 일본군을 무찌르자, 사람들은 그를 홍의 장군이라 불렀어요. 곽재우와 의병들은 자신이 살고 있는 지역의 지형을 이용한 전술을 펼쳐 일본군에게 큰 피해를 입혔어요.

3 김시민과 진주성 전투
제시된 답사 자료집의 (가) 유적은 진주성이에요. 진주성은 임진왜란 때 진주 목사 김시민이 이끄는 조선군과 의병이 일본군에 맞서 크게 승리한 진주 대첩의 역사적인 장소에요. 진주 대첩은 이순신의 한산도 대첩, 권율의 행주 대첩과 더불어 임진왜란 3대 대첩 중에 하나예요.

4 한산도 대첩
이순신 장군과 수군의 가장 큰 승리는 한산도 대첩이에요. 이순신은 한산도 앞바다에서 학이 날개를 펼친 모양처럼 거북선과 배를 이용하여 적을 둘러싸서 공격하였어요. 이순신의 뛰어난 전술로 일본군은 큰 피해를 입었어요.

5 징비록

《징비록》은 조선 선조 때 영의정을 지낸 유성룡이 임진왜란을 기록한 책이에요. 그는 7년에 걸친 전쟁의 원인, 전쟁 상황 등을 기록하였어요. 이 책은 유성룡이 벼슬에서 물러나 쓴 것으로, 제목인 '징비'는 '미리 징계하여 후환을 경계한다.'는 뜻이에요.

6 광해군의 중립 외교

조선이 일본과 전쟁을 치르는 동안 만주에서는 여진족이 성장하였고, 훗날 후금을 세웠어요. 후금의 세력이 날로 커져 명을 위협하자, 명은 조선에 군사를 요청했어요. 이에 광해군은 강홍립과 1만의 군사를 보내면서 상황에 따라 실리적으로 대처하도록 하여 후금과의 전쟁을 피할 수 있었어요. 이러한 광해군의 대외 정책을 중립 외교 정책이라고 해요.

7 병자호란

제시된 자료는 병자호란 때 남한산성에서 신하들 사이에서 청과 싸울 것인가 아니면 화의를 할 것인가를 두고 서로 대립하는 장면이에요. 화의를 주장하는 편은 조선이 싸울 힘이 없으니 어떻게든 나라를 보전해야 한다는 실리적인 입장이었어요.

〈병자 호란〉

원인	후금이 조선에 자신을 임금으로 섬기라고 요구했으나, 조선은 여전히 명나라와 친하게 지내고 후금을 멀리함
과정	• 후금이 나라 이름을 '청'으로 바꾸고 조선을 다시 침략함 • 6일 만에 한성이 함락되고 인조와 신하들은 남한산성으로 피신함 • 조선은 40여 일 동안 싸웠지만 청나라에 굴욕적인 항복을 함(삼전도의 굴욕)
결과	• 조선과 청나라는 신하와 임금의 관계를 맺음 • 소현 세자와 봉림 대군을 비롯한 많은 사람들이 인질로 끌려감 • 청나라에 진귀한 물건을 바치고(조공), 명나라를 칠 때 지원군을 보내기로 함

8 남한산성

제시된 대화에 알맞은 문화유산은 남한산성이에요. 병자호란 때 인조는 남한산성으로 피신했어요. 하지만 청나라 군대를 당할 수 없었어요. 시간이 지나면서 남한산성의 상황은 좋지 않았어요. 조선은 결국 45일간 버티다가 청나라에 항복할 수밖에 없었어요.

MEMO

예비 중학생을 위한 기본 수학 개념서

30일 수학 상 하

30일 수학 상 하 |2책|

- 수학의 맥을 짚는 **중학 수학 입문서**
- 수학 **영역별 핵심 개념**을 연결하여 **단계적으로 학습**
- 영역별 연습 문항으로 **부족한 영역 집중 마스터**

"중학교 수학, 더 이상의 걱정은 없다!"

EBS

초등 고학년을 위한
스토리
한국사
①

효과가 상상 이상입니다.

예전에는 아이들의 어휘 학습을 위해 학습지를 만들어 주기도 했는데,
이제는 이 교재가 있으니 어휘 학습 고민은 해결되었습니다.
아이들에게 아침 자율 활동으로 할 것을 제안하였는데,
"선생님, 더 풀어도 되나요?"라는 모습을 보면,
아이들의 기초 학습 습관 형성에도 큰 도움이 되고 있다고 생각합니다.

ㄷ초등학교 안OO 선생님

어휘 공부의 힘을 느꼈습니다.

학습에 자신감이 없던 학생도 이미 배운 어휘가 수업에 나왔을 때 반가워합니다.
어휘를 먼저 학습하면서 흥미도가 높아지고
동기 부여가 되는 것을 보면서 어휘 공부의 힘을 느꼈습니다.

ㅂ학교 김OO 선생님

학생들 스스로 뿌듯해해요.

처음에는 어휘 학습을 따로 한다는 것 자체가 부담스러워했지만,
공부하는 내용에 대해 이해도가 높아지는 경험을 하면서
스스로 뿌듯해하는 모습을 볼 수 있었습니다.

ㅅ초등학교 손OO 선생님

앞으로도 활용할 계획입니다.

학생들에게 확인 문제의 수준이 너무 어렵지 않으면서도
교과서에 나오는 낱말의 뜻을 확실하게 배울 수 있었고,
주요 학습 내용과 관련 있는 낱말의 뜻과 용례를
정확하게 공부할 수 있어서 효과적이었습니다.

ㅅ초등학교 지OO 선생님

학교 선생님들이 확인한
어휘가 문해력이다의 학습 효과!
직접 경험해 보세요

학기별 교과서 어휘 완전 학습
<어휘가 문해력이다>
—— 예비 초등 ~ 중학 3학년 ——